범부들의 감각적 인식이 보아내는 이 세상에 있는 장단(長短)·호오(好惡)의 차별적인 모든 현상은 이것이 모두가 있는 것이 아니오며 실로는 그것이로 되고 그것이 아님을 믿읍니다. 이 모두는 감각과 사유(思惟)와 분별의 식은 넘이서 있는 부처님의 크옵신 생명의 나툼이므로 저희들은 부처님을 대하듯 모든 사람을 섬기고 감사하겠읍니다. 그러하올 때 천지만물 일체중생이 부처님의 자비 위덕은 받하여 저희를 돕고 키우고 보살피는 것을 굳게 배웠읍니다. 아무도 저희를 구속하지 못하며 아무도 저희를 해코져 하지 않으며 아무도 저희를 세앙속에 밀어넣을 자가 없읍니다. 험난 속을 나아가도 위험이 없고 병고나 장난이 있더라도 즉시에 사라지며 바라는 바 아름다운 소망은 그 모두가 필요한 때 필요한 만큼 어김없이 채워짐은 굳게 굳게 믿사옵니다.

집안에 우환이 있거나 일신에 병이 생기는 것은 마음이 조화를 잃었거나 부모형제나 이웃들과 월망하고 대립하거나 부처님 뜻과 어긋난 중거이므로 이러한 때 저희들은 지심으로 참회하고 화합하고 몸과 마음을 바쳐 일체에 감사하겠읍니다.

경 말씀에 『일체중생을 섬기되 부모와 같이 하고 스승과 같이 하고 아라한이나 내지 부처님과 같게하라』고 말씀하셨으며 그러할 때 부처님의 한량없는 공덕이 우리의 것으로 흘러 들어온다고 말씀하셨읍니다.

저희들은 맹세코 어느 때나 부처님께 감사하겠읍니다. 나라와 겨레에 감사하겠읍니다. 조상님과 부모님께 감사하겠읍니다. 형제에게 감사하겠읍니다. 아내에게 감사하겠읍니다. 남편에게 감사하겠읍니다. 자식들이나 아랫사람이나 모든 벗 모든 이웃들에게 감사하겠읍니다. 아무런 조건없이 진정으로 감사하겠읍니다. 저희들이 이와같이 조화하고 화목하고 섬기고 사랑하는 곳에 불보살님은 저희들과 함께 하시며 부처님의 위덕은 거침없이 나타나시는 것을 깊이 배웠읍니다.

저희들은 이 서원이 저희들만의 서원이 되지 아니하고 모든 동포·형제의 서원이 되

저희는 이 한해동안 결코 누구와도 대립하지 아니하고 평화와 자비로 불자의 뜨거

운 우정을 지켜나아갈 것을 서원합니다.

형제와 이웃과 온 겨레와 내지 온 중생에 이르기까지 한몸인듯 사랑하고 이해하고

도와가며 지내겠읍니다. 이렇게 하여 불보살님의 거룩하신 뜻과 하나가 되며 이 천

지간에 있는 일체와 더불어 조화하고 협조하겠읍니다.

범부들의 감각적 인식이 보아내는 이 세상에 있는 장단(長短)·호오(好惡)의 차별적

인 모든 현상은 이것이 모두가 있는 것이 아니오며 실로는 그것이로 되 그것이 아님을

믿읍니다. 이 모두는 감각과 사유(思惟)와 분별의식은 넘어서 있는 부처님의 크옵신

생명의 나툼이므로 저희들은 부처님을 대하듯 모든 사람을 섬기고 감사하겠읍니다. 그

러하올 때 천지만물 일체중생이 부처님의 자비 위덕은 받하여 저희를 돕고 키우고 보살

피는 것을 굳게 배웠읍니다. 아무도 저희를 구속하지 못하며 아무도 저희를 해코져 하

지않으며 아무도 저희를 재앙 속에 밀어넣을 자가 없읍니다. 헌난 속을 나아가도 위협

이없고 병고나 장난이 있더라도 즉시에 사라지며 바라는 바 아름다운 소망은 그 모두

가 필요한 때 빠짐없이 채위짐은 굳게 굳게 믿사옵니다.

집안에 우환이 있거나 일신에 병이 생기는 것은 마음이 조화를 잃었거나 부모형제나

이웃들과 원망하고 대립하거나 부처님 뜻과 어긋난 증거이므로 이러한 때 저희들은 지

심으로 참회하고 화합하고 몸과 마음을 바쳐 일체에 감사하겠읍니다.

경 말씀에 『일체중생을 섬기되 부모와 같이 하고 스승과 같이 하고 아라한이나

지 부처님과 같게하라』고 말씀하셨으며 그러할 때 부처님의 한량없는 공덕이 우리의 것

으로 흘러 들어온다고 말씀하셨읍니다.

저희들은 맹세코 어느 때나 부처님께 감사하겠읍니다. 형제에게 감사하겠읍니다. 나라와 겨레에 감사하겠읍니다. 아내에게 감사하겠

다. 조상님과 부모님께 감사하겠읍니다.

월간「불광」 40년
그 아름다운 기록

일러두기

○ 이 책은 월간 「불광」 창간 40주년을 기념해 광덕 스님의 생애와 「불광」 40년의 기록을 시대별로 정리했다.

○ 이 책에 나온 인물 프로필은 당시의 직책이나 소속을 표기한 것이다.

○ 독자들의 이해를 돕기 위해 덧붙인 한자는 ( ) 안에 넣어 표기하였다.

○ 한글 표기가 없는 한자는 선시와 작가의 글 표현 방식을 그대로 살리기 위함이다.

○ 불광출판사의 출간 연도별 도서목록을 부록으로 덧붙였다.

월간 「불광」 편집부

월간 「불광」 40년
그 아름다운 기록

불광출판사

빛으로 온 그대, 광덕 스님

크고 빛나는 별이 되다 … 006

그 이름만으로도 마음이 충만해지는 사람, 광덕 스님(1927~1999).
치열한 수행정진과 수많은 저술활동. 도심전법의 새로운 모델을 개척해
한국불교사에 한 획을 그은 스님이 입적한 지 15주기가 지난 지금.
스님은 떠났지만 스님이 남긴 불광사상은 여전히 우리 곁에 남아 새로운 미래를 꿈꾸게 한다.

「불광」 40년, 시간의 기억들
빛으로 새긴 이야기 …026

1974년 11월 월간 「불광」이 전법의 싹을 틔운 지 40년.
어느덧 불혹(不惑)의 나이에 접어든 「불광」이 창간 40주년을 맞았다.
마흔 살이 되기까지 세상을 향해 밝힌 부처님의 빛을 따라 찬란한 등불로 타오른 「불광」.
그 아름다운 시간의 기록과 조우하다.

크고 빛나는 별이 되다

빛으로 온 그대,
광덕 스님

우리는 가끔 죽은 자를 다시 깨우고 싶을 때가 있다. 떠나간 사람이
너무도 그리워질 때, 그가 살아온 삶의 이야기가 몹시 궁금해질 때
그리고 잊고 지내기엔 너무도 빛나는 그의 업적을 다시 한 번 세상에
알리고 싶을 때. 그 이름만으로도 마음이 충만해지는 사람,
바로 광덕 스님(1927~1999)이다. 스님은 바라밀국토 건설이라는
목표와 전법지상(傳法至上)의 정신으로 반야행원사상을 만들고 이것을
순수불교운동으로 전개하는 불광운동을 펼쳐, 현대 한국불교 전법사에
커다란 족적을 남겼다. 치열한 수행정진과 수많은 저술활동, 도심전법의
새로운 모델을 개척해 한국불교사에 한 획을 그은 광덕 스님.
스님이 입적한 지 15주기가 지난 지금. 스님은 떠났지만 스님이 남긴
불광사상은 여전히 우리 곁에 남아 새로운 미래를 꿈꾸게 한다.
종로 대각사에서 전법의 원력으로 불광회라는 작은 씨앗을 파종하고,
1974년 11월 월간 「불광」이라는 전법의 새싹을 틔운 지 어느덧 40년.
불혹(不惑)의 나이에 이른 「불광」이 창간 40주년을 맞아 한국 불교계
크고 빛나는 별, 광덕 스님을 사자(死者)와의 인터뷰에 초대했다.

스님과 인터뷰를 하기 위해 부산 범어사로 향했다. 하늘은 유난히 맑고
푸르렀으며 햇살은 따스하고 살갗을 스치는 바람은 상쾌했다. 스님이
이곳을 떠나던 날도 그랬다. 스님의 영결식이 있었던 1999년 3월 3일.
꽃샘추위가 한껏 기승을 부리고 있었지만, 스님과의 마지막 고별을 위해
범어사 도량을 가득 메운 추모객들의 마음을 어루만져 주듯 그날만큼은
스님의 온화한 성품처럼 맑고 따뜻했다. 엄숙하고 여법하게 진행된
영결식과 다비장이 끝나고 스님의 법체는 상좌스님들에 의해 습골되어
스님이 살아생전 즐겨 찾았던 금정산 자락 금어선원 뒤 대나무 숲에
산골 되었다. 그리고 2년 뒤인 2001년 10월, 스님의 부도탑이 범어사에
모셔졌다.

🔵 **불광지기**　스님 그동안 편안하셨는지요? 스님께서 떠나신 지 벌써 15년이 흘렀습니다. 방해가 안 된다면 스님과 잠시 이야기를 나누고 싶은데 시간을 좀 내주실 수 있을까요?

🔵 **광덕 스님**　벌써 그렇게 됐나? 이곳에선 시간이 어떻게 흐르는지 얼마나 흘렀는지 별로 중요하지 않다네. 시간 내는 일이 뭐 어려운 일이겠나. 그래, 무엇이 궁금해서 찾아왔지?

🔵 불광에는 그동안 많은 일이 있었습니다. 스님이 떠나고 불광법회의 사부대중은 한동안 깊은 슬픔에 빠져있었어요. 그러나 곧 스님의 가르침을 전승하기 위한 활발한 움직임이 이어졌습니다. 스님의 전법행과 스님의 사상을 연구하기 위한 '불광사회과학연구원'이 개원되었고, 불광운동을 확산시킬 수 있는 전법 인재를 배출하기 위한 불광교육원은 '불광불교대학'으로 다시 태어났습니다. 뿐만 아니라 대각사 셋방살이를 청산하고 스님께서 허허벌판이던 잠실벌에 불광사를 세워 불광운동과 도심포교를 펼치며 본격적인 잠실시대를 열었던 불광사는 지난해 10여 년에 걸친 중창불사를 무사히 마치고 제2의 불광운동을 펼칠 수 있는 장엄한 대도량으로 완공되었습니다. 무엇보다 오늘 스님을 찾아 뵌 가장 큰 이유는 이 모든 것의 출발점이자 기반이 되었던 월간 「불광」이 올해로 창간 40주년을 맞았기 때문입니다. 감회가 남다르실 것 같은데 먼저 「불광」지가 어떻게 탄생하게 되었는지 그 이야기부터 들려주세요.

🔵 월간 「불광」이 어느새 40년이 되었다니 정말 축하할 일이군. 이번 기회에 불광의 지난 시간을 한번 되돌아보는 것도 의미 있는 시간이 될 것 같네. 자 그럼 어디서부터 이야기를 시작해볼까? 「불광」지 탄생이야기를

하려면 먼저 내 인생을 바꿔놓을 만큼 결정적인 영향을 준 두 사람을 소개해줘야 할 것 같군.

🧑 스님 인생을 바꿔놓았다니 어떤 분이신지 정말 궁금한데요.

🧓 1945년 해방 직후였어. 그때는 일제로부터 독립만 되면 마음껏 꿈을 펼칠 수 있을 것 같았는데, 이데올로기 대립으로 좌우로 갈라져 극도로 혼란스러운 시기였지. 이념 대립이라는 혼란과 모순 속에서 방황하던 나는 분명한 안목을 갖기 위해서는 공부가 필요하다고 판단했고 한국대학(현 서경대학의 전신) 법정학부에 진학하게 되었지. 삶에 대한 끊이지 않는 의문의 해답을 찾아 고민하던 때, 당시 한국대학에 출강하던 서울대 박종홍(1903~1976) 교수와 '금강경 독송 구국운동'을 펼치고 있던 신소천(1897~1978) 스님 두 분을 만나게 되었다네.

🧑 스님 인생에 큰 영향을 미쳤다니 이야기가 점점 더 흥미로워집니다. 조금 더 자세하게 들려주세요.

🧓 박종홍 교수는 한국인의 인간정신을 부흥시키기 위해서는 한국사상에 대한 바른 인식이 바탕이 되어야 한다고 말씀하셨어. 한국사상을 알기 위해서는 유학(儒學)과 불교를 알아야 하는데, 유학에서는 실학사상을, 불교에서는 원효와 보조의 사상을 알아야 한다고 강조하셨지. 또한 불교의 선(禪) 수행을 통한 직접 체험의 필요성을 역설하셨는데 나는 민족의식을 고취시키고 주체적인 철학을 주장하는 박종홍 교수의 강의에 크게 감동을 받았던 것 같아. 소천 스님은 청산리 전투에 참가한 독립운동투사답게 서울의 한 대중강연장에서 금강경을 바탕으로 한 구국운동에 대해 열정적으로 강연하는 모습을 보고 감명을 받았지. 그러나 그때는 불교에

대한 이해가 깊지 않았던 터라 그저 존경할 뿐이었지. 그런데 사람의 인연이란 놀라운 것이어서 훗날 범어사로 이어진 스님과의 뜻밖의 만남은 내가 불교사상을 체득하고 대중포교의 원력을 일으켜 불광운동을 펼치는 데 큰 영향을 미쳤지.

🧑 그럼 스님이 출가를 결심하게 된 것도 소천 스님의 영향 때문인가요?

👤 글쎄. 넓은 의미로는 그럴 수도 있겠지. 그런데 출가를 결심하기까지 내가 반드시 넘어야 할 벽이 하나 있었다네. 그건 삶에 대한 본질적 의문보다 더 큰 문제였지.

🧑 스님께서는 삶에 대한 끊임없는 의문으로 그 해답을 찾기 위해 고민하셨다고 하셨습니다. 삶에 대한 본질적 의문보다 더 큰 문제가 무엇이었습니까?

👤 처음 범어사를 찾은 건 출가를 하기 위해서가 아니라, 요양을 하기 위해서였지. 해방 후 정신적 방황과 고뇌를 거듭하면서 나는 폐결핵이라는 병마와 만나게 되었고, 박종홍 교수의 권유로 범어사에 내려가게 되었는데 그곳에서 만난 동산 스님께서 이런 질문을 던지셨어. "꿈속에 있을 때는 꿈이 너라고 하자. 생각이 있을 때는 생각이 너라고 하자. 꿈도 없고 생각도 없을 때 너는 무엇이냐? 그것을 가져와봐라." 갑작스런 질문에 말문이 막혀버리더군. 그때까지 내가 알고 있던 그 어떤 지식으로도 답을 찾을 수 없었지. 동산 스님의 벼락같은 질문이 내 지식의 벽을 허물어뜨린 거야. 그때부터 선방의 행자로 범어사 생활을 시작하면서 참선이라는 새로운 세계와 대면하게 되었고 지금까지 가지고 있던 가치관의 대전환이 이루어졌어. 범어사에 머물기로 약속한 3개월이 지났는데도 나는

그곳을 떠날 수 없었고, 병마와 싸우며 삶에 대한 본질적 의문을 풀기
위해 치열하게 노력했지. 그러나 불교에 대한 믿음이 생기고 출가에
대해 진지한 고민을 하면서도 선뜻 수계를 받을 수는 없었어. 출가하여
깨달음을 이루기 위해서는 용맹정진해야 하는데 결핵이 완치되지 않은
상태에서는 정상적인 사중 생활을 해낼 수 없고, 그렇게 되면 대중생활에
피해를 줄 수밖에 없다고 판단되었기 때문이라네.

🧑 무슨 말씀인지 알 것 같습니다. 1950년대면 시대적으로 모든 것이
열악했던 환경이었을 텐데 병을 어떻게 이겨내셨습니까?

👤 금정사 금정암에서 수행할 때였는데 문득 눈앞에 펼쳐진 대경(對境)이
모두 텅 비고, 언어도단(言語道斷) 심행처멸(心行處滅)의 경지가 열리는
오도(悟道)의 경험을 한 이후, 병이 차츰 회복되었어. 기력이 회복되자
소천 스님이 펼치고 있던 '금강경 독송 구국운동'에 적극적으로 동참하기
시작했지. 그때가 1954년이었을 거야. 당시 소천 스님은 어려운 한문
금강경을 한글로 번역해 대중들에게 보급했고, 더 나아가 전쟁의 상처로
고통 받는 중생들을 치유하고 파괴된 나라를 재건하고자 하는 구국운동의
일환으로 가정으로 직접 찾아가 법회를 여는 '가정법회'를 전개했지.
가정법회는 주로 내가 주관을 하고 소천 스님이 법문하는 형식으로
이루어졌는데, 이런 활동들이 훗날 불광법회 법등조직을 구성하는 데
중요한 밑천이 되었다고 할 수 있다네.

🧑 아... 그렇군요. 그럼 경전의 한글 번역이나 문서포교의 중요성도 이미
그때 형성되었던 거네요. 그럼 가정법회는 언제까지 지속되었나요?

👤 안타깝게도 1955년 8월로 끝이 났지. 그 당시 불교계 전반에서

전개된 것이 불교정화운동이었어. 근대 한국불교는 일제강점기에 유입된 일본불교의 영향 등으로 인해 대처식육으로 대표되는 계율 파괴, 세속화의 가속, 명리의 탐닉, 권력에의 예속과 같은 문제로 몸살을 앓고 있었지. 이런 상황 속에서 수행하는 승려들이 배척당하고, 강원과 선원이 외면되었는데 이를 바로 잡고자 불교정화운동이 벌어졌던 거지. 동산 스님이 불교정화운동에 깊숙이 개입되어 있었는데 나는 정식 수계를 받은 승려도 아닌데다 가정법회를 주관하는 입장이었기 때문에 불교정화운동에 뛰어드는 게 조금 망설여지더군.

👤 그래서 그 뒤에는 어떻게 되었나요?

🧑 그렇다고 언제까지 망설이고 있을 수만은 없었어. 동산 스님이 불교정화운동의 최일선에 있었고, 그 운동에 참여한 상당수 수좌들이 범어사 선방에서 수행을 하던 도반이었기 때문에 그대로 손 놓고 있을 수는 없었지. 1955년 9월 범어사로 내려가 동산 스님을 보필하며 범어사 종무 일선에서 내가 할 수 있는 소임을 다했다네.

👤 그럼 그때 출가를 결심하게 되신 건가요?

🧑 범어사에서 동산 스님께 비구계를 받고 정식 승려가 된 게 1960년 3월이니까 출가는 그로부터 5년쯤 지난 일이지. 승단이 종단을 안정적으로 운영하게 된 후, 나는 대각사 주지로 있던 소천 스님의 부름을 받고 다시 서울로 올라왔고, 대각사에서 불교 전법 단체인 대각회를 조직해 전법 활동을 적극적으로 펼치면서 본격적으로 불교 대중화에 눈을 뜨게 되었지. 매주 일요일 금강경 강의를 통한 금강경 독송 구국운동과 각(覺)운동이 전개되었고, 법회 때마다 뜨거운 신심으로 모여든 200여 명의 사람들이

법당을 가득 채웠어. 이런 기반 아래서 나는 독송운동에서 한 단계 더
나아가 새로운 불교 대중화의 실험에 들어가게 되었다네.

🙂 스님, 불교 대중화의 실험이란 무엇을 뜻하는 건가요?

😊 승려 중심의 법사진에 지식인도 동참시키면 어떨까 하는 거였지.
이런 변화를 시도한 이유는 강사진의 명성을 통해 대학생들을 대각사
법회로 유입시킨 후, 대학생들에게 금강경 강의를 하자는 생각에서였어.
이 같은 새로운 불교운동 실험은 불교를 현대화, 대중화하는 데 큰
영향을 주었고, 이 시기 대각회에서 불교를 공부하였던 많은 인재들은
후에 대한불교청년회, 한국대학생불교연합회, 전국신도회 등에서
주역으로 활동하게 되었다네. 이 모든 것이 가능했던 건 불교를 배우려는
재가자들의 열망이 높았기 때문이라고 생각해. 그때는 무슨 일이든 할 수
있을 것 같았어. 그래서 더 열심히 일했고 그러는 사이 몸은 다시 망가져
병이 재발하고 말았지. 이번엔 정말 병마와 끝장을 보자는 생각으로
범어사로 내려가 철야정진과 참선으로 병을 이겨냈지. 건강을 회복하고
다시 대각사로 올라와 대각회를 운영하면서 그동안 미뤄두었던 수계를
받고 승려의 길을 걷기로 결심하게 되었지. 이제껏 없었던 포교방식으로
불교계 새로운 바람을 일으켰지만 승려가 아닌 처사의 신분으로 활동하는
데 한계가 있다는 걸 알게 되었다고나 할까. 그렇게 10년간의 처사 생활을
마감하고 출가자로서의 첫 발을 내딛게 되었다네.

찬란한 부처님의 빛,
「불광(佛光)」이란 이름의 녹색 신호등을 켜다

스님은 잠시 생각에 잠긴 듯 말을 멈추었다. 구름 사이로 따뜻한 햇살이 비추었고, 스님 얼굴엔 미소가 스쳐지나갔다. 자리에서 일어난 스님은 푸른 대나무가 숲을 이룬 산책길로 조용히 걸음을 옮겼다. 바람이 지날 때마다 사악 사악 움직이는 대숲소리에 마음이 편안해졌고, 몸으로 느껴지는 시원한 바람이 푸르른 가을을 만끽하기에 충분했다. 스님 곁을 따라 걸으며 우리는 인터뷰를 계속 이어나갔다.

🧑 스님을 직접 만나 이야기를 나누다 보니 스님이 승려의 길을 걷게 된 것도 또 불교 대중화의 기틀을 잡고 불광운동으로 이 땅위에 신화를 만들어 놓은 것도 그냥 생겨난 게 아니라는 생각이 듭니다. 그럼 이제부터 본격적인 불광운동 이야기를 좀 들려주세요. 불광회가 창립된 건 1974년 9월 대각사에서 시작되었다고 들었습니다.

👴 창립 당시 불광회가 내세운 '불광(佛光)'이란 말은 '찬란한 부처님의 빛'을 말하는 건데 그 빛은 다름 아닌 '마하반야', 즉 부처님의 깨달음에서 비롯되는 지혜광명의 빛이라고 할 수 있지. 그러니까 불광운동은 진리의 빛으로 우리 자신과 사회를 밝게 비추어 빛의 세상으로 만드는 '광명화(光明化)운동'이라고 할 수 있는 거지.

🧑 그렇다면 불광회에서 가장 먼저 한 일은 무엇인가요?

👴 같은 해 11월 1일 월간 「불광」을 창간하고 이듬해인 1975년 10월 16일 불광회 조직을 확대 개편해서 불광법회를 창립시켰지.

🧑 불광회의 첫 번째 사업으로 월간 「불광」을 창간하셨는데 특별한 이유가 있었던 건가요?

👴 불광회가 창립된 건 한편으론 문서포교의 후원조직을 만들기 위해서이기도 했거든. 불광회에 가입한 신도들은 소정의 회비를 내서 「불광」 발간을 위한 기금을 충당했고, 회원들 스스로가 정기구독자가 되어 「불광」을 지탱하는 힘이 되어 주었지. 이렇게 해서 불광회 창립 두 달 만에 월간지를 창간할 수 있었다네. 그때 난 문서를 통한 전법은 앞으로 지식사회로 변해가는 현대사회에서 꼭 필요한 영역이라고 생각했어. 특히 잘 만들어진 전법지는 시간과 장소의 제약을 받지 않고 불특정다수에게

불법을 전할 수 있는 훌륭한 매개체였거든. 당시만 해도 한국불교계는 문서를 통한 포교 활동이 미미하던 시절이었다네. 대각사 도량을 중심으로 진행되던 법회를 뛰어넘어, 보다 광범위하고 파급력 있는 방법으로 전법을 펼쳐나가기 위해서는 월간지 발행이 무엇보다 중요했지.

  🙂 문서 포교라는 말 자체가 생소했던 시절이었을 것 같습니다. 그렇다면 당시 「불광」의 파급력이 궁금해지는데요. 정말 스님의 생각대로 전법지로서의 역할을 충실히 해냈나요?

  🧔 대각사 한쪽 골방에서 전화 한 대 없이 잡지를 시작했지만 「불광」 창간은 불교계 전체의 관심을 집중시키는 데 큰 몫을 했지. 당시 불교 언론이란 각 종단의 기관지 아니면 찾아보기 힘들었고, 몇몇 개인이 발행하는 잡지들은 불교를 대변하거나 불교의 이익을 앞세우는, 즉 전법포교지라기 보다는 불교를 표방하는 수준에 머물러 있었거든. 전법지를 원하는 불자들에게 당시 「불광」은 가뭄에 단비를 만난 것처럼 반가운 일이었어. 「불광」은 발간 즉시 정말 뜨거운 반응을 보이기 시작했다네. 월간지를 보고 대각사로 찾아오는 사람들이 점차 늘어났다는 건 전법지로서의 기능이 확인되었다는 의미 아니겠나?

  🙂 듣고 보니 스님 말씀이 맞는 것 같습니다. 그러나 월간지만으로는 전법 포교에 한계가 있었을 것 같은데 어떠셨어요?

  🧔 어떻게 그렇게 잘 알지? 맞아. 「불광」을 보고 대각사로 몰려드는 사람들이 늘어나고 이렇게 모여든 사람들이 자연스럽게 법회로 유입되면서 「불광」은 전법지로서의 역할을 충실히 해냈지만 「불광」지만으로는 전법에 한계가 있다는 걸 알게 되었고, 진리의 빛으로

스스로 등불이 되고 세상을 밝히기 위해서는 보다 체계적인 조직이 필요하다는 걸 절감했지. 그래서 대각사에서 매주 목요일마다 야간법회를 열기 시작했는데 이것이 바로 불광법회의 시작인 셈이지.

🙂 그러니까 불광회가 월간 「불광」을 창간하기 위한 조직이었다면 불광법회는 전법 중심의 대중조직이라고 할 수 있겠네요. 불광회가 월간 「불광」을 낳고, 월간 「불광」이 촉매가 되어 대중적 전법조직으로 확대된 것이 바로 불광법회인 셈이군요.

🧑 그렇다고 할 수 있지. 휴일도 아닌 목요일 저녁에 법회가 열렸음에도 불구하고 몰려드는 인파로 인해 법당엔 앉을 자리가 부족할 정도였어. 자연히 법당 밖 마당에까지 자리를 깔고 법석을 마련해야 했지. 그렇게 불광법회가 1년 정도 진행되자 법회에 참석하는 대중은 500여 명에 달했어. 순수한 구도법회에 이렇게 많은 대중이 모인 것은 그 당시 척박했던 한국불교의 상황을 고려해볼 때 아주 대단한 일이었어. 특히 불교는 기복 위주의 여성 불자 중심이라는 통념을 깨고 일반 직장인을 비롯해 자영업자, 전문직 종사자, 대학생, 군인까지 포함한 남녀노소 모두를 아우르는 법회로 성장했지. 그건 한국불교사에 큰 의미를 남긴 일이라네.

🙂 이야기를 들으면 들을수록 불광의 역사는 시작부터 새 바람을 일으키며 새로운 기록들을 만들어냈다는 생각이 듭니다. 스님을 이야기할 때 빼놓을 수 없는 것이 아마도 반야바라밀 사상과 법등 운동이 아닌가 싶은데요. 반야바라밀 사상에 대해 설명 부탁드립니다.

🧑 반야바라밀은 불광의 이념적 지표이기도 하다네. 반야바라밀이란

여래의 큰 지혜로써 고해의 바다를 건너 피안의 세계로 가는 것을 뜻하지.
지혜를 깨달아야만 피안의 언덕으로 건너갈 수 있기에 불광운동은
깨달음으로 인도하는 '각(覺) 중심주의 운동'이라고 할 수 있지.

앞에서 잠시 언급하신 것 같은데, 반야바라밀을 근간으로 하는
'각(覺)'운동 역시 소천 스님의 영향을 배제할 수 없을 것 같습니다.

사실 반야바라밀은 금강경 독송운동을 함께 펼쳤던 소천
스님에게 많은 영향을 받은 사상이지. 소천 스님께서는 각운동에 대해
"불사(佛事)란 곧 각사업(覺事業)이니, 부처님께서는 각사업을 위하여
출현하시어 일대 각운동을 일으키고 가신 것"이라고 말씀하시곤
했으니까. 불사를 하고 전법행을 실천하는 것은 모든 중생들을 바르게
깨닫게 하기 위함이라네. 부처님께서도 깨달음을 얻으시고 가장 먼저
하신 일이 중생들을 깨달음으로 인도하기 위한 설법이었거든. 불광운동의
실체도 결국 모든 중생들에게 참다운 지혜를 체득하게 하여 열반의 저
언덕으로 건너가게 하는 반야바라밀운동이기 때문에 나는 반야바라밀이
믿음의 핵심이라고 생각한다네. 때문에 불광의 신행은 무조건적이고
맹목적인 믿음이 아니라 지혜의 체득을 통해 자아의 완성을 추구하는
것이지.

한국불교를 밝히는 희망의 불빛,
법등(法燈)

스님은 이쯤에서 잠시 생각에 잠겼다. 그리고는 "우리들의 신앙이 맨
먼저 반야바라밀을 통해서 일체제불과 함께하는 일체감을 가지며,
마하반야바라밀의 깊은 믿음과 깊은 이해와 깊은 신앙으로써 제불보살과
함께 하고, 제불보살의 공덕을 함께 믿고 사는 그러한 자세를 먼저
갖추어야 한다."고 강조했다. 반야바라밀에 대한 교리적 이념이 신행으로
체계화된 것이 '마하반야바라밀' 염송이다. 불광사는 다른 사찰과 달리
관세음보살이나 석가모니불 정근 대신 '마하반야바라밀'을 염송으로
행하고 있다. 이 염송을 통해 오랜 무명에서 자기 자신이 깨어나고,
제불보살님과 일체가 되며, 제불보살님의 공덕을 스스로 성취하게 된다.
광덕 스님은 '마하반야바라밀' 염송을 행하는 것은 '참된 진리의 세계 속에
자기 자신을 확립하는 수행'이라고 정의했다.

🧑 모든 중생을 바른 깨달음으로 인도하기 위한 불광의 이념적 배경이 반야바라밀 사상이라면 전법을 위한 구체적 실천행은 법등운동이 아닌가 싶습니다. 법등운동은 어떻게 진행되었는지 궁금합니다.

🧑 '법등(法燈)'은 열반경에 나오는 부처님의 유훈인 "자등명(自燈明) 법등명(法燈明)"에서 따온 말인데, 불광법회 모두가 진리의 등불이 되어 이 세상을 진리의 빛으로 밝히자는 의미가 담겨 있는 말이라네. 그러니까 법등운동은 스스로 진리의 등불이 되고 세상을 진리의 등불로 밝히는 운동인거지. 더 나아가 진리의 등불로 스스로를 비추는 것에 머물지 않고 세상을 비추는 실천으로 확장될 때 반야바라밀이라는 이념은 어둠을 밝히는 법등이 된다네. 스스로는 밝으나 타인을 밝히지 못한다면 그것은 참다운 등불이 될 수 없는 거지. 남을 밝히고, 이웃을 밝히고, 세상을 두루 밝힐 수 있는 불빛이야말로 자기 자신을 밝힐 수 있는 불빛이 아니겠나? 법등운동은 이웃과 세상을 밝히는 찬란한 불빛이 됨으로써 스스로를 밝히는 운동이라네.

🧑 불광법회 창립 초기부터 법등이 결성되었다고 들었습니다. 스님께서는 법등운동을 어떻게 구체화시켜 나가셨는지요?

🧑 하나 둘 생겨난 법등들이 급속히 늘어나면서 지역마다 여러 개의 법등이 모여서 신행공동체인 조직을 구성하게 되었고, 이 법등이 성장해 지역 법등으로 전환돼 '구(區)법회'가 결성되는 조직 체계를 갖추게 되었지. 그때부터 재능, 직군, 연령 등의 공통분모를 가진 다양한 법등들이 탄생하게 되면서 불광운동의 골격이 갖추어지게 되었고 불광법회는 더욱 활기를 더해갔다네.

반야바라밀 사상도 그렇고 법등운동도 그렇고 스님의 행보는 불교계 새 바람을 일으키기 충분했던 것 같습니다. 그 외에도 전법의 역량을 키우기 위한 호법법회 창립이라든지, 사찰순례법회, 찬불가를 통해 전법활동을 펼치기 위해 창립된 바라밀다 합창단 등 다양한 조직과 프로그램들이 만들어졌습니다. 그 중에서도 당시로서는 획기적인 시도였던 재가자 의식 전담 조직인 연화부의 결성이라든가 봉사단체인 보문부의 활동, 전법을 위한 포교사들의 모임인 법륜부까지 어린이에서 청년에 이르는 각 계층별 법회 활동을 돌아보면 스님이 걸어온 길은 도심포교의 새 길을 개척해온 역사가 아니었나 싶습니다.

이야기를 나누면서 지난 40년의 시간을 돌아보니 나도 좀 정리가 되는 기분이 드는군. 날 잊지 않고 찾아와 주어 고맙네. 그리고 꼭 기억하게. 스스로 타오르는 횃불이 되어 이 세상을 밝히는 법등이 되어야 한다는 것을. 성불하시게나.

긴 시간 좋은 말씀 감사합니다. 스님을 뵙고 나니 지나온 40년보다 앞으로의 시간이 더 중요하다는 생각이 듭니다. 스님이 밝혀놓은 빛을 따라 저마다 등불이 되어 스님의 큰 뜻 이어갈 수 있도록 최선을 다하겠습니다. 아쉽지만 이제 다시 작별을 고해야 할 시간입니다. 인터뷰에 응해주셔서 감사합니다.

용성 선사와 동산 선사의 선맥을 계승한 선승이자 도심포교의 새로운 지평을 열었던 광덕 스님. 불교계에 첫발을 내디딘 후부터 열반에 이를 때까지 수행과 계율에 철저했을 뿐만 아니라 종단의 기틀을 다지는 데도 큰 역할을 했다. 대중들의 이해를 돕기 위해 불교의 가르침을 평이한 비유와 말로 풀이한 저술을 집필하는 데 힘썼으며, 한문에 갇힌 경전을 누구나 읽기 쉽도록 한글로 번역하는 데도 앞장섰다. 그 결과 30여 종의 역경과 30여 권의 저술을 남겼고, 이를 통해 불교를 전파했음은 물론 많은 사람을 불법의 바른 길로 인도하는 등대가 되었다.

또한 바라밀국토 건설이라는 전법의 일념으로 불광법회를 창립하여 수많은 불자들의 스승이 되었고, 스님이 창간한 전법지 월간 「불광」은 문서포교의 새로운 장을 개척하였다. 스님의 언어는 별빛처럼 반짝였고, 수많은 사람들의 가슴에 쏟아져 거룩한 심성을 계발하였다. 스님의 생애는 해방 이후 척박하던 한국불교를 개간하고 정법의 씨를 뿌리는 행원의 삶이었다고 해도 과언이 아니다. 스님의 설법에는 언제나 긍정적인 자세와 적극적인 삶에 대한 말씀이 담겨 있었다. 오랜 무명에 갇혀 있던 마음에 반야의 빛을 환히 비추어 청정한 불성이 드러나게 함으로써 정법의 길로 인도해 주신 광덕 스님. 스님은 스스로 문수의 지혜를 갖추셨고, 보현보살의 행원으로 전법행에 매진하신 이 시대의 큰 선지식이었다.

"스스로 타오르는 횃불이 되라." 스님 말씀이 귓전에 맴도는가 싶더니, 어느새 스님의 모습은 보이지 않았다. 해가 기울어가는 하늘엔 붉은 노을이 곱게 물들어 있었고 오솔길을 걸어 범어사를 빠져나오는 내내 스님의 말씀은 마음에서 떠나지 않았다.

빛으로 새긴 이야기

「불광」40년,
시간의 기억들

1974~1979

세상을 향해 밝힌
부처님의 빛

「불광」은 창간 이후 전법과 신행지로서의 역할을 충실히 해나갔다.

다른 잡지들이 해보지 못한 교리문답이나 포교전략 등에 대한 특집기사를

싣기도 하고 경전을 현대적으로 풀이해서 연재하기도 했다. 이런 기획들은

뒤에 창간된 다른 잡지들에도 지대한 영향을 미쳤으며 불교 잡지가 어떠한

방향으로 나아가야 하는가에 대한 법등(法燈)의 빛을 밝혀주었다.

반야심경강의

대승불교는 부처님이 출세하신 본회(本懷)를
설파하신 교법이다. 그리고 부처님의
근본되는 사상체계는 반야를 통하여 비로소
전개된다. 그래서 '반야'를 '제불의 모(母)'라
한다. 반야는 자세히 말한다면 끝이 없다.
반야심경은 600권이나 된다. 대반야경은
반야부 경전 가운데서 가장 간명하고 반야의
핵심을 담은 요전(要典)이다. 반야심경의
'심(心)'이 마음을 의미하는 것이 아니고
hridaya 즉 심장의 뜻을 가진 것으로도
짐작이 간다. 반야의 정요인 것이다.
본고는 불광법회의 강의본으로 작성한다.
- 11월호 광덕 스님

佛光

진마음 童蒙
이 곳이 眞理의 現場이다
般若心經 講義
人間은 죽으면 그만인가
父母의 性格上 갈등과 子女
運命을 支配하는 人間型
現代人을 위한 佛教理解

11 74, 創刊號

창간호 표지

인간은 죽으면 그만인가

창간호에는 '심령연구' 연재를 시작하며 '인간은 죽으면 그만인가'를
주제로 "사람은 미혹에서 깨지 않는 한 비록 육체를 벗어났다 하더라도
또 다른 세계를 형성하게 된다. 그것은 또 다른 양상의 미혹의 형태다.
이 또 다른 형태로써의 탄생을 전생(轉生), 또는 내생(來生)이라고
부른다."라는 내용이 실려 있다. '정신분석 노트(1) – 부모의 성격상 갈등이
자녀에게 미친다.', '신앙수상 – 자문자답' 등이 함께 실렸다. - 11월호

현대인을 위한 불교이해

불교는 석가모니불께서 열어 보이신 진리의 가르침이다. 가르침이라 해서 돈 잘 버는 법이나 싸워서 이기는 법이나 아니면 고상한 도덕교훈을 가르치는 것이 아니다. 불교는 그를 넘어선 더 큰 것이다. 불교는 자유 실현, 인간 해방의 종교다. 자유의 실현을 바꿔 말하면 정신적 불안과 현실적 속박과 고난에서 해방되자는 것이다. 그러기에 불교를 해탈의 종교라고 하는 것이며 인간 해방의 종교라 하는 것이다.

– 11월호 불광회 교육부

중생심중의 청정 광명심이 자재를 성취시킨다

부처님의 가르침을 믿는 우리들 불자는 우리의 마음이 부처님의 광명스런 마음과 둘이 아닌 것을 굳게 믿어야 하겠습니다. 부처님 마음은 일대 광명 덩어리이고 우리의 마음도 또한 같다는 말입니다. 이 가르침을 믿을 때 우리의 마음은 밝아집니다. 우리는 고통 속의 범부 중생이 아니라 부처님의 자비하신 지혜와 위신력으로 살아가는 불자라는 긍지와 기쁨이 솟아 나오는 것입니다. 그뿐만 아니라 우리의 생각과 말과 행위 등 삼업(三業)이 청정해지는 것입니다. 참으로 청정한 마음이 부처인 것입니다. 마음속의 부처님을 믿는 것이 청정한 마음입니다.

– 12월호 고암 스님(조계종 전 종정)

인간승리를 위한 서장

생명의 땅, 환경파괴, 전쟁위기 등등 이 모두가 인구문제와 관련된 것으로 풀이되고 있다. 이러다가는 우리가 이 지상에 생존한다는 단순한 사실이 어떤 죄로 느끼게 되고, 사람 수효를 줄이는 것이 도덕이게끔 될 날이 있을지도 모를 일이다. 무도덕과 퇴폐의 파고(波高) 속에 인간은 매몰되고 인간 행복은 순간순간 파국을 가져온다. 이 지경에 이르면 인간 문명이 물질을 극복한 것이 아니라 도리어 패배한 것이다. 인간승리를 위하여 우리는 자신의 발밑을 돌이켜 보고 인간이 무엇인가를 다시금 살펴야 하겠다. 그리고 나서 인구 문제를 논의해야 마땅할 일이다.

– 12월호 광덕 스님

순수불교선언(純粹佛教宣言)

부처님이 보신 바로는 인간은 어느 누구의 피조물이거나 상관적 존재가
아니다. 사람의 참모습은 절대의 자존자(自存者)며 무한자며 창조자다.
일체 신성과 존엄과 가치와 권위는 그로부터 유인(由因)한다. 그것은
인간이란, 구극의 진리인 불성의 실현이기 때문이다.

그러므로 사람에게는 모든 덕성과 능력이 본래로 구족하다. 지혜와 자비는
그의 생리며 체온이다. 희망과 환희, 자신과 성취가 그의 맥박 이전부터
함께 있다. 사람은 본래로 축복된 자며 영원의 자재이다. 그러므로 참된
인간에게는 찬란한 광명이 가득하고, 청정하고 싱그러운 기운은 대지
구석구석에 물결친다. 그러니 어디에 어둠이나 불안의 겁약이나 좌절이
깃들 것인가!

이것은 본래의 것이다. 빼앗길 수도 없고, 미(迷)했다 하여 변할 수도 없다.
이것이 영원히 변할 수 없는 인간의 모습이며 현실인 것이다.

헌데, 오늘날 우리의 세태는 그렇지만은 않다. 이같이도 밝고 따사로운
햇볕인데, 인류의 앞길에는 첩첩이 불안의 구름이 가려 보이는 것이다.
자원 고갈, 환경 파괴, 인구 폭발, 이상기상(異常氣象), 기아 만연, 전쟁
위기……. 게다가 극도로 거칠어진 무도덕의 물결은 우리 주변 어느
한구석도 안전지대로 남겨 두지 않는다.

우리는 이러한 세계적 소용돌이 속에서 이제 새 역사를 이룩하기 위해
꿋꿋하게 일어서서 벅찬 노력을 계속하고 있다. 그중에 우리의 주위에는

감각과 물질 위주·유물주의의 망령이 폭풍처럼 우리의 시계(視界)를 흐리게 하고 지성에 혼란을 일으키고 있다.

이것은 가치의 겁탈이며, 행복의 포기이며, 인간의 자기부정과 통한다. 우리는 참으로 반야(般若, 지혜)의 눈을 크게 떠야 한다. 물질과 감각으로 착색된 미혹에서 벗어나 인간 실상(人間實相)을 바로 보고 인간 복지를 회복해야겠다. 그리고 거기서 넘치는 힘과 충만한 공덕을 보고 무한의 지혜와 용력(勇力)을 발현해 이 땅 위에 평화 번영의 굳건한 터전을 이룩해야겠다. 이것은 인간 본연의 영광을 이 땅 위에 구현하는 일이다.

이에 본지 「불광」은 감히 우리의 역사와 생활 속에 부처님의 위광을 전달하는 사명을 자담(自擔)하고 나선다. 이로써 조국의 발전이 기초할 정신적 기반과 동력을 공여하기를 기도하며 전진하는 민족사의 방향과 저력을 부여함에 보탬이 되기를 기약한다.

오늘을 사는 불자로서 조국과 형제 앞에 진실을 바치고자 함에서다.

삼보제성이여, 증명하여지이다.

형제들이여, 미충(微衷)을 살펴지이다.

나무 마하반야바라밀.

—

광덕 스님 창간사

선전촬요연의(禪典撮要演義)

선은 그 기원이 부처님이다. '가섭존자'와 '아난존자' 등 여러 조사를 거쳐 제28대인 '달마조사'에 이르러 중국에 전해지고 달마조사로부터 시작된 선종의 6대조가 되는 '혜능'조사에 이르러 크게 대성하였다고 한다. 불교는 부처님이 시작이다. 말밖에 따로 깊은 뜻을 전하는 선도 역시 부처님이 시작이다. 부처님의 가르침을 선과 교로 나누어 선은 부처님의 마음이고, 교는 부처님의 말씀이라 한다. 그렇지만 마음 없는 말이 있을리 없다. 그래서 부처님의 말씀과 행적의 모두가 실로는 부처님의 마음이며 선이다. 우리는 부처님의 모든 언행에, 언행 밖에 따로 깊은 뜻을 전하는 도리가 있는 것을 알아야 하겠다.

– 1월호 석주 스님(전 조계종 총무원장)

1975 ^{1st}

1975년에는 창간 1주년을 맞아 종단의 최우선 사업인 포교의 중요성과 포교사 양성을 주제로 특별대담이 진행되었다. 신행기인 신앙수상 3편이 실렸고 잡지 분량이 100페이지를 넘겼다.

성원선자(性源禪子)에게

소리 없고 냄새도 없고 이름마저 없음이여,
가는 곳마다 분명치만 밝혀내긴 어렵다.
미생전(未生前)의 이 소식(消息) 알고 싶은가,
기러기 가을빛 끌고 강성(江城)을 지나간다.

– 2월호 소요태능(조선중기 선사) 선시(禪詩)

수도와 생활법도

수도하는 생활의 기초는 믿음이다. 이 믿음이 확고하지 못할 때 큰 힘이 나올 수 없다. 우리의 본성이 법신광명이며 우리의 청정심이 바로 정토라는 굳은 믿음이 수행력의 근거다. 또한 수도는 염불이나 참선이나 독경만이 아니라, 모든 생활 전체를 통하여 성립된다. 그러므로 수도하는 사람은 계(戒)의 중요성을 명념하여야 한다. 계가 행동의 기본이며 수행인의 생활기초이기 때문이다. 계는 법을 담는 그릇으로도 비유될 수 있다. 계가 없을 때 법을 담을 그릇이 없는 것을 의미한다, 거기에 수행이 있을 수 없다. 마땅히 계를 생명으로 삼고 정진하는 데서 성취가 있는 것이다.

- 3월호 벽안 스님(전 조계종 중앙종회의장)

금생(今生) 속의 내생(來生)

전생이 없을까. 내생이란 허사일까! 부처님 말씀에 "전생 일을 알고자 하면 금생에 받는 이것이요. 내생 일을 알고자 하면 금생에 짓는 이것이다." 라 하셨으니 오늘의 현실은 과거의 결실이며 미래의 원인이어서 긴 생명의 시간을 잇는 오늘은 자못 그 의의가 깊어진다. 부처님이 가르치는 연기의 법에는 하나의 존재가 이와 같이 단순한 하나가 아니요, 거기에 무한을 간직하고 있는 것을 가르쳐준다. 이런 의미는 인간 존재에서 예외일 수 없다. 역시 오늘의 생애가 전생이라도 오늘을 앞선 생애를 인정하였겠고, 또한 내생이라는 오늘의 원인이 가져올 결과적 생애를 또한 긍정할 수밖에 없는 것이다.

- 5월호 석옹 스님(전 조계종 감찰부장)

원효사상은 우리에게 무엇을 가르쳐 주고 있는가

원효가 알았던 불교는 절대로 이 현실을 떠나 있는 것이 아니다. 진리라고 하는 것은 공중에 떠있는 것이 아니라 이 현실생활 속에 있다는 것을 가르쳐 주었다고 나는 믿는다. 원효 대사가 생각한 열반이라든가 그때 그가 생각한 불교의 최고 목적은 이 현실세계에 불국토를 실현시키는 것이다. 내가 서 있는 지금 이 자리에 내가 당장 부처가 되고 세계가 당장 불국토가 되는 것 바로 그것이다. 원효는 늘 얘기하기를 극락정토의 문 앞에 갖다 놓아도 그것을 내가 부러워하지 않을 것이고, 지옥의 문을 활짝 열고 너를 거기에 쓸어넣겠다 해도 나는 두려워하지 않을 것이다 했다.

- 12월호 이기영(동국대 교수)

십전(十全)의 자유는 그대 것이 될지니

사랑하는 이여. 늘 그득히 사람을 사랑할 수 있는 이여.

十全의 自由는 그대 것이 될지니

사랑의 主人公이 될 수 있는 이여.

이 하늘과 땅 사이 지킬 것을 지켜

사랑의 主人公이 될 수 있는 이여.

十全의 自由는 그대 것이 될지니

끝없이 갈 수 있음으로서만,

千里 萬里가 아니라 끝없이 갈 수 있는 능력을 가짐으로써만,

十全의 自由는 그대껏이 될지니

찢어 발김을 당하여도, 六屍棲慘을 당하여도,

참어 바른 마음을 남길 수 있어야만

十全의 自由는 그대껏이 될지니

南北이 하나인 것을 알고,

世界가 하나인 것을 알고,

自己가 그 하나의 責任者인 것을 알아 허트리지 않는 이에게만

十全의 自由는 그대껏이 될지니

知慧여 知慧여 이 時空에 있고 있었던 모든 知慧여 모여 여기 오라.

百푸로 知慧있는 이에게만 十全의 自由는 그대껏이 될지니

—

미당 서정주(시인) 신년송

부처님 최후의 가르침

석가의 임종이 가까워졌다는 말을 듣고 그를 따르는 제자와 신자들이 사방에서 모여들었다. 부처님은, "내가 열반에 든 다음에는 청정한 계율을 존중하기를 마치 어둠 속에서 빛을 만난 자가 빛을 귀히 여기고 가난한 자가 보물을 얻은 것같이 하여라. 왜냐하면 청정한 계율은 너희들의 스승이기 때문이며 내가 살아있음과 다름이 없기 때문이니라." 하셨다. 붓다는 마지막 순간까지도 제자들을 위하여 자신이 깨달은 내재적 존재, 즉 인류의 보배를 설해주고자 하셨다. "비구들아! 애써 꾸준히 정진하여라. 정진이란 그렇게 어려운 것은 아니다. 가령 적고 미약한 물방울이 끊임없이 흐르고 또 흐르면 단단한 돌도 능히 뚫게 되는 것과 같으니라."

생(生)이 있는 곳에 반드시 노(老), 병(病), 사(死)가 따르며 아무것도 의지할 것이 없으며 다만 자신의 마음을 굳게 다짐하여 자기를 의지할 것이며 법(法)에 귀의하여 방일하지 말고 끊임없이 수행하여 자아를 완성하라고 하셨으니 법구경(法句經)에도 "내가 내 주인이고 내가 내 의지처다." 혹은 "자기만이 자기의 주인이다. 누가 따로 주인이 될 수 있으랴." 하는 말이 있다.

———

홍정식(동국대 불대학장)

참선공부 하는 법, 화두 하는 방법

화두는 공안(公案)이라고 하는데 참선하는데 참구하여 들어가는 과제가 된다. 예부터 千七百 공안이 있다 하는데 하나를 타파하면 일체를 통한다. 본래면목은 우주와 인생에 있어 근원적 실재를 의미하며 이것은 근원적이며 주체적인 성격을 갖는다. 따라서 이 도리를 알면 일체를 통하는 것이다. 불법 수행의 요체가 여기에 있다.

-1월호 용성 스님(민족대표 33인 중 한 명)

경주 남산탑곡 사방불
(四方佛, 보물 제 201호)

삼국기(三國期)의 불상(佛像). 삼존상(三尊像)의 구도에서 왼쪽을 보면 부처님에게 합장을 하고서 은밀한 속삭임을 하고 있는 듯한 재미있는 포즈를 취하는 것과 같은 특이한 모습을 보여주고 있다.

- 3월호 불적순례

1976 2nd

1976년에는 불광보내기 캠페인이 시작되었다. 특집으로 '전통사상의 현재'가 연재되었으며, '불교 교단의 현황과 문제점', '군 정신전력 강화를 위한 불교도 참여법' 좌담회, 세계불교학술회의 발표 논문 등이 특별기획으로 다루어졌다.

전법자의 마음자세 - 항상 부처님과 함께 있으라

"세존이시여, 저희들은 부처님의 말씀을 따라 법을 펴기 위해 여러 나라들을 돌아다니면서 중생을 구제하겠습니다. 부처님의 가르치신 법을 저희들은 어떤 마음자세로서 전해야 하겠습니까?" 부처님은 대답하셨다. '비구들이여 일심으로 마음을 오로지 하고 법을 생각하라. 그것을 깊이 믿으며 여래를 생각하고 항상 부드럽고 바르게 행하면서 모든 사람들에게 법을 가르쳐라. 어떤 사람이라도 업신여기거나 낮잡아 보아서는 아니 되느니라. 자기 형편만을 생각하여 기분이 나쁘다고 그만 둔다거나 주위의 사정이 번거롭고 귀찮다고 하여 법을 전하는 데 싫증을 내어서는 아니 된다."

- 6월호 원광 스님(시인)

통도사

석가여래 사리부도 석종.
신라 선덕여왕 5년 자장 율사가
당나라 오대산에 가서
문수보살로부터 받은 부처님의
진신사리를 봉안한 곳이다.
금강계단. 부처님의 계를 설해
승니를 득도시키는 주법당.
불상이 모셔지지 않는 것이
특색이다. 이 법당은 이조 인조
13년 우운 스님이 중건한 것으로
건물의 구조양식이 특이하다.
— 4월호 명찰을 찾아서

불심광명으로 조국의 안정을 지키자

부처님 오신 날을 맞으면서 무엇보다 우리 마음
속에 새로워지는 것은 '불심'이라 하겠습니다.
오늘은 부처님의 지극하신 불심광명을 받아서
우리들 자신의 불심으로 돌아가야 하겠습니다.
어떠한 혼란과 고난 속에서서라도 참된 자기의
주체적 위치를 확립하고 거기서 끊임없는
불심광명을 발하도록 힘써야 하겠습니다. 불심에서
대지혜, 대자비와 걸림없는 방편이 흘러나옵니다.
특히 우리는 우리 사회 일각에 퍼져나가는 반윤리적
현상에 깊은 경각심을 일으켜 우리의 불심광명은
이곳을 향하여 집중적으로 비춰져야 하겠습니다.
— 5월호 서옹 스님(조계종 종정) 경축사

전생은 있는가

불교를 믿는다면 다음 두 가지의 선제는 일난 해두어야 한다. 그 첫째는
업보와 윤회. 사람은 자기 행위에 의해서 결정되고 그런 행위가 쌓이고
쌓여 업이 형성되고 이 업에 따라 천상이나 인간이나 또는 고통스러운
중생계를 윤회한다는 것은 불교인의 상식이다. 자기가 지은 행위가 자기의
현재를 가져오게 하고 현재 행위가 바로 자기의 미래를 만들어 가는 것이다
자기가 짓고 자기가 받는 인과업보의 원리는 우리에게 주체적인 자기
책임의 원리를 먼저 일깨워 주는 것이다. 나를 구속한 자는 남이 아니고
자기의 행위이다. 그것은 구속적이며 고통스러운 현실세계에서 해방되는
자유와 권능을 각자가 지니고 있는 것이다.
— 8월호 김경만(불광법회 회장)

가 필요한 때 필요한 만큼 어김없이 채워짐을 굳게 굳게 믿사옵니다.
집안에 우환이 있거나 일신에 병이 생기는 것은 마음이 조화를 잃었거나 부모형제나
이웃들과 월망하고 대립하거나 부처님 뜻과 어긋난 증거이므로 이러한 때 저희들은 지
십으로 참회하고 화합하고 몸과 마음을 바쳐 일체에 감사하겠습니다.

경 말씀에 『일체중생을 섬기되 부모와 같이 하고 스승과 같이 하고 아라한이나 내
지 부처님과 같게 하라』고 말씀하셨으며 그러할 때 부처님의 한량없는 공덕이 우리의 것
으로 흘러 들어온다고 말씀하셨읍니다.

저희들은 맹세코 어느 때나 부처님께 감사하겠읍니다. 나라와 겨레에 감사하겠니
다. 조상님과 부모님께 감사하겠읍니다. 형제에게 감사하겠읍니다. 아내에게 감사하겠
읍니다. 남편에게 감사하겠읍니다. 자식들이나 아랫사람이나 모든 벗 모든 이웃들에게
감사하겠읍니다. 아무런 조건없이 진정으로 감사하겠읍니다. 저희들이 이와같이 조화
하고 화목하고 섬기고 사랑하는 곳에 불보살님은 저희들과 함께 하시며 부처님의 위덕
은 거침없이 나타나시는 것을 깊이 배웠읍니다.

저희들은 이 서원이 저희들만의 서원이 되지 아니하고 모든 동포·형제의 서원이 되
도록 정진하겠읍니다. 그리하여 저희의 동포·형제 모두에게 착하고 슬기롭고 용맹스
런 힘이 넘쳐나고 나아가 이 아침해의 찬란이 온 인류 온 중생의 가슴 속에 부처님의
위력이 길이 빛나기를 충심으로 기원합니다.

(광 덕)

새아침의 서원

새해가 열리는 이 시점에 서서, 저희는 이 한해동안 결코 누구와도 대립하지 아니하고 평화와 자비로 불자의 뜨거운 우정을 지켜나아갈 것을 서원합니다.

형제와 이웃과 온 겨레와 내지 온 중생에 이르기까지 한몸인듯 사랑하고 이해하고 도와가며 지내겠읍니다. 이렇게 하여 불보살님의 거룩하신 뜻과 하나가 되며 이 천지간에 있는 일체와 더불어 조화하고 협조하겠읍니다.

범부들의 감각적 인식이 보아내는 이 세상에 있는 장단(長短)·호오(好惡)의 차별적인 모든 현상은 이것이 모두가 있는 것이 아니오며 실로는 그것이 되 그것이 아님을 믿읍니다. 이 모두는 감각과 사유(思惟)와 분별의식을 넘어서 있는 부처님의 크옵신 생명의 나툼이므로 저희들은 부처님을 대하듯 모든 사람을 섬기고 감사하겠읍니다. 그러하올때 천지만물 일체중생이 부처님의 자비 위덕을 발하여 저희를 돕고 키우고 보살피는 것을 굳게 배웠읍니다. 아무도 저희를 구속하지 못하며 아무도 저희를 해코져 하지 않으며 아무도 저희를 재앙 속에 밀어넣을 자가 없읍니다. 험난 속을 나아가도 위협이 없고 병고나 장난이 있더라도 즉시에 사라지며 바라는 바 아름다운 소망은 그 모두

새 아침의 서원

부처님께 감사하겠습니다. 나라와 겨레에 감사하겠습니다.
조상님과 부모님께 감사하겠습니다. 형제에게 감사하겠습니다.
아내에게 감사하겠습니다. 남편에게 감사하겠습니다.
자식들이나 아랫사람이나 모든 벗 모든 이웃들에게 감사하겠습니다.
이 서원이 저희들만의 서원이 되지 아니하고
모든 동포 형제의 서원이 되도록 정진하겠습니다.
- 1976년 1월호 광덕 스님 권두언

오늘에 빛을 주라

어느덧 가을도 깊어간다. 곧 겨울이 찾아 들리라. 푸른 들판도 흰 눈에 덮일 것이고 다시 눈 아래에서는 새 봄을 준비하고ㅡ. 이런 변화와 반복은 인생에 있어서도 마찬가지다. '단 한번만의 인생'이라고 말할지도 모르나 엄밀한 의미로는 똑같은 장면이 두 번은 없다. 그러나 긴 눈으로 보면 반복이 있는 것도 부인하지 못한다. 하루하루 새 아침이 오듯이 인생도 한번만이 아니라 몇 번이고 반복해서 사람으로 태어난 것을 생각한다면 역시 '단 한번'만은 아니다.

인생은 이와 같이 단 한번 뿐인 듯하지만 끝없이 반복하므로써 끝없이 진보할 계기가 주어진다. 그러기에 똑같은 것의 반복이 아니고 하루하루가 다른 하루하루인 것이다. 말하자면 하루하루가 새로운 것이다. 사람들은, 인생이 가지는 이런 반복과 신생의 의미를 몰라보고 한번 실패했다고 절망에 빠져 자살을 기도하거나 매일의 생활을 등한히 하여 취생몽사적인 인생을 보내기도 한다. 그러나 이래서는 아니 되는 것이다.

사람은 누구나 원색의 크레파스를 손에 잡고 하루하루 새 화판(畵板)을 앞에 하고 새 '人生'을 그려가도록 되어 있는 것이다. 하루하루가 새로워지느라고 하루하루 새 화판이 쥐어지는 것이다. 우리는 쥐어진 화판 위에 성실히 자기 인생을 그려가야 한다. 있는 정성 다해가며 온 정열을 부어야 하는 것이다. 매일매일 반복 새것이 쥐어지니까 아무렇게나 그려도 된다 할지 모르나 그렇지는 않다. 매일매일 정성 다하여 그림으로써 그리는 자신이 알차게 성장하여 가는 것을 잊어서는 아니 된다.

하루하루의 한 장면 한 장면이 갖는 의미가 새로운 것을 잊은 사람은, 자칫하면, 어제의 불운과 어두운 그림자를 오늘에까지 갖어 온다. 어쩌면 해 묵은 감상이나 감정을 오래오래 끌고 다닐 때도 있다. 오늘의 이 아침 해가 어제의 흐린 하늘을 잊고 찬란하듯 우리의 오늘이 이와 같이 새롭고 찬란한 것을 알자. 무궁할 미래의 창조는 오늘 지금에서부터 출발한다. 오늘이 바로 인생 창조의 중심인 것이다. 다시 한 번 '오늘에 빛을 주자'고 외치는 바이다.

—

창간 2주년 광덕 스님 권두언

향기와 비린내

어느 때 부처님이 '가사굴' 산에서 돌아오시다가 길에 떨어져
있는 묵은 종이를 보시고 '비구'를 시켜 그것을 줍게 하시고
어떤 종이냐고 물으셨다. '비구'는 여쭈었다. "이것은 향을
쌌던 종이입니다. 향기가 아직 남아 있습니다." 부처님은
다시 나아가시다가 길에 떨어져 있는 새끼를 보시고,
그것을 줍게 하여 그것은 어떤 새끼냐고 물으셨다. 제자는
다시 여쭈었다. "이것은 생선을 꿰었던 것입니다. 비린내가
아직 남아 있습니다." 부처님은 이에 말씀하셨다. 사람은
원래 깨끗한 것이지만 모두 인연을 따라 죄와 복을 부르는
것이다. 저 종이는 향을 가까이 해서 향기가 나고 저 새끼는
생선을 꿰어 비린내가 나는 것과 같은 것이다.

– 2월호 법구비유경·쌍서품

1977 ³ʳᵈ

1977년에는 불교 교단에
핵심이 되는 승가의 교육과
현실을 점검해보고, 청소년
문제의 원인과 불교의 역할,
현대문명의 발달로 인해
나타나는 다양한 문제들에
초점을 맞춰 불교는 과연 어떤
답을 줄 수 있는지 생각해보는
기사들이 눈에 띈다.

불교의 교육사상과 청소년 선도의 방향

불교의 교육사상에 입각해 볼 때 청소년 선도의 불교적
방향은 자명해진다. '지혜롭고 자비로운 주체적 인간'이
되도록 지도해야 한다. 그러기 위해서는 청소년
스스로의 각성에 의하여 가치관을 올바로 확립하도록
해야 하며 큰 꿈을 가지고 자신이 처한 현실을 현명하게
극복할 수 있도록 자신감과 용기를 불어넣어 주어야
한다. 이러한 지도는 원만한 인간관계를 전제로 한다.
서로의 신뢰가 결여될 때 선도의 노력은 수포로 되고
만다. 불교의 동체자비야말로 이상적인 교육작용을
가능하게 하는 인간관계의 근본이념이다.

– 5월호 박선영(동국대학교 사범대 전임강사)

만인(萬人)의 성불(成佛)을 축복(祝福)하시다

우리는 부처님을 만남에서 육신은 잠시이고
거짓이며 마음은 영원하고 무량수임을 알게 되었다.
영원까지는 몰라도 인생이 이 몸이 다가 아니요
내생이 있다는 사실만으로도 우리에게 얼마나 큰
힘과 희망을 주는 것일까. 또한 누구나 성불을 할 수
있다는 가르침이다. 누구나 가장 완벽한 인격이 될
수 있고 능력을 갖출 수 있다는 것은 우리에게 얼마나
큰 축복이고 감사하올 일인가. 부처님 오신 날을
기뻐하면서 우리는 이 가르침의 위대함을 명심하고
우리들 자신을 돌이켜보고 부처님의 커다란 은혜를
받아 누릴 수 있도록 기원하지 않을 수 없다.

    – 6월호 운허 스님(동국역경원장)

무정설법(無情說法)

"시냇물 소리는 부처님의 설법이요
산색이 어찌 부처님의 청정신이 아니랴.
밤새껏 들은 팔만사천법문을 뒷날 어떻게
타인에게 드러내 뵈리." 이것은 유명한
소동파의 시다. 나는 이 시에서 많은 것을
읽는다. 무엇보다 부처님의 법이 어떤
절대자나 신이 있어서 만들어진 것이
아니고 진리는 영원히 원래대로 있는
것이고 다만 이 진리를 깨닫느냐
못하느냐에 따라서 깨달은 이와 범부가
갈린다는 점이다.

    – 7월호 최금한(원주 佛心寺 불교학생회 지도교사)

현대 불교음악의 오늘과 내일

불음을 전달하는 수단으로서의 '찬불가'도 중요하지만 '하나의
마음'이 되기 위한 수단으로서의 '찬불가'가 더 시급하고 더
중요하다. 가까이 있는 이웃과 가족을 외면하는 사람이 누구에게
불법을 전하고, 무엇을 위해 거창하고 허황된 불사를 하겠는가.
불자에게 중요한 것은 '나'보다는 '우리'이며, '오늘'보다는 '내일'인
것이다. 음악을 통해 더욱이 찬불가를 통해 '우리'를 느끼고, 우리를
확인할 필요가 있으며 '오늘의 주인공'인 나 자신보다 '내일의
주인공'인 청소년들을 위해, 먼저 집중적으로 이끌어 주고 키워 주는
것이 진정한 불자의 자세이며 또한 뜻있고 값진 불사일 것이다.

    – 10월호 서창업(불교음악연구원장)

어떤 것이 부처인가

불교 믿는 사람은 "불이 어떤 것이냐?" 물으면 대답할 것이 있어야 한다.
금강경에 만약 형상을 가지고 나를 보려고 하거나 음성으로 나를 구하려
하면 이 사람은 사도를 행하는 것이니 여래를 보지 못한다. 이 말이
참으로 부처님을 바로 가르쳐 준 것이다. 빛을 가지고 보지 못하는 것,
음성을 가지고 구하지 못하는 부처가 사람마다 다 있다. 이 마음자리는
마음도 아니고 부처도 아니고 물건도 아니지만 혹은 마음이라 하고 혹은
부처라 하고 혹은 한 물건이라고 하는 이것을 알아야한다. 사람이 자기
마음자리를 찾는 것은 밖에서 찾는 것이 아니라 자기에게 있는 것인데
이것을 모른다. 한 생각만 돌이키면 곧 거기에 나타나는 것이다.

말소리 들리는 곳 멀다고 탄식마라.
눈 옆에 귀가 있고 코 밑에 입이로다.
그 곳에 구름만 없어지면 주인 얼굴 나타나리라.

이 구름이라는 것은 탐심, 진심, 치심, 팔만 사천 번뇌심을 말하는 것인데
이 구름만 없어지면 자연히 자가 면목을 알 것이라는 말이다. 거기에
구름이 꽉 끼여 있으니 그믐밤과 같이 캄캄한 것이다.

—

경봉 스님(통도사 호국선원 조실)

禪이란 무엇인가, 참선하는 방법

우리가 선을 하는 목적은 생사의 꿈을 깨는 것이 근본이다. 생사가 어째
꿈이냐? 눈뜨고 있는 지금 어떤 것이 나냐고 할 때 이 몸뚱이를 가르쳐
나라고 할 것이다. 그러나 꿈속에서 어떤 것이 나냐고 묻는다면 역시 꿈에
나타난 그 몸뚱이를 가리켜서 나라고 했지. 이것은 내가 아니고 저기
잠자고 있는 것이 나라고 하지는 못할 것이다. 사실 잠자는 몸뚱이가
무엇을 할 수 있느냐? 그런데도 잠 안자는 한 물건이 있어서 산에도 가고
친구도 만나고 희노애락을 역력히 느낀다. 생각해보라, 꿈이다 현실이다
하는 환경은 다르지만 보고 들은 줄 아는 한 물건은 바로 이것이 꿈을
알고 현실을 아는 자체다. 만일 눈이 보고 귀가 듣는다면 죽은 송장도
이목구비가 구족하니 역력히 알아야 될 것이다. 그러나 그렇지 못하니
이 자리에 있는 여러분도 눈이 보고 귀가 듣는 것이 아니라 이 몸뚱이를
지배하는 그 주인공이 역력히 보고 듣는 것이 틀림없다. 그 주인공을 마음,
영혼, 넋, 얼, 주인공이라고 말을 하는데 그 자체가 어떻게 생겼는가?
그것을 깨우친 그때의 그 사람은 바로 나고 죽는 꿈을 깬 부처인 것이다.

—

구산 스님(조계총림 방장)

미륵신앙

문수보살은 대승의 반야(지혜) 사상을 대표했다면 보현보살은
대승 행원 사상을 대표한 것이며 관음보살은 대승의 자비사상의
화신이라면 지장보살은 대승사상 가운데 다만 자비만도
아니요 행원만도 아닌 대비행원사상의 구현체인 것이다.
그런데 미륵보살은 그 지혜와 자비·원력을 한데 묶어 부처에로
지향하는 미래불, 곧 우리 인류의 영원한 이상이요 희망인
구세주로서 장차 우리 지상에 출현하여 지상 천국인 용화세계
교주로서 신앙의 대상이 된다. 또한 미륵님이 계시는 도솔천의
왕생사상과 신앙은 일찍부터 큰 위력을 발휘하여 왔던 것이다.
- 5월호 이종익(동방사상연구원장)

1978 4th

고은 시인을 비롯해 박재삼,
문정희, 연극배우 손숙 씨의
글까지 문화예술계 필진이
참여하기 시작했다.
만해 한용운 시인의 사상과
문학 등 만해에 대해 평가가
있었으며 문수보살, 보현보살,
아미타 신앙 등을 특집으로
다루었다.

극락세계의 장엄

극락세계가 어떻게 꾸며져 있는가에 대해서는
무량수경과 아미타경에 상세하다. 극락세계는 땅이
칠보로 되고 깨끗하기 이를 데 없으며 국토가 넓고
평탄하다. 그리고 삼악도가 없다. 극락세계는 해와
달이 없으나 항상 밝고 밤낮이 없어 꽃이 피고 새가
지저귄다. 극락세계 하루 밤은 사바세계의 일(一)겁이다.
극락세계는 바람이 불면 꽃이 흩어져서 땅에 깔리고
하늘에서도 꽃비가 온다. 극락세계는 즐거움만 있고 늙고
병들고 죽는 괴로움이 없다. 목숨이 한량없으므로 죽는
괴로움이 없고 이 생에서 성불하는 것이다.
- 8월호 서운 스님(조계종 종회의장)

죽음 앞에 어리석은 자

나는 요즈음 주위의 가까운 분들인 몇 분의 죽음을
부득이 지켜 본 적이 있었다. 너무도 젊고 아까운
나이에 갑작스럽게 세상을 떠난 어느 의사 선생님의
죽음, 또 아직도 엄마의 손길이 필요한 많은 아이들과
초로(初老)의 남편을 두고 홀연히 돌아가신 친한
친구의 어머님 죽음, 어느 죽음이나 죽음이란 같은
것이겠지만 그 슬픔의 농도나 빛깔은 조금씩 다른 것
같았다. 죽음이란 어디서 와서 어디로 가는 것일까?
바로 눈앞에 닥친 죽음을 모르고 환자를 치료하고 남의
죽음을 고치다가 어떤 의사는 죽어갔다. 이렇게 자신의
죽음조차 알지 못하는 어리석고 어리석은 사람이
어떻게 누구의 주인 노릇을 할 수 있단 말인가?

– 8월호 손숙(연극배우) 테마에세이 나를 돌아본다 中

사경이야기

사경은 다만 경을 쓰며 이해하는 것을
초월해서 철저한 하나의 신행으로써
행해지지 않는다. 이 신행은 그 경의
뜻을 이해하는 데서 구현되기도
하지만 이보다는 자기의 원력과
신앙을 이 사경 속에 집어넣어 힘을
키워가는 데 더 목적이 있다. 그것이
단순한 신앙이던 오도적 신행이던
상관없다. 다만 이 사경을 통해서
일념의 목표를 향해 가는 그 수단이
이 사경에서 나올 때 이것은 진실한
사경이 된다.

– 11월호 김운학(동국대 교수)

허영의 노래

나는 주인이라기보다는 기실 인제나 그 무엇의 종[奴隷]이었다.
무엇의 종이었을까? 허영(虛榮)의 종이었다고 할 수 있다. 어떤
허영이었는가? 어린 시절부터 지금까지 나를 사로잡은 것은 시(詩)
잘 쓰고 싶은, 그리하여 유명(有名)해 지고 싶은 욕망이었다.
내가 참 나를 찾고 나의 명실공한 주인이 되어 세속적인 모든
것들 멀리하고 이제 오롯이 앉아 시만 쓰다 죽고 싶다. 내가 가진
언어(言語)들, 그것조차도 한낱 헛된 망집에 불과하겠지만, 나는
인간냄새 나는 그것들을 사랑할 수밖에 없다. 마음속에 시가 있는지,
아니면 시 속에 마음이 있는지, 시와 마음이 한 얼굴이 되는지
가려내고 싶지 않고 다만 나는 시의 주인이게 하소서.

– 8월호 문정희(시인) 테마에세이 나를 돌아본다 中

외로운 이에게

어찌 이 세상에 외롭지 않은 사람 있으랴. 나고 죽는 일, 사는 일에 두레박
우물을 퍼올리듯 외로움을 퍼 올리는 것이 사람의 일 아니랴. 그러나
외로운 이여, 그대 혼자의 외로움이라면 아무 뜻 없어라. 외로움이 한낱
약한 갈대로 말라버려서는 안되어라. 외롭다하고 서러워해서도, 홀로
훌쩍훌쩍 울어서도 안 되어라. 바라건대 오늘의 외로움이란 그 외로움들이
하나둘 한데 모여서 마침내 크나큰 한 덩어리의 외로움이 되어야 하리라.
그 큰 외로움은 이미 외로움이 아니어라. 힘이어라. 불끈! 솟아오르는
동산의 아침햇덩이여라. 외로운 이들끼리 서로 나뉘어 살지 말고 서로
껴안고 얼싸안아서 한 덩어리의 외로운 겨레가 되면 거기에는 외로움이
아닌 크나큰 정의와 자유 사랑의 힘으로 가득하리라. 돌이켜 보건대
외로운 이여. 그대들과 나는 너무 오랫동안 서로 저 혼자의 외로움에
매달려 왔던 것 같아라. 그것으로는 진리를 만날 수 없고 그것으로는
하나의 세상을 이룰 수 없으리라. 우리가 아직 이 땅의 분단 시대를
이겨내지 못한 것도 외로움을 서로 달리했기 때문이어라. 외로운 이여.
내가 그대들을 달래고 그대들이 나를 달래어 서로 한 뜻이 될 때 거기에
우리가 이루는 뜻이 빛나리라. 이제 외로운 이는 결코 외로울 수 없는
이들이어라.

——

고은(시인) 특집 새해에 드리는 말 中

군말

'님'만 님이 아니라 기룬 것은 다 님이다.

중생이 석가의 님이라면

철학은 칸트의 님이다.

장미화의 님이 봄비라면

맛치니의 님은 이태리다.

님은 내가 사랑할 뿐 아니라

나를 사랑하느니라.

연애가 자유라면 님도 자유일 것이다.

그러나 너희는 이름 좋은 자유의 알뜰한 구속을 받지 않느냐.

너에게도 님이 있느냐.

있다면 님이 아니라 너의 그림자니라.

나는 해 저문 벌판에서

돌아가는 길을 잃고 헤매는

어린 양이 기루어서 이 시를 쓴다.

—

만해 한용운(독립운동가. 시인)

하는 것을 몸 출가라 하는 것이고 마음 출가라 함은 마음에서 번뇌 망상을 끊고 청정한 본성을 잊지 않고 지켜가는 것이니 이것이 출가의 핵심 입니다. 마음출가는 재가출가가 따로 없고 장소가 따로 없읍니다. 청정한 마음으로 살고 청정한 법을 행하는 것이 마음 출가이기 때문에 재가인이나 출가인이나 모두가 한결같이 가져야 할 마음은 곧 마음 출가입니다.

[11] 싯달태자가 출가하여 수도하는데 스승이 있었읍니까?

처음에는 그냥시 높은 도를 이루었다 하는 신선들을 만나보고 그 도를 닦았읍니다. 처음에 만난 사람이 《바가바》 선인이었고 그 다음에 《알라다·칼라마》를 만났으며 《우드라카라 아마푸트라》 등 당시에 가장 이름난 신선들을 만나서 그분들의 도달한 도를 다 요달하였지만 그 선인들의 도는 참된 해탈의 도가 아닌 것을 알고 마침내는 태자가 독자적으로 홀로 수행 하였읍니다. 그러므로 싯달태자의 수행에는 스승이 없었다고 하겠읍니다.

[12] 태자는 스승없이 어떤 도를 닦았읍니까?

첫째는 모든 세속의 탐착과 번뇌를 끊어 없애는 이욕행(離欲行), 둘째는 마음이 움직이지 않는 적정(寂靜)행과 셋째는 이몸과 이마음에서 일어나는 고의 원인이 된 탐착을 떨어버리기 위한 수행을 하였읍니다. 이와 같은 수행은 큰 고행이었읍니다. 하루 쌀 한순갈과 참께 한줌만을 먹기도 하며 또는 하루 쌀 한낟개 하나썩만 입에 넣고 굶고 지내기도 하였으며 옷이라고는 베옷 한벌로 겨우 몸을 가릴정도 였고 바람이 불거나 비가오나 겨울이나 여름이나 한모양으로 한자리를 뜨지않고 수행을 하였읍니다. 이렇게 고행하기를 육년이나 계속하였읍니다.
(계 속)

부처님의 출가와 수도

편 집 부

⑨ 싣달태자가 출가한 것은 무슨 뜻입니까?

인간세상이 나고 죽는 고뇌의 연속이며 그 죽음은 아무도 벗어날 길이 없다고 실망했다가 도를 닦으면 생사고에서 벗어날 수 있는 것을 알고 도를 구하러 집을 나간 것입니다. 거기에는 대체로 세가지 뜻이 있다 하겠읍니다.

하나는 생사고를 해탈할 결단적인 의지입니다. 낳다가 늙고 병들어 죽고 말것이 아니라 대해탈의 법을 구하러 나선 것입니다. 둘째는 모든 욕락과 애착을 끊어 이제까지의 세간생활을 모두 버린 것입니다. 말하자면 늙고 병들고 죽어야 하는 세간적 인생을 크게 포기한 것입니다.

세째는 큰 법을 깨달아 스스로의 생사 문제와 고뇌를 해결할 뿐만 아니라 다시 세간에 돌아와 모든 사람에게 진리의 길을 가르쳐 주겠다 하는 커다란 서원이라 하겠습니다.

싣달태자도 이와 같은 세가지 뜻을 품고 용약 세간의 삶을 박차고 법의 세계로 뛰어들어 갔읍니다.

⑩ 출가에 마음출가와 몸출가가 있다 하는데 무슨 뜻입니까?

몸출가라 하는 것은 용락과 애착의 생활을 하는 세간생활에서 벗어난 것을 말합니다. 오늘날 스님들이 머리깎고 가사를 입고 절에 살며 애착도 즐거움도 모두를 버린 맑은 생활을

부처님의 출가와 수도

부처님은 모든 세속의 탐착과 번뇌를 끊어 없애는 이욕행(離欲行),
마음이 움직이지 않는 적정(寂靜)행과 이 몸과 이 마음에서 일어나는
고의 원인이 된 탐착을 떨어버리기 위한 수행을 하였습니다.
- 1978년 3월호 불교 기초교리 해설 中

주는 기쁨 받는 기쁨

러스킨이라는 철학자는 "남에게 자선을 베푼다는
것은 인류의 영광을 차지하는 것인 동시에 자기
자신에게 마음의 부유를 느끼게 하는 시초다."라고
말했다. 모든 성자들이 가난한 사람들에게 자선을
권장한 것도 그 때문이었을 것이다. 부자의 가치는
자기 자신만이 잘 먹고 잘 살아가는 데 있는 것이
아니다. 어느 철학자는 "부자의 커다란 행복은
남에게 많은 자선을 베풀 수 있는 능력을 소유하고
있는 것이다."라고 말했다. 우리들은 적으나 많으나
항상 남에게 자선을 베풀 수 있는 마음의 자세를
가지고 덧없는 한 세상을 행복스럽게 살아가는
인간이 되어야 할 것이다.

– 2월호 정비석(작가)

1979 5th

남방불교의 특징은 무엇인지
그 역사와 현황을 비롯해 중국불교,
일본불교 등 해외 불교의 어제와
오늘을 바라보는 기사들이
중점적으로 소개되었다.
또한 비교종교학의 입장에서
바라본 기독교인의 인생관이라든지,
포교 최일선에서 뛰고 있는
사람들의 이야기 등을 담았다.

불국토 실현에 정진을

부처님께서 이 세상에 나시면서
'천상천하유아독존(하늘과 땅 아래 나 홀로
높도다)'이라 하셨는데 그것은 인간 본성에
있는 불성의 고귀함을 가르친 것이라 생각한다.
하늘 위, 하늘 아래 내가 홀로 높다는 것은
부처님만 그런 것이 아니라 모든 사람의 본성의
신성과 존엄을 말씀하신 것이다. 그러므로
우리들은 무명을 박차고 인간의 진심을 탐구하여
인간 본래의 성품인 불성을 드러내서 꼭
성불하여야겠다는 다짐을 하지 않을 수 없다.

– 5월호 이항녕(홍익대 총장)

꽃씨를 심는 마음으로

한 톨의 작은 꽃씨를 손바닥에
올려놓고 가만히 들여다보면 그
속에는 제주망의 바다처럼 무수히
많은 세계가 깃들어 있음을 알 수
있다. 그리하여 우리는 한 톨의 작은
꽃씨를 통하여 커다란 우주의 섭리를
깨닫게 되고 그 작은 꽃씨가 이윽고
한 송이의 꽃을 피우는 순간을 통하여
영원까지도 보게 된다. 예컨대 침묵을
통하여 가장 진실한 말의 의미를
배우듯이 우리는 작은 꽃씨를 통하여
인생의 의미를 배우는 것이다.

– 6월호 박정만(시인)

옥은 갈아야 구슬 된다

사람은 누구나 천지만물 중의 신령한 힘을
간직하고 있다. 그러니 오직 부지런히
계발하므로써 극치를 다 할 수 있는 것이다. 마치
구슬이 옥돌 속에 있는 거와 같아서 내버려두면
이것은 쓸모없는 돌쪼가리요, 닦고 연마할 때 값진
보물이 되는 것이다. 또 물이 흘러 내리는 것과도
같다. 가두어 두면 진흙벌이 되고 통하여 흐르게
할 때 냇물이 된다. 이로써 알지니 상법이나
말법시대에서 성현이 드물다고 하는 것은 한낱
어진 사람을 버리고 쓰지 않는 데 있는 것이
아니라 그를 기르고 가르치고 권하고 인도하는 데
있어 만족하지 못한 데 있는 것이다.

– 12월호 석주 스님(조계종 원로)

말과 생각은 창조의 씨앗

남이 나에게 어떻게 대하는가를 생각하기에 앞서 내가 남을 어떻게
대하고 있는가를 생각하자. 말과 생각 그것은 하나의 씨앗이다.
뿌려진 씨앗은 반드시 싹이 튼다. 좋은 씨앗을 뿌렸으면 좋은
결실이 있고, 나쁜 씨앗을 뿌렸을 때 그 수확은 초라할 수밖에
없다. 하늘을 향하여 침을 뱉으면 침은 마침내 자신에게 돌아오고
다른 사람을 욕하고 미워하면 욕과 미움은 독이 묻은 화살이 되어
자신에게 되돌아온다. 다른 이를 욕하는 대신 그 사람을 칭찬하고
그 사람의 행운을 축복해 보라. 축복하는 자는 축복을 받고
칭찬하는 자에게는 칭찬이 돌아온다.

– 9월호 광덕 스님 이달의 언어 中

이 세상을 합장하는 마음으로 이끌자

우리는 자기를 찾을 때도 남을 대할 때도 일을 할 때도 모두가 합장하는 마음을 지녀야 한다. 합장은 하나로서 이루어지는 것은 아니다. 서로가 협동하는 마음, 즉 합장하는 마음에서 시작된다. 모든 가족이 합장하는 마음을 지니고 있으면 그 가정은 화목할 것이요 가정이 화목하면 그 가정에서는 무슨 일이든지 자조되어 나갈 것이다. 직장에서도, 학교에서도, 부대에서도 합장하는 마음만 지니고 있다면 서로 이해하고 서로 감싸고 서로 보살펴서 싸우는 일, 다투는 일, 시기하고 질투하고 모함하는 따위의 불쾌한 일들은 일어나지 않을 것이다. 합장하는 마음, 합장하는 자세, 이 아름다운 자세는 법당에서만 지닐 게 아니라 길을 걸으면서도 만원버스 안에서도 가정에서도 직장에서도 늘 지니는 습관을 길러야 되겠다. 합장하는 마음, 바로 이것이 우리의 밝은 행복을 이끌어 주는 영원한 열쇠요, 이 세상을 불국토로 만드는 밑거름이다.

—

강영숙(MBC 방송위원)

자비의 실천이 행복의 문

불법을 믿는 사람이라면 무엇보다 끊임없는 정진을 그 특징으로 들어야
하겠습니다. 만약 수행하지 아니하여 깨달음을 이루지 못하거나 불법을
전하여 사회 속에 꽃피우지 못한다면 불법의 믿음을 성취한 사람이라 볼
수 없을 것입니다. 참된 행복은 얻는 데 있다 하기보다 자비심으로 항상
베푸는 데 있는 것이며 기쁨을 나누어 서로가 행복하게 살아가는 데 있는
것입니다. 오늘날 우리 불자가 할 절실한 과업은 적극적으로 사회 현실에
뛰어들어 그 현실 사회에 불법의 공덕을 이룩하는 데 있다고 생각합니다.
병원, 양로원을 위시한 응달지대에 불법을 전하고 직장단위로 포교하며
불법 진리를 펴는 데 보다 큰 노력을 기울여야 하겠습니다. 불법을 믿어
행복하다는 것은 장래 얻어질 수행의 결과가 아니라 지금 당장 가정과
직장에서 일하는 가운데서 믿고 쓰는 데 있는 것입니다. 우리는 가정과
생활에서 믿음을 실천하여 평화와 행복의 길을 열어가야 하겠습니다.

—

홍도 스님(서울 보현사 주지)

1980~1989　　빛으로 세운 등불

1980년대로 접어들면서 「불광」은 새로운 변화를 시도했다.
컬러텔레비전의 보급으로 컬러에 익숙해진 독자들을 배려하기 위해
컬러페이지가 들어가기 시작했고, 생활정보 등의 새로운 코너가 생겨났다.
또한 한국불교만 바라보는 것이 아니라 해외로도 눈을 돌려 해외 불교의
동향은 어떻게 흘러가고 있는지 살펴 불교에 대한 시각을 넓혀나갔다.

보살과 보살도의 원리

보살이란 깨달은 중생이라는 뜻이다. 그러면 깨달은 중생은 그 마음을 어떻게 쓰는 것일까? 금강경을 보면 부처님께서 이렇게 보살의 길을 지시해 주신다. "위없는 깨달음을 성취하고져 하는 마음을 일으킨 사람은 마땅히 이와 같이 그 마음을 항복받아야 되나니, 존재하는 모든 중생을 남김없이 온전한 평안에 이르게 하겠다고 하여라. 그러나 이처럼 한없고 가이없는 중생들을 모두 제도하였다고 하더라도 실로 한 중생도 온전한 평안을 얻은 자가 없노라. 왜냐하면, 만약 보살이 나다 너다 하는 생각이 있거나 못났다 잘났다 하는 생각이 있으면 곧 보살이 아니기 때문이니라."

– 2월호 김항배(동국대 교수)

옛 절 지나며

꽃 지는 곳 옛 절문 깊이 닫혔고
봄 따라온 나그네 돌아갈 줄 모른다.
바람은 둥우리의 鶴그림자 흔들고
구름은 앉은 중의 옷깃 적신다.

– 1월호. 청허 휴정(서산 대사)

1980 ^{6th}

한국불교가 무엇을 할 것인지에 대해 총체적인 점검을 짚어보는 좌담회를 비롯해 승려교육, 재가자 교육 등의 불교교육에 관한 문제가 특집을 통해 기획되었고, 청소년 강좌라든지, 종립학교의 필요성과 세대 그리고 변화의 필요성을 제시하기도 했다. 이 밖에도 화엄경, 금강경에 대한 불교의 이해를 돕기 위한 기사가 꾸준히 연재되었다.

법을 보는 자, 나를 보느니라

석가모니 부처님께서 생존해 있을 때는 부처님을 뵙고 부처님의 말씀을 듣고 교화를 받았지만 부처님께서 입멸하신 후로는 어떻게 누구를 의존하고 살아야 될 것인가에 대하여 부처님께서 임종시에 그 제자들에게 말씀하셨다. "내가 멸도한 후에 너희들을 부호할 자가 없고 의지할 바를 잃었다고 생각하지 말라. 내가 설하고 내가 교시(教示)한 법(法)과 율(律)은 나의 사후에 너희들의 스승이 될지니라."(『장부경』) 이 썩어질 색신을 보고 참 나라고 믿지 말고 욕심의 경계에 얽매이지 말고 진리의 법을 보는 자만이 참 부처님의 법신을 보며 법신을 보는 자만이 해탈의 지혜를 얻을 것이다.

– 6월호 이경일(스님, 동국대 강사)

탁발의 참뜻

"탁발을 하려면 다음 세 가지를 잘 지켜야 한다.
첫째, 탁발하러 갈 때 자신이 탁발한다는 생각이
끊어져야 하며, 둘째 탁발할 때 주고 안 주고에
집착하지 말고, 셋째 탁발을 다녀와서 탁발했다는
생각조차도 끊어져야 한다. 이것이 진탁발이니라."
탁발의 가르침을 일깨워 주신 환공 스님의 말씀이
나 자신에게 인욕 고행의 수행을 쌓게 하였으며,
또 탁발을 통하여 나에게 그때까지 몰랐던 새로운
인생관을 정립시켜준 계기가 되었다. 지금도
옛날의 그 순직한 탁발 시절이 그리워진다.
오늘날, 탁발 수행은 없어졌어도, 탁발의 참뜻만을
간직하고 싶은 것은 나만의 생각일까.
— 8월호 범행 스님(재단법인 선학원장)

행운을 만드는 법

나는 가난하다, 나는 불행하다, 나는
허약하다, 이런 생각, 이런 말을 하지
말자. 그렇게 말하고 생각하는 데서 빈궁과
불운은 찾아든다. 원래로 인간은 본성이
진리이다. 진리에 불행이란 없다. 무한의
풍요와 자유와 권능이 스스로 넘친다. 자기
한정을 말자. 불행을 생각하지 말자.
그보다도 "나는 유능하다. 친절하고
건강하고 만사가 잘돼 간다."고 말해 보라.
하루 몇 번씩이고 눈을 감고 반복해 보라.
여기서 진리가 발동한다. 행운은 이렇게
만드는 것이다.
— 8월호 광덕 스님

마음을 전하는 법(法), 머묾 없는 마음

노안(老安, 염관(鹽官) 제안(齊安) 국사를 말힘) 국사가 말하였다.
"금강경에 이르기를, '마땅히 머문 바 없이 마음을 내라' 하였다. 머문
바 없다 하는 것은 형상에 머물지 아니하고 소리에 머물지 아니하고,
미혹한 데도 머물지 아니하고 깨달음에도 머물지 아니하고 체에도
머물지 아니 하고 용(用)에도 머물지 말라 한 것이며 또한 그 마음을
내라 한 것은 일체 법에 즉하여 곧 일심을 나타내는 것이다. 만약
선(善)에 머물러서 마음을 내면 곧 선이 나타나고 만약 악에 머물러서
마음을 내면 곧 악이 나타나게 된다. 그리하여 본심이 곧 숨어버리고
만다. 만약 머무는 바가 없다면 시방세계가 오직 일심 뿐이다." 참으로
알지라. 조계(曹溪六祖) 대사가 말하기를, '바람도 번(幡)도 움직이는
것이 아니고, 마음이 동하는 것이다.' 하지 않았던가?
— 9월호 석주 스님(조계종 원로)

1980년대 세계 불교계의 전망

1980년대 아시아에서는 일본불교의 다각적 활동, 중공불교계의 적극적 교류활동, 아시아 불교 평화회의 결속 등의 동향이 전망된다. 유럽의 불교는 주로 영국·독일·불란서의 불교단체가 가입된 '유럽불교연합회'를 통한 행사, 출판물 등을 통한 포교활동이 예상되고 북구라파의 '핀란드 법우회', '스웨덴 불교회' 등이 주축으로 교육기관과 매스컴을 통해서 교화활동을 하고 있다.

미주 불교계에서도 소수민족 불교도간 연합체 구성의 기운이 일어나고 있다. 주로 일본불교 단체가 주도가 되어 온 서부지역에 한국·베트남·태국·티베트 등의 이주자가 많아짐으로 1980년대는 지금까지 지향해 온 각국 사원 중심의 불교활동에서 점차 연합체 구성 단일체제가 필요할 것이다. 공동법회·공동세미나 등으로 불교도 간의 유대를 강화하려는 움직임이 대두될 줄 믿는다. 이와 같이 1980년대는 미주지역·구라파·아시아 지역의 불교계는 지역단위의 연합운동이 일어나(예, 유럽의 유럽불교 연합회, 인도의 전인도·히말라야 불교회) 합동법회·세미나 등을 개최할 것이며, 기존 국제기구인 '세계불교도 우의회'의 보수적 운영방법과 임원 구성의 대폭 수정이 요청되고 있다.

——

김지철(세계불교회 이사)

사성제(四聖諦)

네 가지 거룩한 진리(사성제)가 인간을 그 바탕으로부터 개조하고자
한 의도는 네 가지 거룩한 진리의 성격에 잘 나타나 있습니다.
부처님께서 보리수 아래서 깨달음을 얻었을 때, 부처님께서 인간의
괴로움과 고뇌(苦惱)가 어떻게 해서 설립하는가를 고찰하여 그 원인을
추구한 十二인연(因緣)이었습니다. 十二인연은 존재의 기본적인
구조를 열두 가지로 구분하여 계열화(系列化)한 것으로 불교의 근본
교리입니다. 부처님께서는 이 十二인연을 차례로 고찰하고 다시 그것을
역순(逆順)으로 고찰한 뒤에 인간이 인간의 조건인 괴로움에서 해탈하기
위해서는 이 十二인연을 고찰해야 한다는 확신을 얻었습니다. 이것을
연기설(緣起說)이라고 하는데 이 연기설은 불교의 근본교리로서 자기
자신을 위해서 고찰하는 것입니다. 연기설이 자신을 위한 것임에 대하여,
이것을 쉽게 남을 위해서 설한 것이 네 가지 거룩한 진리인 사성제입니다.
논리적인 연기에 비하여 사성제는 논리적임과 동시에 실력적이며, 실천에
더 중점을 두고 있습니다. 논리에 그치지 않고 실천에 중점을 두고 있는
점이 사성제의 본질이며 十二인연의 연기설(緣起說)에서 볼 수 있는
인간의 본질을 개혁하고자 하는 의도가 거기에 있습니다.

—

박경훈(동국역경원 편찬부장)

창밖에 동자 와서

창밖에 동자 와서 오늘이 새해라커늘
동창을 열고 보니 예 돋는 해 돌아온다.
아희야 만고(萬古) 한해니
후천(後天)에 와 알리라.

- 1월호 주의식(이조 숙종 때 사람)

달라이 라마는 말한다

불로써 불을 끌 수는 없다. 노여움으로 노여움을 풀을
수는 없는 것이다. 물로써 불을 끄는 것처럼 노여움은
자비심으로, 따뜻한 마음으로 소멸시키지 않으면 안
된다. 우리들은 인간인 이상 우선 현세에서 행복해지고
싶다. 누구도 성냄으로써 행복해진 체험을 가진 사람은
없을 것이다. 그러므로 행복을 원한다면 노여움을
품어서는 안 된다. 사람들에 대하여 따뜻하게 마음
갖고 인간을 존중하는 마음가짐이어야 하는 것이다.

- 3월호 달라이 라마(티베트 종교지도자)

1981 7th

1981년부터 본격적인 칼라 페이지가
책 중반부에 들어가기 시작했다.
광덕 스님이 직접 작사한 '임의 숨결'이
이달의 노래로 소개되었으며, 선에
입문한 초심자를 위한 광덕 스님의
'선 수행 강좌'와 공(空) 사상이 유식
사상으로 어떻게 발전해 갔는지가
소개되었다. 그리고 근로청소년들의
무료 야간학교를 탐방한 「불광」지
최초의 취재기사가 새롭게 등장했다.

佛光은

一, 순수 불교에 의거한 인간 정신을 정립하
고,

一, 숭고한 인간 가치를 구현하는 명예로운 역
사 창조를 추구하며,

一, 회원의 행복과 번영을 위한 교양지의 책
임을 다 한다.

오욕락을 여의라

넓은 들판은 무명의 밤이고 쫓기는 사람은 범부의
비유이며 사나운 코끼리는 무상을 비유하고 우물은
중생의 생사의 비유니라. 나무뿌리는 목숨의
비유이며 흰 쥐, 검은 쥐는 밤과 낮이고 뿌리를
갉아 먹는 것은 줄어드는 목숨이며 네 마리 독사는
지·수·화·풍 4대라. 떨어지는 꿀물은 오욕락을
비유하고 벌이 쏜다는 것은 삿된 소견이며 불은
늙음과 병을 비유하고 독한 용은 죽음의 비유니라.
지혜로운 사람은 이 같음을 생각하여 인생의
욕락에서 생각을 여의느니 다섯 가지 쾌락에
집착하지 않으면 이에서 비로소 그 사람은 해탈하리.
무명의 바다에 한가로이 노니면 죽음의 왕에게
휘몰리고 있느니 그 사람 범부 자리 떠난 줄 알라.

– 7월호 불광회 교학부

보이지 않는 복(福)

보시의 공덕을 베푸는 이는 큰 복을
받게 되나니 보이지는 않지만 마음속에
탐욕과 분노가 없기 때문이니라. 마음에
삼독을 품게 되면 사람이 악함을 살피게
되고 스스로와 이웃에 착(着)함으로
괴로워하게 되니 함부로 가까이 할
수 없는 재와 같아서 눈에는 아니
보여도 밟으면 다리에 화상을 입게
되느니라. (법구경 이야기)

– 9월호 김영길(동국대 불교대 교수)

참마음이란 무엇입니까?

참마음이란 본성이라고 하는데, 우리가 인식하는 나(生)고
멸(滅)하는 마음과는 상관없는 본래 마음입니다. 이 마음은
나고 멸함에 있되, 나고 멸하지 아니하고, 크고 작은 데
있되 크고 작은 것이 아니며, 깨끗하고 더러운 것에 있되
깨끗하고 더러운 것에 무관한 마음입니다. 환(幻)과 같고 꿈과
같고 메아리 같은 삼라만상 현상에 처하되 조금도 동요가
없으며, 일체 있고 없음에 있되 도무지 있고 없음에 상관없는
마음입니다. 참마음은 불성이라고도 하고 법성(法性)이라고도
합니다. 또 진여심(眞如心)이라고도 합니다.

– 12월호 광덕 스님

* 이 달의 노래

임 의 숨 결

임은 어디메 계신지 그 모습 볼 수 없읍니다. 임의 그 따뜻하고 다정한 목소리는 어디에서 들려오는 것인지 들으려 하면 들을 수 없읍니다. 그렇지만 임을 찾아 헤매고 목소리 그리워 방황하다가 넋을 잃고, 생각을 놓고, 아주 모두를 놓아버렸을 때, 어느듯 임은 내 곁에 와 계셨읍니다. 눈을 뜨면 아련하고 눈 감으면 선연했읍니다. 우뚝 솟은 청산에 흐르는 물에, 한가로운 구름에, 그리고 바다를 흔드는 바람속에서 임은 미소로 계셨읍니다. 햇살처럼 눈부시게, 달빛처럼 포근한 손길로 나를 감싸고 계셨읍니다. 아— 임은 내 생명이 타오르는 곳에 그리고 내 생명이 다 타고 난 곳에, 내 생명으로 푸른 하늘처럼 태양처럼 달빛처럼 계셨읍니다.

그 뿐만이 아니었읍니다. 임은 나와 함께 기쁨으로 계셨고 함께 춤추고 계셨읍니다. 혼들리는 내 가슴과 외로운 내 그림자와 함께 임은 계셨읍니다. 몸부림치는 기나긴 밤에 따뜻한 미소로 나를 붙들어 주셨으며 깊이 모를 불안의 늪 속에서도 나를 붙잡고서 웃고 계셨읍니다. 어두운 밤에는 등불로 빛나셨으며, 좌절 앞에 용기의 샘물로 내 가슴에 계셨읍니다. 아 우리 임, 내 생명 출렁이는 바다이며 용기를 뿜어내는 강물이었읍니다. 모두를 뛰어 넘어 모두와 함께 하고, 모두를 감싸 훈훈한 숨결로 나를 키우고 계셨읍니다. *

인도문화의 본질적 특성

인도 문화에 있어서 못지않게 중요하고 특성적인 것은 관념의 구체화로서 창조한 음악, 문학, 건축, 기타 예술 속에 있는 미의 세계이다. 예술은 그 가장 넓은 의미에서 이 모든 것과 그 이상을 포함한 위대한 문화의 창조적 표현이다. 이들 문화의 특수성은 그들의 예술 가운데 가장 잘 나타나며, 그 특수 문화가 가지고 있는 관념에 외양과 형태를 주는 것이다. 세계의 위대한 음악체계 속에서 이제 다만 위치를 찾고 있는 인도 음악의 위대성과 찬란함은 여기 새삼 강조할 필요가 없다. 또한 한 마디 할 필요가 있는 것은 인도 문화의 다른 구현체인 위대하고 무필적인 문학인데, 그 안엔 인도의 이상과 야망의 가장 고상한 표현이 보여진다.

빠니까르(전 인도 마이소르대학 부총장) 인도문화 소개 中

늙어도 늙지 못하는 사연

부처님 가르침에서 새로운 감동을 더하게 하는 것은 역시 중생신성의 가르침이다. 우리 모두가 불성이라는 지극히 높은 진리의 주인공이라 하셨으니 이 보다 더 큰 인간존중과 중생예찬이 있을까. 그것은 한낱 듣기 좋은 예찬은 아닌 것이다. 지혜의 눈이 보신 바 사실의 직설이 아니신가. 그렇다면 오늘의 역사를 바꿀 창조의 권능이 우리 자신에게 있다는 말씀이 아닌가. 내가 불법에 귀의한 동기의 하나가 이 중생불성의 가르침인 것이다. 나는 불자로서 이 가르침을 우리 동포 형제 모두에게 전해주고 싶다. 이 최상의 인간완성의 메시지를 우리 겨레 형제에게 전해 주고 싶은 것이다. 나는 이러한 진실을 전하는 책임을 늦게야 깨달았다.

―

안순진(정각노인대학장) 특별기고 中

연기(緣起)와 공(空)

연기(緣起)는 부처님께서 깨달으셨던 진리 바로 그것이며,
공(空)은 연기라는 진리성의 내용을 올바르게 밝혀내고 새로이
인식시키고자 대승불교(大乘佛敎)에서 이렇게 말한 것뿐입니다. 만약
싯다르타(Siddhārtha)태자가 이 연기라는 진리성을 깨닫지 않으셨으면
부처님이 되지 못했을 것이며, 또 대승불교가 공사상을 높이 외치지
않았으면 찬란한 대승불교는 크게 발전하지 못하였을 것입니다. 연기와
공은 불교사상의 밑바탕에 일관하는 본질적 내용으로서, 이것만 알고
깨달아도 성불(成佛)할 수 있게 된다는 것입니다. 이 연기라는 진리성이나
공사상만 잘 이해하고 깨달아 생활에 실천하면 어느 중생 누구나 괴로움
잊고 기쁨과 안락의 행복을 누릴 수 있게 된다는 것입니다.

이것이 있으므로 저것이 있고 이것이 생기므로 저것이 생기며,
이것이 없으므로 저것이 없고 이것이 없어지므로 저것이 없어진다.

이것과 저것이 서로 연(연관관계)하여서 있기도 하고 없기도 하며
생기기도 없어지기도 한다는 것입니다. 서로가 관계하거나 연관한다는 것
이것이 '연기'입니다.

———

김인덕(동국대 불교대 교수)

직장생활의 윤리

직장의 불자들은 그 직장생활 자체를 통해서 절대 무한을 지향한다.
다시 말하면 불자에게 있어서 직장은 곧 불교 수행의 현장이어서 유한과
상대를 벗어나는 공부를 그 직장에서 해가는 것이다. 본래, 절대 무한의
세계는 중생들이 헤매이며 살고 있는 상대세계 밖에 별도로 마련되어
있는 세계가 아닌 것이므로 그 세계에 도달하는 길은 상대 유한의 부정
밖에 없는 것이다. 상대 유한이 부정되어질 때 그곳에 절대 무한은 그
모습을 저절로 드러낸다. 구름이 걷히면 푸른 하늘은 저절로 그 모습이
드러나는 것이지 푸른 하늘을 따로 구하는 것이 아님과 같다.

– 2월호 김경만(불광법회·원각회 회장)

1982 8th

부처님은 어떻게 깨치셨고, 반야와
공(空)사상은 무엇인지 불교에
처음 입문하는 사람들을 위해
불교용어를 알기 쉽게 설명해
주었다. 또한 부처님의 복지사상과
불교계가 복지를 실천해야하는
이유, 불교에서 교단의 정의와
조직, 직장윤리 등에 대한 해설이
등장하며 불교가 우리 일상과 아주
가까이 있다는 것을 알려주었다.

어둠 속의 불빛

두 마음의 그림자 눈송이처럼
나부끼며 떨고 있는 오척 육신
눈 오는 오후면 건너온 강
나루터에 서성이던 부처님 법어
촛불 앞에 그늘진 슬픔을 나만이
달래보는 반야심경
지금은 한 가닥 맑은 얼굴 산사
노승의 염불소리가 내 뜨락에
내려 오네.

– 4월호 표희은(독자) 독자광장 中

말과 소리

불교에는 정언이란 말이 있다.
바른 말을 하라는 것이다.
그것은 곧 바른 생각을 남에게
전하고 바른 행동을 하라는 깊은
이야기다. 무책임한 말은 말이
아니라 소리이다. 진정한 말은
실행이 뒤따르는 것, 옳음을
지향하는 것이다.

- 7월호 김지철(시인. 원광대 교수)

반야

불교에서 온갖 수행을 통하여 추구하는 마지막
귀결점은 무엇일까? 그것은 일체 존재의 참된 모습,
즉 실상을 알고 체득하는 것이다. 이것을 법성이라고도
한다. 이 법성을 인식하는 것은 지혜인데 범어로
프라즈냐(팔리어로는 판야)인데 이것을 한자로 적어서
반야라고 한다. 반야를 지혜라고 않고 그대로 반야라고
하는 것은 이 지혜는 우리가 일상사에 대상을 보거나
아는 경험적 인식과는 본질적으로 다르므로 지혜라는
말로는 그 뜻이 충분히 표현되지 않기 때문이다.

- 11월호 불광회 교학부

원래가 공(空)이다

부질없는 생각으로 마음의 물결을
일으켜 거울 속 그림자를 만들어
놓고, 아무리 그 거울을 닦아도
그림자 사라질 리 없는 것이다.
거울은 원래 비어 있는 것임을 알고
나면 그림자의 있고 없음이 거울의
원래 밝음과는 아무 연관이 없다.
거울은 그저 지금도 비어 있다.

- 9월호 이종찬(동국대 국문학 교수)

공(空)

불교는 무아(無我)를 근본 입장으로 삼는다.
무아라는 것은, 우리들이 일상 자기의
본질이라고 생각하고 있는 자아가 망상에
집착한 것에 불과하다는 것을 밝힘으로써
자아를 부정하는 것이다. 그래서 불교의
기본이라고 하는 삼법인(三法印)의 하나로
제법무아(諸法無我)가 있게 된다. 이 무(無)의
사상을 보다 깊이 추구하여 그 본질적 의미를
공이라고 표현하는 것이 대승불교이다.

- 12월호 불광회 교학부

부처님은 어떻게 깨치셨는가

부처님도 처음에는 고행에 주력했다. 단식도 해보고 가시밭을 걷기도 하였으나 이러한 방법으로는 도저히 성취할 수 없다고 단념하고 보리수 나무 아래에 풀로 금강좌를 만들고 가부좌 틀고 앉으면서 성도하지 않으면 이 자리에서 뜨지 않겠다고 맹세하였다. 부처님은 기해단전(배꼽 세치 아래)에 숨을 담뿍 들이마셨다가 이 힘을 끄지 말고 가늘고 길게 내뿜았다. 후에 이 호흡 방법을 '수식관(數息觀)'이라고 일컬었다. 그러니까 부처님은 수식관으로 6년간 일관하셨다. 그 결과 12월 8일 새벽에 목성을 보시고 깨치셨다. 깨친다는 것은 마음이 하나로 뭉쳐 하나라는 것도 없는 경지에 이른 때를 말한다. 다시 말하면 사상(事象)을 일단 부정하게 된다. 즉 고하장단 부귀빈천을 비롯하여 전 우주를 가히 찾아 볼 것이 없게 된다. 거기서 부처님은 목성을 보셨다. 이를 기연(機緣)에 다다랐다고 한다. 기연이란 목성에서만 한하는 것이 아니고 정신을 집중하면 어떠한 작략(作略)에도 다다르게 된다. 즉, 중국의 동산 스님은 개울을 건널 때 자기 그림자가 물에 비친 것을 보고 깨쳤다. 또 운문 스님은 점심 공양하라는 북소리를 듣고 깨쳤다. 또 향엄 스님은 쓰레기를 대밭에 버릴 때 자갈이 대에 부딪치는 소리를 듣고 깨쳤다. 그러니까 어떤 작략에도 깨칠 수 있다는 이야기다.

—

이회익(선도성찰나눔실천회 지도법사) 성도절 특집 中

♧ 룸비니 통산

인 연

이 남 수

오백 한번째요
실오라기같은 연줄을 이어
빈 손 두 주먹을 쥐고
당신을 만나기 위해
왔어요 왔지요

아주 그전에
당신을 만났걸량요
수없이 만났걸량요
그런데 실은
그림자뿐이었어요

바람에
나알리며 스치는
옷깃이라도 닿았으면 하고
오백 번이나 허탕을 쳤어요

다시 돌아 오는 배
그배 타고
먹물 용수굴을
힘껏 노저어 건너서
황토흙 배터에서
내렸어요

넓은 세상은 참
밝기도 하지만
귀에 들리는 건 시끄러움
눈에도 바쁠뿐
목 쉬어
울음 소리를
더 이상 울지 못하겠어요

위에서부터 시간 내리고
허허 공간을 지나노라면
무수한 산숲이 부르는 손짓
눈 뜨면
금새
해 저무는 길로
몸 아프고
뼈골로 남는 마디 노래가락

오백 한번째도
빈 손
무서움에 떨며 길가다
지나는 바람 그림자
옷자락 잠깐 스치길래
붙들고
당신이란 걸 알았어요

굴러 가는 게
이제
아무렇지도 않아요
둥그만 세상사
비릿하게 고속으로 돌아도
나는
오백 하고도
두번째 코오스로
당신을
다시 만나기 위해
굴러서가요
가요. ✱

(육군 제7726부대 8중대 하사)

영약(靈藥)

봄이 오면 비둘기 목털에 윤이 나고 썩은 말뚝도 푸른빛이 되기를
희망한다. 사람들은 대개 이렇듯 봄을 다 찬양한다. 그러나 내게는 심하게
봄 멀미를 않은 한 해 봄 기억이 있다. 대학입학에 실패했던 해, 가장
잔인한 달을 실감하며 남행 열차에 몸을 실었다. 나는 그때 그 기차가
서울역을 떠나는 시간이 23시 30분인 것에 감사했다. 자정에 서울을
벗어나는 것, 아침 해가 뜰 무렵에 순천역에 도착하는 것, 이 얼마나 맞아
떨어지는 시간대인가 말이다. 그러니까 어둠의 터널을 뚫는 광부로 자신을
위장하고 있었던 것이다. 보리밭이 푸른 들녘에서는 내가 파 들어간 어둠
저 편의 찬란한 아침 해를 가슴에 안아 들일 수 있겠다고.

그러나 그 해 봄에는 순천역의 아침조차도 생각보다 훨씬 늦게 나타났다.
봄비에 젖고 있는 역 구내의 벚꽃나무도 쓸쓸해 보였다. 그 가슴 저미는 봄
멀미 증세는 벚꽃이 눈처럼 떨어져 있는 물웅덩이를 지날 때에 나타났다.
백운산 기슭에 있는 작은 소를 지날 때는 더욱 심했다.

나는 그때 그 소에 뛰어들고 싶은 강렬한 충동을 받았다. 그 투명한 물에
몸을 담그면 소는 더욱 푸를 것 같았다. 내 마음의 잉크 빛깔보다도 진한
멍이 풀려들 것이므로.

백운산을 오르는 길섶에는 진달래 꽃망울이 한창 부풀고 있었다. 새 풀을
찾아 기웃거리는 산토끼들, 그들의 발걸음은 빨랐으나 내 발은 무거웠다.
땀을 비오듯 흘리고 목이 계속 탔다. 친구들은 하산할 것을 권했으나 나는

듣지 않았다. 그러나 정상을 오리쯤 남겨둔 상백운암에 이르러서는 그만 주저앉고 말았다. 암자에는 탁발을 나갔는지 아무도 있지 않았다. 나는 그 암자의 남쪽을 향한 쪽마루 위에 누웠고, 친구들은 빨리 돌아오겠다며 정상으로 떠났다.

나는 아스라히 이내에 묻혀 있는 다도해를 내려다 보다 말고 눈을 감았다. 나는 그때 비몽사몽간에 영롱한 어떤 소리를 들었다. 눈을 뜨고 찾아보면 아무것도 보이지 않다가도 눈을 감으면 가물가물 들리는 소리… 인기척 하나 없는 곳의, 솔바람 소리에 어울리는 소리…

그것은 허식과 미움과 절망을 내 안으로부터 말끔히 쓸어내는 영혼의 소리였다. 그 소리 속에서 흠뻑 잠을 잤다. 그리고 맑게 깨어나면서 보았다. 추녀끝에 달려 있는 작은 풍경을. 그 풍경의, 어쩌다가 바람이 지나면서 흘리는 그 소리 영약으로 씻은 듯이 나았던 나의 봄 멀미. 지금도 나는 이 일 저 일로 산다는 것이 괴롭게 느껴질 때면 그해 봄 상백운암의 풍경과 소리를 생각해 내서 힘을 얻곤 한다.

—

정채봉(월간 「샘터」 편집장. 동화작가) 보리수 그늘 中

지령 100호를 맞은 1983년 2월호

불교잡지의 기능과 역할

불교 경전에 관한 해설과 연구를 소개하는 것은
물론 불교의례에 관한 일반적 상식에서부터
불교미술·불교문학·불교음악에 관한 다양한 접근도
있어야겠다. 불교적 전통을 잘 알고 그것을 살리자는
노력, 우리 고승 등의 불교행적을 되돌아보고 우리
불교의 유적을 소개, 다양한 해외불교의 모습과 전통을
보급하는 노력도 게을리 해선 안 된다. 독자의 교양과
취미생활에도 기여해야 한다. 결국 불교잡지는 하나의
전문잡지이긴 하지만 불교를 전파하고, 불교를 연구하며,
불교를 생활하는 현대인의 지침이 되어야 한다.
- 1월호 공종원(중앙일보 논설위원)

1983 9th

「불광」 창간 100호를 맞은 해다.
2월호에는 불교 잡지의 기능과
역할, 종교에 있어 매스미디어의
필요성과 불교지의 현황 등이 집중
보도되었다. 또한 탄허 스님과
동헌 스님이 열반한 해로 스님들의
학문과 사상에 대한 평가 및 추모
기사가 기획되었고 역대 조사들이
부처님과 맺은 인연에 얽힌
이야기들이 눈에 띤다.

닮아지자면

중이건 俗人(속인)이건 그 중간(中間)치건
닮아지자면 역시나
산(山)이 닮아지듯 닮았으면 좋겠네.
바위가 닳아 모래가 되면
모래로도 쓰이고,
모래가 닳아 흙이 되면
풀이라도 나게 하는
산(山)이 닮아지듯 닳았으면 좋겠네.
기름 먹은 강아지 닮아지듯
번들번들 닮아지지 말고…
- 2월호 미당 서정주(시인) 100호 축시 中

탄허 스님의 학문과 사상 단견

사람들에게 중요한 것은 삶과 죽음이다.
불교에서는 생사문제를 어떻게 해결하고
있는가? 탄허 스님은 다음과 같이 말씀하시고
계신다. 마음은 생사가 없다. 마음이란 것은
나온 구멍이 없기 때문에 죽는 것도 또한 없다.
도인, 성인은 죽는 것을 헌 옷 벗는 것이나
한가지로 생각한다. 세상 사람들은 옷을
자기 몸으로 안다. 그러니까 죽는다. 그러면
도인이나 성인은 무엇을 자기 몸으로 아는가.
몸 밖의 몸, 육신 밖의 육신을 지배하는 정신,
시공이 끊어진 자리, 그것을 자기 몸으로 안다.
부처님은 이 자기를 가르쳐 주기 위해 오셨다.
이 세상 한 마당 삶이 꿈이란 걸 가르쳐주기
위해 온 것이다. 우주의 주체는 나다. 내가
우주를 만드는 것이다.

- 7월호 송석구(동국대학교 교수)

마하가섭존자

모든 중생의 생명에 등불이 되신 석가모니
부처님. 그의 첫 제자는 바로 마하가섭
존자다. 석가모니 부처님께서 영산(靈山)에서
설법하시는데 하늘에서 네 가지 꽃이 비
내리듯 하므로 부처님께서 그 꽃을 들어
여러 대중에게 보이시니 가섭존자가 빙그레
웃으시었다. 그때 부처님이 말씀하시기를
"나에게 정법안장(正法眼藏)이 있으니
마하가섭에게 전하노라" 하시었다. 이것을
염화미소(拈花微笑)라고 한다. 즉, 부처님과
가섭. 그 사이는 둘이면서 하나이고
하나이면서 둘이며 백 천만 억 개일 수 있는
그런 사이다. 그러므로 그 두 분 사이는
시간과 공간의 필요까지도 없는 그런 사이이다

- 9월호 성우 스님(시인·대구 파계사)

사바(娑婆)

사바란 범어 사하(Saha)를 적은
것인데, 그 뜻은 참는 땅이라는 것.
이 세계는 온갖 고뇌와 고통이
많으므로 참아 견디어야 하는
땅이라고 해석한 데서 온 말이다.

- 7월호 불광회 교학부

정법호지(正法護持)의 길

금강경에 이르시기를 범문 한 구절을 전해 주는
공덕이 삼천대천세계에 가득찬 칠보로 공양한
복덕으로도 비교할 수 없다 하였다. 오늘날 우리가
불법을 만나 배울 수 있게 된 것도 스님들이 목숨
바쳐 법을 배우고 전하셨기 때문이다. 이런 점에서
정법호지의 길이 무엇인가를 생각해 보면 그것은
부처님 법음을 전하는 데 있다. 선사 스님의
전법행도를 본받아 적극 전법에 헌신하는 것이
정법호지의 길이다. 기복 불교를 타락 불교라고
입을 모은다. 그러나 복 짓는 것이 무엇이 나쁘단
말인가. 복을 짓지 아니하고 무엇을 어떻게 하자는
말인가. 모름지기 법을 전하는 최상의 복을 지어야
하는 것이다. 그리고 복을 받아 누려야 하는 것이다.

- 11월호 채인환(동국대 교수)

오, 불광 100호여!

거룩한 광명 이 땅에 비쳐 온 지 1,600년, 기나긴 어둠을 깨고
이 땅 문명의 아침은 열렸었다. 삼천 리 구석구석 심어진 찬란한 햇살이여,
역사는 기록하여 지혜의 나라, 굳센 용기의 백성, 아름다운 문화의 역사라
일렀었다. 1,600여 년을 가꾸어온 굳건한 뿌리 위에 다시 진리의 물결은
오늘도 여울치고 영겁의 미래를 향하여 너울쳐 간다.

불광, 너는 오늘을 물결쳐가는 한국 불교의 표정이며 목소리며 눈빛이며
그 발자욱이다. 한 호 한 호가 이 땅을 가꾸어 가는 거룩한 빛의
표정으로서 꿋꿋하게, 잔잔하게, 그리고 줄기차게 오늘의 창조적 생활인의
마당을 달려 왔다. 역사의 숨결, 잔잔한 입김, 과거와 오늘과 모두와 함께
뭉쳐서 오늘의 거룩한 역사를 열어간다.

이제 100호의 표정 하나하나를 대하노니, 너는 너무나 큰 꿈을 안고
황야에 던져진 보살의 걸음이어라. 눈보라 치고 찬바람 뼈에 사무쳐도,
너의 걸음은 더욱 웅건하고 씩씩했어라. 온 누리에 큰 뜻 기리는 거룩한
목소리들, 너를 향한 환성이어라. 오늘, 너의 등에 찬란한 빛 더욱
눈부시니, 너의 발자욱에 푸른 싹 솟아나고 앞길이 영겁을 이어 열렸어라.
불광 속에 원과 행을 함께한 만천하 불광 보살들, 길이 영광 있으리.

—
광덕 스님 지령(誌令) 100호, 「불광」의 얼굴 中

마음의 등(燈)을 켜고 부처님을 맞이하자

향기로운 룸비니의 4월을 딛고 부처님이 오시었습니다.

스스로 생애(生涯)를 갖추시어 거룩한 진리의 등불을 들고, 신음하는
사바의 무명(無明)을 제거하고자 역사의 저쪽, 화사한 룸비니의 봄날에
현현하시었던 부처님이 이 땅에 오신 것은 모두에게 법의 이로움을 주기
위해서입니다. 우주에는 가득한 진리의 전율이 있고 진리는 영겁을 통하여
변함이 없는 모든 현상의 밑바탕을 도도히 흐르는 강물입니다.

부처님의 이 땅의 화현은 이 세계에 밀엄국토(密嚴國土)의 장엄한 이상의
세계를 건설하고자 하시는 법신(法身) 부처님의 방편으로써 자비와
진리의 실체가 비로소 가시적으로 그 모습을 나타낸 것입니다.

—

김혜일(대한불교 진각종 종의회 회장) 오늘 오신 부처님 中

염원을 먹고 살자

무량아승지겁을 지나면 그 나라 중생들은 항상 두 가지를 먹는데 하나는
법희식(法喜食)이요, 둘은 선열식(禪悅食)이다. 이 두 가지 밥은 모두
입으로 먹는 밥이 아니고 마음으로 느끼는 정신의 양식이다. 그 때의
중생들은 모두 자유로이 하늘을 날으며, 하늘 사람들을 서로 볼 수 있게
된다. 요즈음에 이르러 우주인을 의심하는 사람은 별로 없을 것 같다.
'E·T'가 동화도 아니고, UFO가 과학소설의 가공물도 아니다.
우리들 인간은 하늘에서 있으면서도 하늘을 망각하고 살아 왔나 보다.
따지고 보면 하늘은 허공에 나타난 아주 작은 공간에 지나지 않지만,
과학이 발달함에 따라 인간의 하늘이 자꾸만 넓어져 가고 있으니 인간의
시야도 그만큼 넓어져 가는 셈이다. 6월 13일 밤에 파이오니아 10호라는
무인우주선이 인류역사상 최초로 태양계를 벗어나 은하계라는 광막한
우주에 들어갔다고 한다. 부처님께서 말씀하신 하늘나라 사람들을 만나볼
날이 내일 모레로 다가온 듯한 느낌이다. 하늘을 보고 살자!
저 높은 푸른 하늘에로 우리의 시야를 넓히자. 마음을 키우고 다듬어진
염원을 한없이 먹자. 그리고 미륵보살님이 계시는 도솔천궁을 이 땅에
세워 보자. 아미타불이 계시는 극락정토도 이 지구에 옮겨와야 할 게
아닌가 !

—

월서 스님(불국사 주지) 四面佛 中

동헌 노사 영전(東軒 老師 靈前)

서산의 신령한 지초요(西産靈芝)

용성의 이름난 칼이라.(龍城千將)

마음 거울이 맑고 밝으며(心鏡澄明)

계의 그릇이 깨끗하고 엄하니.(戒器淨嚴)

세상을 건지는 자비로운 배요(濟世慈航)

밤을 비치는 빛나는 구슬이로다.(照夜光珠)

세수 팔십팔세여 종문의 원로요(世壽八八兮 宗門元老)

법랍 육십오년이여 선가의 동량이로다.(法臘六五兮 禪家棟樑)

홀연히 열반을 보임이여 무쇠나무에 꽃이 피고(忽示涅槃兮 鐵樹花開)

널리 인연을 따름이여 얼음강에 불이 일어나는 도다.(曠爾隨緣兮
永河火起)

허(咦)!

천왕의 높은 봉우리 하늘에 꽂혀 섰으니(天王高峰 揷天立)

일만 골짝과 일천 개울이 푸르고 또한 붉도다.(萬壑千溪 靑又紅)

—

성철 스님(조계종 종정) 영결 법어

재가와 출가의 계행

재가보살이 부처님께 귀명하는 4가지 법행(法行)이
있으니, 첫째 불도에 뜻을 두고 익히며, 둘째 평등한
마음으로 보시하여 편벽되지 않으며, 셋째 대비(大悲)를
끊이지 않고, 넷째 마음에 다른 승(乘)을 즐거워하지
않는 것이다. 출가보살은 첫째, 법을 익히고 둘째, 남을
위해 법을 설하는 것을 익히고 셋째, 부처님을 받들어
공양하는 것을 익히며 넷째, 불승(佛乘)의 뜻이 끊이지
않게 하는 것을 익히기 위해서 한가하게 살아야 한다고
설하고 있다. 가히 부처님의 가르침은 출가와 재가를
통해서 마땅히 해야 할 인간 본성의 당위를 설하고 계신
가르침이 분명함을 깨닫게 된다.

– 2월호 조용길(동국대 교수)

1984 10th

1984년의 가장 큰 변화는 기존
세로쓰기 편집에서 가로쓰기로
전환되었다는 것이다. 뿐만 아니라
글을 기고하는 필자들의 사진과
프로필이 소개되기 시작했다.
「불광」 최초로 사찰음식이 연재되기
시작하였고 우리 몸에 필요한 식품을
소개하는 등 기존에 다루지 않았던
칼럼들이 새롭게 등장하기 시작했다.

산사(山寺)의 멋 산사의 맛, 송차

송차는 수천 년의 역사를 지닌,
스님들 사이에 사랑 받는 전통차이다.
송차는 다른 차처럼 끓여서 먹는 게
아니고 발효시켜서 만드는 게
특징이다. 그 맛은 솔향기에 약간 시큼
달콤하면서 미량의 알콜 기운이 있는
게 또한 특징이다. 동의보감에 보면
솔잎을 장복하면 고혈압과 신경통에
특효이며 흰머리가 검어진다고 했다.

– 1월호 김연식(산중음식 전문가)

부처님이 보신 효(孝)

부처님이 보신 효는 부모에게 육체적
안락을 드리기보다 '정신적 안정'에
더 큰 비중을 둔 것으로 해석된다.
정법염처경(正法念處經)에서도 '부모를
법 가운데 머무르게 하면 다소 은혜를 갚은
것이다.'라고 한 가르침과 그 맥을 같이 하는
것으로서 부모에게 정신적 안정뿐 아니라
더 나아가 종교적 구원을 얻고 실현할 수
있도록 부모를 이끌어 들이는 것이 최상의
효로서 자녀가 진정으로 해야 할 도리가
된다고 하는 가르침인 것이다.

– 4월호 백경임(동국대 강사)

부처님은 법(法)과 함께 승(僧)과 함께 계시다

불법승 삼보를 우리는 별개의 딴 것이라고 생각하지
말자. 부처님께서는 일찍이 '법에 의지하지,
사람에 의지하지 말라.'고 하셨고, '깊은 뜻을
따르지, 아름다운 글귀에 현혹되지 말라.'고
하셨으며, 또 '지혜를 닦되 결코 지식만 쌓으려 하지
말라.'고 하셨다. 불,법,승 삼보가 셋으로 나뉘어
설명되었지만 하나라는 것, 다시 말해 하나이면서도
셋이고, 셋이면서도 하나인 도리를 아는 것은
바로 모든 대승요의경이 한결 같이 강조하는
불이중도(不二中道)의 입장이다. 화엄경에 의하면
온 누리의 일체세계가 그냥 그대로 불(佛)이다.

– 5월호 이기영(철학박사. 동국대 교수)

내 겨레, 내 나라

윤회 속에는 자비를 갖고 있어야 한다.
끝없는 윤회 속에는 우리의 부모, 자식,
형제, 자매, 친구가 다 있다. 자비에는 관용,
인내, 박애, 친절 등의 덕목이 포함됐다.
윤회하다가 아라한이나 보살이 나온다.
이들은 남을 돕기 위하여 나고 죽으며 끝내
모두 부처가 되게 힘쓴다. 이들의 윤회는
땅위에 비추는 달 같다. 잔잔한 호수나
바다에서 본다고 하지만 하늘에 떠 있을
뿐이다. 그래서 달은 하나지만 보는 사람은
많고 볼 수 있는 처지에 따라 자기 나름대로
보듯, 부처도 마찬가지다. 모두 자기의
윤회에 따라 지난날과 미래가 연결된다.

– 8월호 달라이 라마 수기 中

탁발(托鉢)

탁발이란 빌우를 가지고 마을에서 가가호호를
돌며 음식 기타 보시를 받는 수행승의
한 수행이다. 음식을 받는 것은 걸식(乞食),
행걸(行乞)이라 한다. 오늘날의 탁발은 수행승이
필요한 것을 신자들의 보시로 직접 충족시키는
한 방법이 되었는데 따라서 탁발은 음식만이
아니라 돈 그밖에 물자일 수도 있게 됐다.(원래는
걸식 뿐이었다) 재가자들로 하여금 물질에 대한
탐심을 버리고 선심을 내어 수행인에게 경의를
표하고 또 그 수행에 이바지하게 하는 공덕인연을
닦게 하는 중요한 법요이며, 한편에 수행인이
온갖 소유심, 교만심을 비우고 빈마음이 되어
행걸하는 것은 중요한 수행이기도 하다.

– 11월호 불광회 교학부

행복의 설계자

일체유심조. 무엇이든 마음에 있는 것이 이루어진다는 말이다.

불행을 만나는 것도 마음에 있는 불행한 생각이 구체화한 것이고

행복도 진리에 상응한 행복한 생각이 가져다준 과실이란 말씀이다.

그러므로 행복한 생각을 계속 지니고 있다는 것은 지금 행복을 창조하고

있는 과정이고 반대로 자신을 불행하다고 생각하고 그런 생각을 계속

가지고 있다는 것은 불행한 생활을 장만하고 있는 것이라 할 것이다.

진실로 마음에 있는 것이 이루어진다. 강력한 상상력은 강력한 창조력이

아니겠는가, 행운이 온다고 확신한 사람에게 마침내 행운이 온다.

자, 우리 모두들 뛰어난 상상력의 소유자다. 마음껏 상상력을 구사하여

행복한 설계도를 그리자. 그리고 마음속의 행복설계도를 끊임없이

추구해 나아가자. 행동으로 이어가자. 하루하루 행복의 설계도는 현실로

나타난다.

—

광덕 스님 이달의 언어 中

법륜의 의미

부처님의 처음 법문을 초전법륜이라고 부른다. 법륜의 원어 Dharma Cakra에서 Cakra는 분명히 바퀴를 의미한다. 최초의 설법을 법의 바퀴 즉 Dharma Cakra로 표현한 유래도 태양사의 수레바퀴나 자간나드의 수레바퀴에서 찾을 수 있다고 본다. 부처님도 한 자리에 가만히 앉아만 있는 고정된 좌불이어서는 온 중생을 제도한다는 사명을 다할 수 없다. 움직이는, 그것도 다이내믹하게 움직이는 부처님이 본래 모습이 아닌가 한다. 35세 성도 후, 80세에 열반하시기까지 부처님은 근 반세기 동안 한시도 쉬지 않고 중생이 고통받는 현장을 찾아 움직였다. 중생이 찾아오기를 앉아서 기다리는 부처님이 아니고 중생이 사는 세계를 향하여 찾아다닌 부처님이다. 달마, 즉 법은 바퀴처럼 굴려야 한다.

—

서경수(동국대 교수) 이달의 칼럼 中

장군박사 이야기

옛날 아주 먼 옛날, 인도 바라나시 나라에 한 소년이 있었습니다.

소년은 학문과 무술 등 재주가 뛰어났습니다. 그러나 키가 너무 작아서 성장해서도 작은 소년으로밖에 보이지 않았습니다. "내 몸이 이 정도밖에 되지 않으니 어떤 왕도 내 능력을 알아줄 것 같지가 않다. 키도 크고, 몸매도 훌륭한 사람을 앞세우고 내가 그 뒤에서 그를 가르쳐 함께 살아가는 일이다." 이렇게 생각하고는 인물 잘 생긴 남아를 찾아 나섰습니다. 여러 마을 찾아다니다 풍채가 당당하고 건강해 보이는 젊은이를 발견했습니다. "나는 천하에 제일가는 활 쏘는 사람인데 몸매가 보잘 것 없어 아무도 나를 알아주지 않소. 당신이 왕을 찾아가 활 잘 쏘는 사람이라 하면 당신은 채용될 것이오. 나는 당신의 제자 행색을 하고 함께 다니겠소. 지금보다 몇 배 좋은 생활을 할 수 있을 것이오." 뜻을 맞춘 두 사람은 왕을 찾아가 궁술가가 되었습니다. 그 사나이 이름은 '비마세나'. '비마세나'가 왕에게서 맡은 일은 모두 작은 청년이 해냈습니다. 한 번은 한 마을에 호랑이가 나타나 사람들을 해치자 임금님은 곧 '비마세나'를 불렀습니다. "장군이 호랑이를 잡을 수 있겠소?", "호랑이를 잡지 못한다면 어찌 제가 궁술사라 하겠습니까." 작은 청년은 '비마세나'의 말을 전해듣고 그 지방 주민들에게 수 천 개의 활을 준비하게 하고 호랑이가 나타나면 일제히 쏘게 한 후 숲에 숨어 있다가 호랑이를 잡으면 나오라고 일러주었습니다. '비마세나'는 작은 청년이 일러준 대로 호랑이를 잡아 왕께 바쳤습니다. '비마세나'는 차츰 자신이 생기자 교만한 생각이 들었고 키 작은 청년을 무시했습니다. 몇 달이 지나갔습니다. 이웃 나라의 왕이 갑자기 쳐들어왔습니다.

"나라를 내놓겠느냐? 아니면 싸우겠느냐?"

왕은 '비마세나'를 불러 군사를 거느리고 나가 막으라 했습니다. 그는
무장한 코끼리를 타고 전쟁터로 나갔습니다. 작은 청년도 그 뒤를 따라
나갔습니다. 성문을 나서자 적군은 북을 울리며 기세를 올렸습니다.
'비마세나'는 적이 가까워지자 겁을 참지 못하여 코끼리 등 위에서 오줌을
쌌습니다. 작은 청년은 소리쳤습니다. "큰소리치더니 이제는 오줌을
싸는구나. 두려워 마라, 내가 있다."하고 '비마세나'를 코끼리 등에서
내려놓고 자신이 올라탔습니다. '이때야말로 내 이름을 드날릴 때다.'
생각하고 고함을 치며 적진으로 쳐들어 갔습니다. 그의 활 쏘는 솜씨는
놀라울 뿐이었습니다. 적군을 모조리 쓰러뜨리고 코끼리로 짓밟았습니다.
적군은 완전히 무너지고 마침내 적의 왕을 사로잡았습니다. 왕은 크게
기뻐하며 그의 이름을 '장군박사'라 하였습니다. 무술에 뛰어나고 모든
일에 밝고 훌륭하다는 뜻이었습니다. '장군박사'는 '비마세나'에게 재산을
주어 집으로 돌려보냈습니다. '장군박사'는 임금님과 나라 사람들의
신망과 존경을 한 몸에 받으며 오래 살았습니다. 왕이 내린 후한 상금을
모두 가난한 사람에게 나누어 주고 자신은 검박하게 살아가며 언제나 몸과
마음을 닦아 갔습니다.

—

광덕 스님 연꽃마을 이야기 中

물은 맑음이 본성

흐르는 물을 끼고 숲 속 길을 따라 산사(山寺)에 이르면
어느새 나도 모르게 가라앉는 마음이 이미 반은 수도한
사람이 된다. 그러기에 절이라 하면 깊은 산중이
연상되고, 스님이라는 말만 들어도 안온한 느낌부터
스미는 것인가 보다. 그러기에 다리 위를 지나는
스님에게 어디 가느냐 물으면 흰 구름만 가리키고
대답 없이 걷는다는 옛 시구가 있는 것인가. 물이라
하면 흐르는 움직임이요, 구름이라 하면 정처없는
떠돌이건만 어째서 고요한 분위기를 느껴야 하는가.
물이 아무리 흘러도 본성은 맑은 것이요, 구름이 정처
없어도 무심(無心)이 그 몸가짐이기 때문은 아닐까.

– 1월호 이종찬(동국대 교수)

1985 11th

부처님의 말씀이 담긴 경전이라면 흔히들
금강경이나 법화경 또는 화엄경을 떠올리겠지만,
체계적인 불교이해를 위해서는 아함경(阿含經)을
가장 먼저 손꼽아야 한다. 1985년에는 아함경이
중요한 이유와 특징 등을 몇 차례에 걸쳐
연재해 불교 경전의 이해를 도왔다.
이외에도 약사여래경, 화엄경에 대한
해설이 실렸고, 불광법회 11주년을 맞아
불광사의 지역 단위 신행조직인
법등활동의 사례 보고 등을 담아냈다.

선·악의 심소

유식학에 있어서 악은 곧 번뇌(煩惱)를 뜻한다. 번뇌는 마음에서
발생하여 마음을 다시 어지럽히고 어둡게 하는 작용을 뜻한다.
즉 마음의 진실성(眞實性)을 망각하고 아집을 야기하며 또
법집을 이야기하는 것을 비롯하여 온갖 무지의 작용을 일으킨다.
아집이라는 말은 인간의 본성이 공(空)한 이치임에도 불구하고
실로 고정적인 자기가 있는 양 집착하는 번뇌를 말한다. 그래서
이 아집을 없애려면 내가 공했다고 관찰하는 아공관(我空觀)을
닦아야 한다. 또 법집이란 모든 사물의 법칙을 망각하여 마치 그
사물들이 영원히 존재하는 양 착각하여 집착을 야기한 번뇌를
말한다. 이러한 법집을 없애려면 만법(萬法)이 공하였음을
철저히 관찰하는 법공관(法空觀)을 수행하여야 한다.

－ 10월호 오형근(동국대 교수)

부처님을 맞이합니다

부처님은 오시자마자 큰소리 하신다.
천둥처럼 크게도 들리고 모기소리처럼
가늘게도 들린다. 귀먹은 자에게는 들리지도
않는다. 실지 천둥 번개소리는 듣지 못하는
사람이 있다. '천상천하 유아독존(天上天下
唯我獨尊)'이라 하신다. 온 법계, 온 우주,
유일하게 존귀한 것이 있음이니 나(我)라고
하신다. 자만에 젖은 이에게는 오만에
가득찬 소리로 들리고, 자신의 소중함을 아는
사람에게는 진리의 말씀으로 들린다. 그렇다.
그것은 진리의 소리요, 깨우침의 말씀이다.

－ 5월호 혜일 정사(진각종 통리원장)

마음의 등(燈)

등은 범어(梵語)로 디파(Dipa)라고 히여 지혜를
상징한다. 지혜의 광명으로 중생(衆生)의 무명을
밝혀준다는 상징적 의미를 지니고 있는 것이
불교의 등공양(燈供養)이다. 삼보(三寶, 佛,
法, 僧)를 믿고 조그만 등 하나를 바치더라도 그
공덕은 한없이 크다고 하였다. 등을 바치는 것을
연등(燃燈)이라 하고 마음을 밝게 하는 것을
관등(觀燈)이라고 한다. 비싼 등이 아니더라도,
기복등이 아니더라도 정성이 담긴 하나의 등을
밝혀 이 시대를 구원할 서원과 정성으로 영원히
꺼지지 않는 마음의 등을 밝혀야 할 것이다.

－ 7월호 하등룡(「자유평론」 편집장)

아함경은 불교학의 기초

예로부터 아함은 귀중하게 여겨져 왔다. 인도의 부파불교시대에 있어서는
아함만이 절대적인 권위였다는 것은 주지의 사실이며, 중관(中觀)사상의
비조 용수(龍樹)보살의 경우도 그 사상의 철저한 기반은 아함이었다.
중국불교의 천태(天台)나 화엄(華嚴)철학 등에서는, 부처님께서 경을
설한 순서를 상정하고 그에 따라 일체의 경전을 분류하고 있는데 기초적인
경으로 아함을 들고 있다. 이를 미루어 모든 경전 가운데서 아함이 지니는
비중 및 불교학에서의 중요성은 예로부터 인정되어 왔음을 짐작하게 된다.
더욱이 아함은 대승의 기초경전이다. 소승으로 불리는 부파불교 학자들의
절대적인 경전이 아함이었고 그래서 소승경전으로 취급하려고 하겠지만,
엄밀히 말해서 소승으로 지칭되는 것은 부파시대 학자들이 아함을 통해
이해한 교리 체계이지 아함 그 자체는 아닌 것이다. 대승경전으로 불리는
반야경, 법화경, 화엄경 등의 내용을 살필 때 아함의 기초경전으로서의
위치는 확고해진다. 즉 반야심경에 나오는 5온(五蘊), 12처(十二處),
18계(十八界), 12연기(十二緣起), 사제(四諦)등의 술어는 오로지
아함에서만 충분히 익혀지는 개념이다. 그리고 제법개공(諸法皆空)도
오온은 무상(無常)·고(苦)·무아(無我)라고 하는 아함교리의 전개에
불과함을 볼 수 있어 반야경의 기초가 아함경에 있음을 짐작하게 된다.

―

최봉수(동국대대학원) 阿含經의 세계 中

부처님의 열반

석가모니 부처님은 열반에 드실 시각이 가까워지자 마지막 유교를 다음과 같이 하셨다. "너희들은 저마다 자기 자신을 등불로 삼고 자기를 의지하여라. 진리를 등불삼고 진리를 의지하여라. 이밖에 다른 것에 의지해서는 안 된다. 그리고 너희들은 내 가르침을 중심으로 서로 화합하고 공경하며 다투지 마라. 물과 젖처럼 화합할 것이요, 물 위에 기름처럼 겉돌지 마라. 함께 내 교법(敎法)을 지키고 함께 배우며 함께 수행하고 부지런히 힘써 도(道)의 기쁨을 함께 누려라. 너희는 이 진리를 지켜 무슨 일에나 진리대로 행동하여라. 이 가르침대로 행동한다면 설사 내게서 멀리 떨어져 있더라도 그는 항상 내 곁에 있는 것과 다름이 없다. 죽음이란 육신의 죽음이라는 것을 잊지 마라. 육신은 부모에게서 받은 것이므로 늙고, 병들고, 죽는 것은 어쩔 수 없는 일이다. 여래(如來)는 육신이 아니라 깨달음의 지혜다. 육신은 여기에서 죽더라도 깨달음의 지혜는 영원히 진리와 깨달음의 길에 살아 있을 것이다. 내가 간 후에는 내가 말한 가르침이 곧 너희들의 스승이 될 것이다. 모든 것은 덧없다. 게으르지 말고 부지런히 정진하여라." 이 말씀을 남기고 부처님은 평안히 열반에 드셨다.

김선근(동국대 교수) 특집 부처님의 열반 中

백중날의 의미

백중날은 조상을 생각하고 조상의 명복을 기도하는 날로서 이와 관련하여 신통제일의 목련존자가 지옥에서 고통 받고 있는 어머니를 구해 승천시킨 이야기가 있다. 목련존자가 신통술로 돌아가신 어머니를 찾아보았더니 아귀지옥에 거꾸로 매달려 고생하고 있었다. 자식 된 효심으로 발우(鉢盂) 가득하게 음식을 드렸더니 어머니의 업보가 어찌나 불길같이 뜨거웠던지 그릇 속의 음식이 금새 불로 변하여 없어지고 만다. 애달픈 목련은 세존을 찾아가 애원한다. 이에 부처님께서는 여름 안거(安居)가 끝나는 칠월 보름, 부처님의 제자들이 안거 기간에 보고, 듣고, 의심 했던 바를 서로 이르고 탓하며 점검하고 참회하는 자자(自恣)의 날에 공양을 베풀면 부모만이 아니라, 7대(代)의 조상들이 지옥고를 면하여 천당에 태어나고 복락을 누리게 되리라고 일러 주었다는 것이다. 바로 『우란분(Ullambana)』경에서의 얘기다.

김영길(동국대 교수) 불교의 조상공경 '孝' 中

우리는 바라밀 행자, 법등의 호지자다

불광은 지난 11년 전 월간 「불광」을 창간하면서 순수불교의 전개를
선언한 바가 있습니다. 순수불교는 '부처님'을 믿는 것입니다.
법이신 부처님, 깨달음이신 부처님, 그 위신력을 힘입어 우리들은
마음을 밝히고 지혜를 밝히며 생명과 생활을 밝힐 수 있게 되었습니다.
우리가 만약 그것뿐이라면 우리들은 부끄럽게도 아직 스스로의 앞만
밝혔을 뿐 이웃과 국토를 밝혔다고는 말할 수 없습니다. 부처님의 밝은
가르침을 행한 것이 못되는 것입니다. 순수불교의 횃불은 전후좌우가
없습니다. 법등이 있는 곳이 밝은 곳이며, 법등이 가는 곳이 밝은
것입니다. 만약 스스로의 앞만 밝고 이웃과 거리는 밝지 않다면 법등의
등불은 아직 미흡한 것이라 하지 않을 수 없습니다. 법등을 높이 들고
거리로 뛰어 나가고 이웃에 찾아들어 부처님의 찬란한 은혜의 광명을
전해주어야 하겠습니다. 마하반야바라밀을 가슴에 새기고 겨레를
구하고 조국을 빛내며 세계의 평화를 가꾸기 위하여 전법 법등대열에
나섭시다. 불보살의 위신력을 지닌 용자로서 사자처럼 법등전선에
앞장섭시다. 그리하여 바라밀 횃불을 높이 들고, 이웃에 뛰어 들어 뜨거운
우정의 실현자가 되어 조국의 평화통일을 앞당깁시다. 佛光의 다짐을
소리높이 외칩시다. "우리는 횃불이다. 스스로 타오르며 역사를 빛낸다."
나무마하반야바라밀.

—

광덕 스님 창립 11주년 권두기념 법어

빗물이 설한 무상설법

창원 구룡사 주지 지형(志亨) 스님

진리에 시공이 있을 리 없지만, 암울하고 혼탁한 시대일수록 깊은 법문의 증득과 끊임없는 실천은 당연하다 할 것이다. 그것은 불법이 법성실상을 밝힌 대지혜이자, 온갖 번뇌를 초극한 인간의 참된 행복과 화합을 누릴 수 있는 위대한 원동력이기 때문이다. 거기에서 비로소 우리는 어둠과 다툼을 여의고서 따뜻한 마음의 불국토건설을 기약하는 것이 아닌가. 경남 창원포교당 구룡사(九龍寺) 주지 지형(志亨) 스님이 소외되고 낙후되기 쉬운 지방 불교를 보다 적극적으로 개화 발전시키기 위하여 쉴 틈 없이 노력을 아끼지 않는 뜻도 여기에 있다.

— 1월호 편집부

선시

있는 그대로 먼지 낀 일 없으니
거기 옛 것도 새 것도 없다.
저 푸른 산 더구나 나의 것인데
제집은 찾지 않고 딴 길을 묻네.

— 11월호 상부청해선사

1986 12th

인물을 소개하는 인터뷰 기사들이 컬러 페이지로 구성돼 생동감을 더해주었다. 창원 구룡사 지형 스님의 도심포교 이야기, 시장터에 자리잡고 대중에게 다가가는 강남 포교원 성열 스님의 불사 현장, 평창동 효당선원에서 음악법회를 펼치는 정덕 스님 이야기 등 인터뷰를 통한 현장감 있는 기사들이 시선을 끈다.

믿는 도끼

이름 없는 산승(山僧)들이 우리의 산하를 지키고 있고, 불교를 사모하는 그 말없는 대중들이 거리를 오가고 있다. 그들은 내가 이렇게 위대하다고 내세우지 않지만, 우리 불교의 튼튼한 기반이다. 나는 그들을 믿고 싶은 것이다. 말 잘하는 앵무새에 지쳤고, 힘 있는 이들의 오만함에 진저리가 나지만, 그래도 불교는 그들만의 전유물은 아니기 때문이다. 믿는 도끼에 발등이 찍힐지라도 다시 한 번 그 침묵하는 불교인들을 믿고 싶다. 그들의 가슴 속에 살아 숨 쉬는 부처님의 음성이 우리의 주변에 맴돌지 않는가.

— 2월호 정병조(동국대 문과대 부교수)

음악으로 세간을 사랑하오리
효동선원 원장 비구니 정덕(正德) 스님

불교 합창단을 조직하고, 또 한국불교 천육백 년사에 최초로 관현악단을 만들어 찬불가 보급에 열성적으로 뛰어들었다. 그리고 불교 의식인 범패(梵唄)가 우리나라 3대 성악곡(가곡, 판소리, 범패)의 하나이면서도 불교 의식의 간소화라는 미명(美名) 아래 사찰마저도 도외시하는 등 인식 부족으로 널리 보급되지 못함을 안타깝게 여기고 범패 전수 모임인 옥천범음회(玉泉梵音會)를 유치하여 범패 강습을 매일 실시하고 있다. 음악은 세계 공통어란 말이 있듯이 불교가 보다 빨리 대중과 가까워질 수 있고, 우선 누구나 쉽게 불교를 접할 수 있는 길은 음악이라고 생각한 정덕 스님은 포교당 개원과 함께 불교 음악을 통한 본격적인 포교 방법을 택한 것이다.

– 4월호 편집부

자연과 불교

불교의 교리가 어려운 것으로 느껴질 때 무심히 산중의 절을 찾노라면 마음이 편안해진다. 머리에서보다는 피부로써 불교의 뜻을 느끼는 것일까? 설혹 그 내용을 잘못 알고 있더라도 자연관조(自然觀照)를 나무라는 한국인은 없을 것이다. 강을 건너가는 수단은 많다. 배도 있고 뗏목도 있고, 어떤 이는 수영을 해서 건너갈 사람도 있을 것이다. 나는 미련스럽게 자연을 통해서만 불교에 접근하고 있는 것 같다. 山川草木悉有佛性, 자연 속에 불성이 있다는 이해인 것이다.

– 6월호 김용운(한양대 도서관장)

정토의 세계

서방정토에 왕생하기 위해서는 먼저 삼복(三福)을 닦을 것이니 첫째, 부모에 효양하고 사장(師長)에 봉사(奉事)하고 자심(慈心)으로 살생하지 말며 십선업(十善業)을 닦을 것이며 둘째, 삼귀의(三歸依)를 수지하고 중계(衆戒)를 구족(具足)하여 위의를 범하지 않으며 셋째, 보리심을 일으켜 깊이 인과를 믿고 대승경전을 독송할 것을 권하고 있다.

– 7월호 보광 스님(동국대 강사)

분노(忿怒)

어리석음과 탐욕의 합작으로 생긴 분노 때문에 결국 인간은 괴로움의 노예가 된다는 것이 불교입니다. 우리가 문제 삼고 있는 생·로·병·사의 고통이란 것도 우리의 마음에 거슬리는 사건들이므로 괴로운 것입니다. "당신이 겪고 있는 모든 불행은 모두가 당신을 단련시키는 용광로로 생각하라. 고난을 겪지 않은 즐거움은 환상일 뿐이다. 마치 불매를 거친 쇠라야 단단해지는 격과 같다."고 말한 아우구스티누스라는 철학자도 어쩌면 이런 경지를 갈파한 것이 아니었나 합니다. 경전에서 인욕을 권장하는 이유도 여기에 있을 것입니다.

– 12월호 월운 스님(봉선사 주지)

깨달음이란 것

누구나 일상생활 속에서 가능한 것이 깨달음이라고 생각한다.

프로이드에서 일보 전진한 분석심리(分析心理)학자인 융(c. c. jung) 같은 사람은 더욱 흥미를 일깨우는 개념을 던져주고 있다. 즉 잠재의식은 어떤 특정인 혼자에게만 있는 것이 아니라고 한다. 개개인이 가지고 있는 잠재의식이 물론 있으며 그것은 모든 인간이 공통으로 가지고 있다는 학설이다. 그것을 집합적(集合的) 무의식이라고 번역한다. 개인이 가진 잠재의식은 모든 인간의 공통의 잠재의식과 연관이 깊다. 이 공통의 잠재의식의 작용이란 것은 화엄학에서의 '중중무진'의 연기를 상징적으로 표현하고 있는 '인드라의 제망(帝網)'의 예에서 잘 이해할 수 있다. 따라서 나 개인의 마음은 모든 우주로까지 확대될 수 있다. 이것을 믿을 수 있으면 참 믿음이라고 하겠다. 우리 모두 인간이 본래 갖추고 있는 잠재의식 속에 있는 마음의 눈이 열려질 때 우리는 여여(如如)한 실상을 본다고 하고 법의 눈(法眼)을 가질 수 있다고 생각한다.

—

리영자(동국대 교수) 연구실 노트 中

나의 재능, 부처님의 공덕

부처님은 우리생명의 진실한 모습이다.

우리에게 깃든 재능과 덕성은 부처님 공덕의 표현이다.

그러므로 우리가 우리의 재능을 사랑하고 존중하는 것은

곧 부처님 공덕을 존중하는 것이 된다.

덕성을 존중하고 재능을 계발하자.

그리고 자신과 이웃을 위하여 크게 활용하자.

이것이 부처님 뜻에 부합하는 것이 된다.

부처님은 우리가 능력을 계발하고

덕성을 도야하기를 바라고 계시다.

우리 모두 힘써 덕성을 빛내고 재능을 발휘하여

자비하신 부처님의 크옵신 부촉을 받들어

국토와 생활을 아름답게 가꾸자.

—

광덕 스님 이달의 언어 中

주는 사랑

사랑은 소유욕과는 엄격히 구분되어야 한다.
새장에서 새를 즐기는 것이 치졸한 소유욕의
표현이라면 새를 창공에 날게 하는 것은 확대된
사랑의 표현이다. 상대를 나의 편견이나 편협한
가치관으로 묶어 두려는 것이 소유욕이라면 상대를
상대 그 자체로 인정하고 자유롭게 해주는 노력은
사랑이라 이름 할 수 있을 것이다. '주는 사랑'
그것은 우리에게 얼마나 소중한 것이겠는가. 묶어
두라, 그러면 영원히 떠날 것이요, 자유롭게 하라,
그러면 영원히 머물 것이니.

– 1월호 김한길(언론인)

1987 13th

숭산 스님의 모스크바 포교
기행문이 5개월에 걸쳐 연재되기도
하고, 영국박물관 기행 등
세계불교여행기를 통해 한국불교를
알리기 위한 국제포교에 관심을
기울였다. 또한 아동문학가 이상교,
신현득, 김종상 등 최초의 창작
동화와 소설가 남지심의 연작
소설이 실리기 시작했다.

물고기 물에 얽매이다

사조가 삼조에게 나아가 "해탈의 방법을
알려 주십시요" 하니 "너를 결박한 사람이
없지 않느냐."고 대답했다. 사조는
여기에서 깨달았다고 한다. 고기가 그물을
빠져 나갔다 해서 자유로운 것인가. 다시
물이라는 주변의 물체에 갇혀 있는 것이
아닌가. 자유란 내 마음의 깨달음이지
주변의 상황에 있는 것은 아니다.

– 3월호 이종찬(동국대 교수)

한국 비구, 모스코바를 가다

선은 가장 과학적이며 현실적이며 실천적인 것이지 관념적인 것은 결코 없다. 철학적으로 볼 때 유·무, 공과 존재에 대한 관념을 초월하여 절대적인 사랑 이전의 세계이다. 이것은 입을 열면 벌써 그르치는 세계다. 왜냐하면 생각이 끊어진 세계이기 때문이다. 이것을 체득하였을 때, 올바른 지혜가 빛나며 산은 산, 물은 물이라는 완전한 세계를 증득하게 된다. 내가 무엇인가. 그 모르는 의심덩어리를 자나깨나 끌고 나아가면 그 의심덩어리가 바로 나의 본성이 되어 대광명을 나툴 것이다.

- 5월호 숭산 스님(조계종 재미 홍법원장)

참선의 자세

참선에 있어서 가장 중요한 것은 몸을 다스리는 법이며 이 몸을 다스리는 법 중에서 가장 중요한 것은 허리를 펴는 일입니다. 참선의 자세에서는 허리를 펴기 위해 허리에 힘을 약간 주는 것을 제외하고 그 외에는 힘을 주지 않습니다. 선(禪)을 할 때는 절대로 졸아서는 안 됩니다. 참선에서는 눈을 감지 않고 반개(半開)를 하여 전방 1m 앞을 보는 자세를 합니다.

- 11월호 인환 스님(동국대 교수. 정각원 원장)

삶의 길

우리의 말과 행동은 우리의 생각의 구체화를 통해 이루어지는 것이기 때문에 말과 행동을 빌어 생각이 주변에 영향을 미칠 수 있다. 또 생각 자체가 주변에 영향을 직접 미칠 수 있는데, 예를 들면 어떤 사람은 왠지 마음이 끌리고 호감이 가는 사람이 있고 어떤 사람은 왠지 싫은 경우도 있다. 그 사람이 구체적으로 나에게 어떤 말이나 행동을 하지 않았는데 이런 느낌을 가지게 되는 것은, 그 사람의 생각과 감정이 나에게 무언의 영향을 미치기 때문이다. 나와 그 사람의 파장이 맞아서 호감이 갈 때도 있고, 그 사람이 덕망이 있고 생명에 내재한 신성(神聖)을 발휘하기 때문에 내 속의 신성과 감응하여 호감이 들 수도 있다.

- 7월호 배광식(치과 원장)

우렁찬 새벽 종소리를 들으시라

장엄한 법당에서 우렁찬 종소리, 새벽 하늘을 진동하니 꿈속을 헤매는
모든 생명들이 일제히 잠을 깹니다. 찬란한 아침 해가 동녘 하늘을
붉게 물들이니 빨리 눈을 뜨고 이 종소리를 들으소서. 영원과 무한을
노래하는 이 맑은 종소리는 시방세계에 널리 퍼져서 항상 계속되어 그침이
없습니다.

이 종소리는 천지가 생기기 전이나 없어진 뒤에라도 모든 존재들이
절대임을 알려줍니다.
이 종소리는 아무리 악독한 생명이라도 본디 거룩한 부처임을 알려줍니다.
무서운 호랑이와 온순한 멍멍이는 이 종소리에 발을 맞춰 같이 춤을
춥니다. 독사와 청개구리, 고양이와 생쥐들이 이 종소리에 장단맞춰 함께
즐겁게 뛰놉니다.

피부 색깔과 인종의 구별없이 늙은이·젊은이·아이·어른·남자·여자·잘
사는 사람·가난한 사람 모두 함께 뭉쳐서 이 종소리를 찬미합니다. 아무리
극한의 대립이라도 이 종소리 한 번 울리니 반목과 갈등은 자취없이
사라지고 깨끗한 본 모습을 도로 찾아 서로서로 얼싸 안고 부모 형제가
됩니다.

이 신비한 종소리를 들으소서. 나무장승 노래하고 돌사람 달음질합니다. 넓은 우주의 모든 중생들이 이 종소리에 흥겨워서 즐겁게 뛰노니 천당과 극락은 부끄러운 이름입니다. 이 거룩한 종소리를 듣지 못함은 갖가지 욕심들이 두 귀를 막고 있기 때문이니 일시적인 갖가지 욕심을 버리고 이 영원한 종소리를 들으소서.

광대 무변한 우주 속의 우리 지구는 극히 미소하여 먼 곳에서는 보이지도 않습니다. 여기에서 모든 성현·제사·영웅·호걸들이 서로 뽐내니 참으로 우스운 일입니다. 진시황의 6국통일, 알렉산더, 나폴레옹의 세계정벌 등은 거품 위의 거품이요, 허황하기 짝이 없습니다.

자기 욕심에 사로잡혀 분별없이 날뛰는 이들이여! 허망한 꿈 속의 부질없는 욕심을 버리고 이 영원한 종소리를 들으소서. 맑은 하늘 둥근 달빛 속에 쌍쌍이 날아가는 기러기 소리, 우리를 축복하는 평화와 자유의 메아리 우주에 넘쳐 흐릅니다.

—

성철 스님(조계종 종정) 신년사 中

내 마음의 법구

성품을 보는 것이 공(功)이요

평등은 이것이 덕(德)이며

안으로 마음이 겸양하여 낮추면 이것이 공이요

밖으로 예(禮)를 행하면 이것이 덕이며

자성을 여의지 않는 것이 공이요

응용에 물들지 않는 것이 덕이니라.

공덕을 닦는 사람은 마음이 가볍지 아니하며

항상 널리 공경하나니

만약 마음으로

항상 남을 업수이 여기고

나를 내세우는 마음을 끊지 않으면

즉 스스로 공이 없는 것이요

자심(自心)이 허망부실하면

즉 스스로 덕이 없는 것이니라.

—

고암 스님(조계종 전 종정)

오늘의 보살, 무엇을 할 것인가

보살은 자신의 성불(成佛)마저 미루고 중생과 아픔을 나누며 중생의
어리석음을 깨우치기 위해 스스로 고난을 겪는다고 한다. 그런 보살의
선택은 바로 자비심을 근거로 한 것이며 이 세상의 모든 것이 어울려
공존하지 않으면 안 된다는 연기설(緣起說)의 원리를 통감한 데 연유한다.
자신의 좀 더 나은 삶을 위해서는 먼저 다른 사람을 행복하게 하지
않으면 안 된다는 자리이타(自利利他)의 정신도 거기서 나온다.
가난한 사람을 가엾게 여겨 그들을 돕는다거나 병든 이들을 버려지지
않도록 구호·간병해주는 것은 시대를 초월한 보살의 선행이다.

—

공종원(중앙일보 논설위원) 권두수상 中

소유법과 무소유법

소유법과 무소유법의 한가운데서, 현실적으로 우리는
자기의 욕심을 자제하여 다스리는 것이 우선 필요하지만,
구체적인 방법은 지관행(止觀行)과 보살행(菩薩行)이다.
참선을 통하여 생각을 쉬고, 번뇌를 소멸시키며 지혜를
솟아나게 하고 자기가 관계 맺는 모든 사람과 중생에게 빛과
기쁨을 던져주는 행위가 바로 지관행과 보살행이라 할 수
있다. 이런 실천을 통해서 어제보다는 오늘이, 오늘보다는
내일이 더 좋은 날이 되도록 해야 한다. 이것을 선사들은
'나날이 좋은날'(日日是好日)이라 불렀다.
  – 2월호 고준환(동아일보 기자, 한겨레신문 발의자)

1988 14th

불교의 근본 사상은 무엇일까.
성철 스님이 일 년에 걸쳐 불교의
근본 사상을 연재했다. 불교의
근본과 종교적인 특성을 비롯해
근본불교·초기불교·대승불교를
관통하는 중도사상의 독창성과
연기와 중도의 관계, 연기법에 대한
네 가지 해석 등을 특별기획으로
다루며 불교사상의 근본을
짚어주었다.

물같이 부드럽게

물은 모난 데로 흐르면 모나게 보이고,
둥근 데로 고이면 둥글게 된다.
어디로 가나 물은 자기를 죽이고 순응한다.
마치 처음부터 그 자신이 없었던 인상을 준다.
물의 속성 중 으뜸가는 것은 역시
그의 부드러움에 있고
아무데고 잘 동화되고 스미는 데 있다.
배타적이 아니고 포용력이 큰 데 있다.
  – 1월호 김춘수(시인)

참고 기다리며 산다의 참뜻

'참고 기다리며 산다.'는 것이 주어진 조건에 굴복해서 산다는 일이 되어서는 안 될 것이다. 그 조건을 이겨내고 뛰어넘어 창의적인 삶을 만들어 간다는 것이 될 때, '참고 기다리는' 것이 정말 보람 있는 삶의 길이 될 수 있을 것이다

– 3월호 신경림(시인)

땀 흘려 일하는 부처님

무릇 모든 깨우침은 고통의 체험에서 출발합니다. 스스로를 해방시키고 남을 건지고자 하는 사람은 스스로의 몸으로 남의 고통을 열배, 백배 더 뼈저리게 체험해야 합니다. 이 체험의 길이 백장 선사가 이야기하는 '짓는' 길입니다. 하루 지었는데 그것도 죽을 힘을 다해서 지었는데 하루 먹을 수 없을 때 고통은 극대화됩니다. 이 극대화된 고통을 관념으로가 아니라 살로, 몸으로 받아들일 때 부처를 이루는 길이 열린다고 믿습니다. 부처 중에서도 우리와 가장 가까운 미륵불은 민중의 이 극대화한 고통을 자기 것으로 받아들여 이 더러운 땅을 맑은 부처의 세상으로 바꾸려고 땀 흘려 일하는 분이 아닐까요?

– 8월호 윤구병(충북대 철학과 교수)

작은 말 속에 뿌려진 큰 힘의 씨앗

일상생활 속에서 우리가 뱉어 내는 크고 작은 말 속에는 그 사람의 전 인격을 가늠할 수 있는 척도가 숨겨져 있다. 크고 성대한 말의 잔치보다는, 작은 것이라도 소중히 끌어안고 이행하는 마음을 지닐 때, 비로소 그 싹은 튼튼하게 자라나 거대한 잎을 피우고 열매를 맺게 될 수 있을 것이다.

– 7월호 하재봉(시인)

나누어 가지는 기쁨

나누어 주는 것을 즐거움으로 아는 사람은 욕심이 없다. 나누어 주는 것을 기쁨으로 아는 사람은 다툴 일이 없다. 나누어 가지는 것을 즐거워하는 사람은 속일 일이 없다. 그래서 부처님께서는 여섯 가지 바라밀 가운데서도 나누어 주는 보시바라밀을 첫손가락에 꼽으셨다. 길 잃은 사람이 길을 물었을 때, 제대로 가는 길을 가르쳐 주는 것도, 슬픔에 빠져 있는 사람을 따뜻이 위로해 주는 것도, 나쁜 짓을 못하도록 깨우쳐 주는 것도 모두 다 보시라고 부처님은 분명히 일러 주셨다.

– 10월호 윤청광(방송작가)

불교의 근본사상은 중도(中道)

지자 대사의 말씀입니다. '마음이 이미 맑고 깨끗해지면 양변을 다 막고, 바르게 중도에 들어가면 두 법을 다 비추느니라.' 양변을 서로 다 막는 다는 것은 상대모순(相對矛盾)을 다 버리는 것을 뜻합니다. 현실 세계란 전체가 상대 모순으로 되어 있으니, 물과 불, 선과 악, 옳음과 그름, 있음과 없음, 괴로움과 즐거움, 너와 나 등입니다. 이들은 서로 상극이며 모순과 대립은 투쟁의 세계입니다. 우리가 진정한 자유를 얻으려면 양변을 버려야 합니다. 양변을 버리면 양세계가 서로 다 비치게 되는 것입니다. 다. 비친다는 것은 서로 통한다는 뜻이니 선과 악이 서로 통하고 옳음과 그릇됨이 통하고 모든 상극적인 것이 통하는 것을 말합니다.

우리는 그것을 둘 아닌 법문(不二法門)이라고 합니다. 선과 악이 둘이 아니고 옳음과 그릇됨이 둘이 아니라고 불교 근본에 가서는 그렇게 주장합니다. 둘이 아니면 통하게 되는 것이니 서로 통하려면 반드시 양변을 버려야 합니다. 양변이 융합하는 세계를 불교에서는 중도라고 합니다. 거기에서는 '물'이 '물'이 아니고 '불'이 '불'이 아니기 때문에 '물'과 '불'이 서로 통하고, '물'이 곧 '불'이며 '불'이 곧 '물'이 되는 것입니다. 이것을 불교에서는 걸림이 없는 세계라고 합니다.

성철 스님(조계종 종정) 특별기획 불교의 근본사상 中

영원히 저물지 않는 태양

모든 사람은 겉모습 여하에 상관없이 내면에 지극히 착하고 지극히 위대한 덕성과 능력을 지니고 있으며 그것은 곧 무엇으로 비유할 데 없는 최상의 가치며 진실이다. 그것은 만인의 생명이 깃들어 있는 영원히 저물지 않는 태양이다. 이 영원히 저물지 않는 태양에 등을 돌리거나 가리지 않는 한 이 광명의 주인인 인간은 행복한 것이다. 이 광명에 대하여 눈을 감거나 유혹에 빠져 눈길을 다른 곳으로 돌릴 때 빛은 있어도 인생은 어둡게 된다. 만약 우리 인생에 어려운 문제가 일어났다면 눈길을 어두운 곳으로 돌린 결과인 것을 깨닫고 마음을 돌려 부처님의 자비광명을 향하여야 하는 것이다. 그리고 생각할 것이다. "부처님은 무한의 지혜, 나의 생명에 깃들어 나의 인생을 빛내주신다. 부처님은 무한의 자비, 나의 생명에 깃들어 나의 인생을 원만하게 키우신다. 부처님은 무한의 위력, 나의 생명에 깃들어 일체를 성취시키신다. 나는 항상 부처님의 인도를 받아 성공의 길을 간다. 감사하여라."라고.

—

광덕 스님 바라밀다 메아리 中

성취력은 불신력이다

반야(지혜)의 눈으로 볼때 모든 사람은 불자이다. 진리공덕이 완전하고 원만하다. 모든 것이 조화롭게 갖추어 있다. 그래서 평화롭게 번영하고 부와 즐거움과 그 모든 것을 이룩할 지혜와 힘을 갖추고 있는 것이다. 참으로 영예로운 기쁨이며 영예로운 은혜다.

이와같은 우리의 능력을 발휘하는데는 끊임없이 부처님의 무한 공덕성을 생각해야 한다. 이것이 불자의 지혜이며, 권능이며, 기도다. 우리들은 매사에 불자의 권능을 기도로써 발휘하며 성취하는 것이다.

부처님의 무한 공덕장을 생각하고 그것이 자신의 진실임을 관하며 감사한다. 무슨 일을 하든 반야바라밀을 염하며 부처님과 함께 함을 생각한다. 이루어지는 모든 것은 부처님의 위신력이다.

우리들은 일체 어두운 마음 버려 구름 한점 없는 푸른 하늘에 햇빛이 가득하듯 자신에게 부처님 위신력이 원만한 것을 관한다.

우리가 부처님의 무량공덕을 관하며 부처님을 염하여 기도할 때에 우리의 소망이 속히 이루어지지 않는다고 실망하거나 중단하여서는 아니된다. 부처님의 자비하신 위신력은 언제나 태양처럼 빛나고 있는 것이고, 우리의 마음이 밝아짐을 따라 크신 공덕은 나타나는 것이다.

그리고 소망이 클수록 그만큼 마음이 너그러워야 한다. 우리는 일심으로 염하고 기도할 뿐이요, 결과는 부처님에게 온

18

전히 맡겨 두어야 한다. 우리의 노력에 의하여 우리의 뜻이
이루어지는 것이 아니라 부처님 대자비 위신력에 의하여 부
처님 공덕이 우리 앞에 현전된다는 것을 잊어서는 안된다.

그러므로 끊임없이 기도하고 끊임없이 염하며, 끊임없이 감
사한다. 얼마간 기도 하다가 성취되지 않는다고 중단한다면
그것은 부처님의 대자비 위덕을 믿지 않는 것이다. 소망성취
의 시기를 스스로 한정하는 것은 나의 그릇된 집착을 비우지
못한 때문이다.

우리의 소망실현이 늦어진다는 것은 그만큼 우리 자신의 정
진력을 성장시키는 계기가 되며 마음의 정화가 진행되는 것이
다.

참으로 우리들의 생명을 돌이켜 볼때 움직이고 활동하며 생
활하는 것이 부처님의 자비하신 지혜와 은혜를 사용하고 있
는 것이다. 부처님의 위신력이 잠시라도 정지된다면 우리의
생명은 존속할 수 없을 것이다.

그러므로 소망이 이루어지든, 소망이 늦어지든 삶의 현 존
재에 대하여 무엇보다 먼저 감사하여야 한다. 감사야말로 부
처님 공덕이 흘러오는 통로이며 우리의 생활에 필요한 일체
수요를 현실화시키는 필수조건인 것이다.

만약 생활에서 기쁨과 보람을 누리지 못하고 소망을 이루
지 못한다면 그 원인은 부처님 공덕에 대한 믿음의 결핍과 감
사의 부족에 있다는 것을 생각하여야 할 것이다.

19

성취력은 불신력이다

무슨 일을 하든 반야바라밀을 염하며 부처님과 함께함을 생각한다.
이루어지는 모든 것은 부처님의 위신력이다. 우리들은 일체 어두운
마음 버려 구름 한 점 없는 푸른 하늘에 햇빛이 가득하듯 자신에게
부처님 위력이 원만한 것을 관한다.

- 1988년 6월호 광덕 스님 바라밀다 메아리 中

불교 출판에 거는 기대

출판이란 무엇인가? 그 속의 불교 출판이란 어떠한 것인가? 약 10년 전 불교출판을 시작할 때만 해도 이른바 불교출판의 베스트셀러인 '불자지송'을 비롯한 각종 의식집, '여시아문'으로 시작되는 독송집, 그리고 스님들의 에세이류와 무책임한 번역서가 주축을 이루었다. 지금도 크게 다를 바 없다. 언제까지나 구태의연하고 재래적인 전통만 고수할 것인가. 불전의 새로운 시대적 해석이 절실할 때다. 만일 부처님이 지금 이 세상에 현실적으로 출현하신다면, 당연히 현대 사회에서의 인간의 고뇌와 갈등을 말씀하셨을 것이다. 따라서 현시점을 살고 있는 우리들로서는 부처님 말씀을 시대에 맞게 재해석하고 이해해야 할 필요가 있다.

— 1월호 윤창화(민족사 대표)

1989 ^{15th}

일제시대 한국불교와 해방을 맞은 후 불교정화운동이 벌어진 배경은 무엇일까. 1950년대 구체화된 불교정화운동은 한국불교 역사에 중요한 사건이다. 한국불교 정화운동을 재조명하는 월주 스님의 특별기고를 비롯해 불교방송 설립과정과 의미, 한국연예인불교 창립과 활동 등을 다루며 불교계 안팎을 두루 점검해보는 시간에 주목했다.

나는 진정 불교신자인가?

몸과 마음의 욕심을 버리고 집착을 버려서 모든 속박으로부터 벗어난 완전한 자유로움의 경지인 해탈과 열반에 이르고자 하는 것이 불교적 실천의 요체일진대 그 같은 깨달음을 향한 정진도 없이 세속의 희로애락에만 연연하는 '사이비 불교신자'를 부처님께서는 무엇이라고 꾸짖으실 것인가. 해탈의 경지는 감히 넘볼 수 없다 하더라도 무상한 나의 존재에만 집착하여 잡다한 아집적(我執的) 생각과 언행을 예사로이 행함으로써 거듭됐던 부덕(不德)과 죄악 쌓기를 더 이상 해서는 안 될 일이다.

— 9월호 박병호(탤런트)

한국불교정화운동

정화(淨化)는 오염(汚染)의 상대어이다.
따라서 오염을 전제로 하지 않은 정화는
무의미하거나 오히려 유해한 발상으로 전락하고
말 것이다. 그러기 때문에 오염을 전제로 하는 정화는
오염으로부터의 청정회복을 의미한다. 불교정화는
불교를 유지하고 있는 교단 즉 종단, 특히 청정을
요하는 승단의 청정회복을 의미한다. 그러므로
불교정화는 불교의 자기실현을 위한 자생활동이라고
정의되어야 하며, 청정의 수호와 오염의 배제가
당연히 전제되어야 한다. 불교교단, 특히 승단의
청정을 수호하고 오염을 배척하는 청정 활동은
원시교단에 있어서 불타에 의해서 친히 살펴진 이래
3천년 가까운 교단사를 통하여 꾸준히 이어져왔다.
— 3월호 월주 스님(전 총무원장)

고비를 넘어 불빛으로

어둠이 깊을수록 밝음은 더욱
찬란하게 다가온다. 어둠을 겪고
성장해 참된 광명을 만날 수 있으려면
눈을 뜬 판단력이 있어야 한다.
편견과 맹목으로는 혼란의
소용돌이에서 살아남을 수가 없다.
어둠은 지혜 있는 사람에게 불빛을
발명하게 했고, 지성을 갖춘 사람에겐
꿈과 사랑을 가르쳐 주었다면, 오늘
우리사회의 어려움은 절망보다 희망의
불빛이 더욱 가까웠음을 느끼게 한다.
다만 슬기와 지혜가 있어야 한다는
전제하에서···.
— 6월호 채수영(시인. 문학평론가)

한국 연예인 불교회 회장 송해

"불교는 마음의 종교이며 깨달음의 종교입니다.
아무리 좋은 것도 자기가 싫으면 그만입니다.
경전에도 있지만 소를 강가까지 데려가도 물 먹는
일은 소의 일이듯 불교는 스스로 법에 의지해
깨달음을 얻는 종교입니다. 그것은 각자의 마음에
달려있는 것이지요. 여하히 부처님의 말씀을
내 마음에 새겨 깨달음을 구하느냐가 바로 우리
불자들의 사명이지요."
— 10월호 KBS 전국노래자랑 MC 송해 인터뷰 기사 中

부처님 앞과 국화꽃의 옆

부처님 앞에서 우리는 손을 모은다. 가슴을 먹구름이 온통 뒤덮고.
갈기갈기 찢어진 생각의 갈래들은 삭풍이 몰아치는 황토길 위의
지푸라기가 휩쓸리듯이 번뇌가 휘감기어 소용돌이를 친다. 손을 모은
우리들은 편안함과 넉넉함으로 조용히 웃으시는 부처님께 삼가 바람을
한다. 원컨대 고통세계의 사람 수가 한없이 많아도 다 제도하겠다,
번뇌가 많다고 할지라도 다 끊어 버리겠다, 부처님의 참다운 가르침을
다 배우겠다, 드높은 부처님의 진리를 자신도 이루겠다고 수없이 합장을
한다. 부처님 앞에서 말이다.

서정주 시인은 우리가 부처님 '앞'에 서는 것처럼 국화 '앞'에 서지 않는다.
서정주는 국화 '옆'에 선다는 사실을 주목할 필요가 있을 것이다. 앞에
선다는 것은 똑바로 마주 본다는 것을 의미한다. 그것은 대상과 자아가
일직선의 거리에 자리함을 말한다. 알다시피 직선은 두 대상 사이의 제일
짧은 거리가 아니던가. 따라서 자아가 대상에 한없이 다가가려고 하는
의지를 앞에 선다는 말은 나타내준다.

앞에서 조금 비켜 선 곳이 옆이다. 서정주는 국화 옆에 자리한다. 옆이라는
이 위치는 대상인 국화에로 다가가려는 자세라고 볼 수는 없다. 옆은
대상을 관조하면서 대상의 진면목 또 다른 쪽에 있는 진실과 정황을
동시에 보고자 하는 태도라 할 수 있다. 서정주의 '국화 옆에서'를 읽고
'옆'이라는 시인의 위치를 확인하지 않을 때 자칫 우리는 엉뚱한 생각의

길에서 헤맬 수도 있게 된다.

국화 옆에서 국화의 진면목 또 다른 쪽의 진실과 정황은 무엇인가. 이 점을 '국화 옆에서'의 시는 형상화하려 한 점을 간과해서는 안 된다. 그것은 국화를 하나의 생명체로 파악하는 데서부터 비롯된다. 생명체란 살아 숨 쉰다는, 그 속에 영혼이 깃들어 있다는, 생노병사(生老病死)의 굴레 속에 놓이는 존재라는 것을 의미한다고 할 것이다. 그 존재의 있음을 확인하고 그 존재가 있기까지의 정황과 그 정황의 헤아림에 일단 시인의 눈은 집중된다.

—

김선학(동국대 교수) 가려 뽑은 불교명시, 서정주의 국화 옆에서 中

온 우주 생명체는 하나

마음이라는 것은 우리의 생명 자체이며 법이라고도 합니다.

이것은 생명 자리인데 한 사람 한 사람 따로 있는 생명체가 아니라 하나의 생명체입니다. 다시 말하면 김씨에 들어가고 이씨에 들어가는 생명체가 따로따로 있는 게 아닙니다. 우리는 몸속에 생명체가 하나씩 따로 들어 있다고 생각하고 그것을 '나'라고 고집하고 있습니다. 이러한 '나'라는 생각을 가지고 화두를 들고 있는 한 깨칠 수가 없습니다. 염불을 하고 화두를 들고 참선을 할 때 이 '나'라는 생각을 없애는 순간 어두운 밤에 전기불이 환하게 들어오듯 이 우주의 생명기운이 나에게 온전하게 되는 것입니다.

—

관응 스님(조계종 원로) 초대법문 中

세상의 참모습을 알면

이 세상에서 사람의 명은 정해있지 않아 얼마 살는지 모른다.

애처롭고 짧아 고뇌로 엉켜 있는 것이다.

태어난 것은 죽음을 피할 길이 없다.

늙으면 죽음이 온다. 실로 한 생이 있는 자의 운명은 이런 것이다.

태어난 자는 죽지 않으면 안 된다.

이를테면 옹기장이가 만든 질그릇이 마침내는 모두 깨어지고 말듯이

사람의 목숨도 또한 그렇다.

이렇기 때문에 그들에게는 항상 죽음의 두려움이 있는 것이다.

이처럼 세상 사람들은 죽음과 늙음으로 인해서 해를 입는다.

그러나 슬기로운 이는 세상의 참모습(實相)을 알고 슬퍼하지 않는다.

—

이달의 경전말씀 숫타니파타 대품

1990~1999 등불에서 횃불로

21세기를 앞둔 1990년대는 무엇 하나 예측할 수 없는 혼돈의 시기였다. 인간 소외의 양상이 극도로 심화된 시기가 바로 1990년대를 풍미하는 사조이기도 했다. 이렇듯 급변하는 사회 현실 속에서 「불광」은 흔들리는 사람들의 마음을 잡아 주면서 의연하고 꿋꿋한 행보를 이어나갔다. 불교계 전반에 대한 진단과 앞으로 나아갈 방향, 사회를 치유하고 올바르게 이끄는 종교의 역할이 무엇인지 의연하게 보여주었다.

믿음, 깨달음의 나무(覺樹)를 가꾸는 밑거름

불교에 있어서 가장 근간(根幹)이 되는 믿음은 천지만물에
불성(佛性)이 내재(內在)해 있다는 것을 믿는 동시에
모든 중생들의 내부에도 불성이 충만해 있음을 믿는
일이다. 그러므로 불교의 믿음이란 근원적으로 이 땅에
존재하는 모든 존재들이 모두 궁극적으로 부처라고
믿는 일에서 출발한다. 이러한 관점은 다른 종교에서 이
유일자(唯一者)나 유일신(有一神)을 신앙의 근간으로 삼는
것과는 상반(相反)되는 견해로, 부처라는 개념이 한정된
특수한 소수(小數)의 존재가 아니라 깨달은 사람이면 누구나
부처가 된다는 열려진 시각에서 출발하고 있음이 불교
교리의 특징이요, 불교적 믿음이라는 사실이다.
- 2월호 시명 스님(「해인」지 편집장)

1990 16th

우리가 사는 세상을 정토로 만들기 위해
필요한 것들은 무엇인가. 또한 불자들은
어떻게 살아야 하는가. 어리석은
사람들을 제도할 자비와 지혜, 보시의
마음가짐 등을 특집기사로 다루며 불교의
역할과 불자들이 대처해야 할 자세들을
짚어 주었다. 또한 조선일보 공종원
논설위원을 비롯해 서울신문 송종숙
논설위원, 월간 「정토」 주간이었던 동출
스님, 「해인」지 편집장이었던 시명 스님
등 언론계 필자들이 함께 참여했다.

90년대를 맞이하여 불교는

1990년대를 맞이하여 불교는 불교 경전연구
뿐만 아니라 불교 관련 학문분야를 개설하고,
이에 대한 연구를 뒷받침하여 중생들의
근본적인 고통은 물론, 현실의 고통까지도
치유할 수 있는 체계적인 방법을 추출해야
한다. 탐욕을 부리지 말라는 경전구절을
들려주는 것도 중요하겠지만, 탐욕을 버리게
하는 구체적인 방법을 제시하고 실천토록
하는 것이 불타 스스로가 의왕이라고 말한
본래의 뜻에 적합할 것이다.
- 1월호 박영동(명성여고 교법사)

포교수행과 화엄송

포교와 전법은 자기가 알고 있는
불교지식과 수행법을 전달하는 교수활동이
아니다. 중요한 것은 포교와 전법이 수행
그 자체라는 점이다. 수행 구도자가 행하는
일은 모두가 수행본업을 벗어나서는
안되는 것이다. 기교와 욕심만 가지고 되는
것이 아니다. 포교와 수행이라면 신심과
원력이 뒤따르지 않으면 안된다. 왜냐하면
수행자는 대승보살이 되지 않고서는
불가능하기 때문이다. 수행자들이 가장
모범적으로 여기는 보살이 보현보살이다.
그는 『화엄경』에 자주 등장하는 인물이다.
화엄경이 보현행의 경전이라고까지 할
정도로 보현보살의 실천원력은 언설로
형언하기 어려운 정도이다.
- 3월호 현능 스님(사천왕사 주지)

종교는 종교다와야

불교방송국이 출범을 하려는 결정적인
시기에 방송국이 정체모를 괴한에게
피습을 당했다는 소식은 우리를 퍽 슬프게
했다. 여러 가지 정황으로 보아 종교를
달리하는 어떤 광신도들의 광적인 행패가
아닌가싶은 생각이 들었기 때문이다.
'나쁜 일 하지 않기'를 약속으로 모이는
곳이 종교다. '나쁜 일' 중에는 남을
미워하고 적대하는 일이 들어있다.
나쁜 일을 하지 않기 위해 일부러 종교를
선택한 사람들이 그렇게도 많은데,
우리의 종교는, 그런 사람들을 모아
가지고도 왜 미움으로 가득 찬 사회로
가게 방치하고 있는 것일까. 불교방송국의
피습은 그런 생각이 들게 하는 사건이었다.
- 6월호 송정숙(서울신문 논설위원)

삶이란 움직씨다

수행은 삶을 떠나 따로 존재하지 않는다. 마음의 문을 두드리고 마음의 티끌을
터는 것부터가 우리의 일반적 삶 속에서 한 발짝도 떨어져서는 불가능하다.
'발밑을 돌아보라(照顧脚下)'는 말이 선가(禪家)에서는 전해 내려오고 있다.
이 말은 진리가 바로 우리들이 들숨날숨(呼吸)을 쉬며 살아가는
당처(當處)에서 한 치도 떨어져 있는 게 아님을 뜻함이다. 다리 아래, 발밑이란
우리가 행동하는 바로 그곳이다. 왜 하필 다리이고 발인가. 모든 생명들이
다리를 갖고 있음은 무엇을 의미하는가. 그렇다. 움직임이다. 걸어감이다.
실천(實踐)이다. 실제로 움직여가는 데에 진리가 있음을 표현하려 함이다.
- 7월호 동봉 스님(원각사 주지)

그릇을 깨뜨리는 나귀의 재주

백유경(百喩經)에는 이런 이야기가 있다. 옛날 한 바라문이 큰 잔치를 베풀려고 그 제자에게 잔치에 쓸 질그릇을 만들 옹기장이를 데려오라고 했다. 제자는 옹기장이를 찾아 집을 나섰는데 도중에 질그릇을 나귀등에 싣고 팔러가는 사람을 만났다. 그 때 나귀가 요동치는 바람에 질그릇이 떨어져 모두 깨져버렸다. 그러자 나귀 주인은 울면서 어찌할 바를 몰라 했다. 이를 지켜보던 제자는 그에게 왜 그렇게 슬퍼하냐고 물었다. "오랜 고생 끝에 그릇을 만들어 장에 내다 팔려고 가는 길인데 이 놈의 나귀 때문에 모두 깨어졌으니 어찌하느냐?"고 옹기장이는 말하는 것이었다. 그러자 그 제자는 이렇게 말했다. "이 나귀야말로 참으로 훌륭합니다. 오랜 시간이 걸려 만든 그릇을 잠깐 사이에 모두 깨뜨려버리니 그 솜씨가 얼마나 대단합니까, 이 나귀를 제게 파십시오." 옹기장이는 기뻐하며 나귀를 팔았고 제자는 나귀를 이끌고 돌아왔다는 이야기이다. 나귀가 그릇을 한꺼번에 깨뜨려버리는 것은 결코 재주일 수 없다. 그것은 나귀의 못된 행실의 한 단면일 뿐이지 결코 칭찬 받을 만한 그의 특징일 수 없다. 분명한 것은 우리가 그런 불행을 그대로 받아들일 수는 없다는 사실이다. 부처님 말씀대로라면 우리가 그런 어리석은 제자와 나귀까지도 구제할 수 있는 자비와 지혜의 힘을 키워야 할 것이다.

—

공종원(조선일보 논설위원) 권두수상 中

정토는 나로부터 시작된다

강원과 선원을 다니며 언제나 마음은 부처님의 가르침이 이 땅
온 겨레의 가슴에 심어지는 불국정토에 대한 그리움이 간절했다.
법장비구의 48대원으로 이룩되는 극락정토는 서방에 있다고 한다. 또
동방·남방·북방에도 무수한 불국토가 있다. 이렇듯 사방사유상하에
널리 펼쳐진 무수한 불국정토란 곧 우리가 현실 속에 건설할 수 있음을
말해준다. 우리는 과연 자신이 서 있는 이 땅이 부처님의 나라라고 믿고
있는지, 또 스스로 부처될 수 있음을 믿고 있는지, 그리하여 이 땅에
부처님 나라를 구현하고자 노력하고 있는지... 정토는 나로부터 시작하여
이 땅에 건설되는 현실이다. 개인적 성불과 불국정토 건설은 하나로서,
동시에 해내야 할 이 땅에 태어난 우리 중생의 과제이다.

—

동출 스님(「해인」지 편집장) 특집 이 땅에 정토를 中

연재만화 93

달공룡士

이정문

…… 부처님 탄생을 축하드리세 부처님 탄생을 축하드리세

명절 사월 초파일

부처님 오신날!

자! 그동안 만들어 논 등 갖고와

그러죠

와

어느절부터 가서 달죠?

작은 절부터 가요

많이도 만들었군

절부터 갈게 아니라

?

거리를 깨끗이 해주는 부처님!

밤거리 지켜주는 부처님!

행복해지는 길

인간이 결국 바라고 사는 것은 행복한 삶일진대 누가 그것을 멀리 하겠는가. 우리가 흔히 쓰는 안분지족(安分知足)이란 말이 있다. "제 분수를 알아서 족한 줄 알며 살라."는 말이다. 우리가 주로 고뇌하는 것들이 있다면 그 고뇌의 근원은 따지고 보면 별것 아닌 것들이 대부분인 것이다. 제 자신을 볼 줄 안다면 아마도 커다란 환희를 맛볼 것이다. 나를 이해한다면 남도 이해를 할 수 있듯이 제 분수를 안다면 환경과 여건을 잘 살필 수 있을 것이다. 행복해지는 일이란 얼마만큼 제 자신에게 만족하느냐에 비례가 될 것이기 때문이다.

—

장산 스님(부산 연꽃마을 관음교성회관 관장) 특집 행복이라는 것 그 요건과 실현의 길 中

업(業), 그 질량불변의 법칙

선인낙과(善因樂果)라는 단어가 있다. 선한 업을 지으면 좋은 결과를 얻는다는 말일 것이다. 요즘 나는 선인낙과라는 의미를 나름대로 간절하게 느끼며 살고 있다. 선한 업을 짓는다는 것은 나보다는 남을 위해서 양보하고 희생하는 이타행, 즉 보시(布施)의 삶을 뜻하는 게 아닐까 싶다. 인간을 사회적인 동물이라 하지 않는가. 이웃(남)을 떼어놓고는 이야기가 되지 않기 때문이다. 이런 흐름에서 나는 지나간 시간 중에서도 특히 「불교사상」이란 월간지 창간 멤버로 불교 관계 일을 하며 가정을 소홀히 하고, 건강을 잠시 잃었던 것에 대해 절대로 후회하지 않는다. 오히려 그 때 고생했던 사실에 대해 두고두고 다행으로 여기고 있다. 삶 자체를 고(苦)로 인식하는 부처님의 사유를 나도 흉내 낼 수 있었기 때문이다. 그리고 잡지를 만든다는 것도 어떤 의미에서는 이타행이고, 법보시가 된다는 사실을 깨닫기도 하였다. 그러니 내가 하는 일에 보람을 느끼지 않을 수 없었다. 이타행의 보시를 하면 언젠가는 반드시 선인낙과한다는 자연의 섭리를 확신한다. 이러한 섭리를 업(業)의 질량불변의 법칙이라고 새롭게 명명해도 좋을지 모르겠다.

정찬주(소설가) 특집 만복의 씨앗, 보시 中

인간예경을 배우자

인간예경을 배우자. 모든 인간에게서 부처님을 발견하고 그 가치와 존엄성을 존중하는 것에서 부처님의 무량공덕이 성취된다. 원래로 중생은 중생이 아니다. 그는 부처님과 더불어 동일법성이다. 원래로 한 중생도 없으며 모든 중생이 실로는 중생이 아니다. 사람마다 부처님 성품을 온전히 갖추었다. 모든 중생에게서 차별을 보지 아니하고 한결 같이 성숙할 거룩한 불성을 보고 예경하는 것이 수행자의 안목이다. 우리의 세존이신 석가모니 부처님이 이와 같이 몸소 중생을 예경하는 것으로써 예경제불을 실천하고 성불한 사실을 주목하는 바이다.
- 2월호 광덕 스님 보현행원품 강의 中

사홍서원

중생을 다 건지오리다.
번뇌를 다 끊으오리다.
법문을 다 배우오리라.
불도를 다 이루오리라.
- 7월호 끝없는 법문 모두 배우리 中

1991 ^{17th}

1991년은 「불광」이 창간 200호를 맞은 해다. 200호를 기념해 서정주 시인의 기념 축시를 비롯해 석주 스님의 휘호와 석정 스님, 수안 스님, 중광 스님, 일장 스님의 선화 작품이 소개되었고 「불광」의 필진들과 독자들로부터 받은 축하메시지도 꼼꼼하게 게재되었다. 보현행원 사상의 철학적 원리와 특징을 되새겨보는 '보현행원으로 보리 이루리'와 '보리는 중생의 것이어라' 등을 통해 실천행을 강조한 특집들이 눈에 띤다.

자식, 끝없는 집착

'자식만을 위해' 일생을 바쳤다고 생각하는 상당수의 부모는 자신의 집착 속에 파묻혀 있었다는 통찰이 없다. 사랑은 자식이 홀로 제 몫을 하는 능력을 갖도록 헤아리는 것이지 자녀의 몫을 부모가 대신 살아주는 것은 아니다. 자식에 대한 집착도 다른 집착과 다를 게 없다. 집착은 떨쳐 버릴수록 사물이 바로 보인다. 사물이 바로 보인다는 것은 자녀의 성장과 성숙의 순리를 내가 실천한다는 뜻도 된다.
- 5월호 이근후(이화여대 정신과 교수)

불교에서 보는 이웃의 의미

이웃을 의심하거나 무시하거나 죄인시해서는 안
된다. 우리 이웃은 모두 청정보살이며 무한 능력자며
죄인이 아닌 부처님으로 공경하고 찬탄해야 한다.
『화엄경』에 '여시여시사유(如是如是思惟)하면
여시여시현전(如是如是現前)'이라는 경구가 있다.
이렇게 마음먹으면 이렇게 이렇게 성취된다는
뜻이다. 참으로 기막힌 말씀이다. 죄인이다 죄인이다
하면 죄인이 되고 부처님이다 부처님이시다 하면
부처님이 된다는 것이다. 우리의 생활환경은 마음이
구체화되어 나타난 마음의 그림자다. 내 마음이
맑으면 방안이, 마당이, 변소가 깨끗해지는 것이다.
우리 모두가 온 이웃을 감탄하는 마음을 가지면 온
이웃은 감탄 받을 만한 부처님이 되시리라.
- 3월호 도업 스님(동국대 교수)

내 마음의 법구

일체 악을 짓지 말라. (諸惡莫作)
모든 선을 받들어 행하라. (衆善奉行)
스스로 그 마음을 깨끗이 하라. (自淨其意)
이것이 모든 부처님의 가르침. (是諸佛教)
- 8월호 연규진(탤런트)

널리 어진 벗을 생각하고(善憂賢友)
중생들을 돌보아 가엾이 여기며(哀加衆生)
항상 자비한 마음을 행하면(常行慈心)
가는 곳마다 편안하리라. (所寂者安)
- 10월호 김병조(코미디언)

지령 200호를 맞은 1991년 6월호

깨달음의 길 보현행원의 길

중생구제의 자비행을 보살행이라 하고 보살행의 이상형을
보현행이라고 한다. 보현행도 깨달음의 길로 인식될 수
있을 때만 불교로서의 의미를 갖게 되는 것이다. 그렇다면
보현행은 중생구제의 길인가, 깨달음의 길인가. 그것은
하나의 길인가, 다른 길인가 하는 문제를 정리하는 것이
선행되어져야 한다. 불교 기본정신으로 볼 때 깨달음의
길로 이끌어 올리는 길이 아닌 그 어떤 좋은 일도
불교적인 중생구제라고는 할 수 없다. 따라서 중생구제의
보현행은 깨달음의 길을 다르게 표현한 것으로 이해되어야
옳다. 보현행은 깨달음의 행이요, 깨달음의 행은 부처의
행임을 알아야 한다.
- 12월호 도업 스님(선우도량)

보현행원으로 보리 이루리

우리가 진정으로 행원을 바로 알아 실현할 때 먼저 우리 마음에 평화가
온다. 우리 몸에 건강이 오는 것이다. 우리의 마음에 여래의 청정공덕이
넘쳐나기 때문이다. 가정에 화평이 있고 행원자가 있는 곳에 창조와
번영이 온다. 행원을 행하는 한 사람 한 사람이 여래의 걸림 없는 위덕을
행사하며 그의 결단이 창조를 실현하는 원천이 된다. 경에는 행원을
닦는 사람은 "일체 죄업이 소멸하며, 일체 병고가 없어지며, 일체 마군이
물러가고, 선신이 수호하며, 세상을 살아감에 걸림이 없어 마치 달이 구름
밖으로 나온 것과 같다."고 말씀하고 있다. 우리는 보현행원이 바로 우리들
자신이 원래로 가지고 있는 부처님의 한량없는 공덕과 권능을 행사하는
방법임을 알아야 할 것이다. 따라서 부처님의 위덕은 우리의 행동을
통해서 이 땅에 불국정토가 성취되는 것을 알아야 하겠다. 행원품의
말씀을 살펴건대 불법이 아무리 화려하고 뛰어나고, 또한 그런 불법을
남김없이 이해하고 있다 하더라도 하나의 행원적인 행동이 없다면 그
모두는 공허한 것이 된다 하겠다. 모름지기 우리는 우리 자신의 진면목을
행원을 통하여 확인하고 발휘하며 권위 있는 인간 본분사명을 다하고
역사를 주도할 책임을 완수해야 할 것이다.

—

송암 스님(본지 주간)

연꽃을 보며

獅子들이 함께 힘을 합해서
머리를 맞대 바뜰어 이고 있는
큰 蓮꽃이 한송이가 보여서요.
그 蓮꽃 피어있는 속을
조용히 굽어다 보았더니요.
거기는 부처님의 그리우신 마음의
한정 없이 다정키만한 湖水더군요.

그 고은 蓮꽃잎의 어느 곳에나
하늘로 가는 길은 향기로이 나있고
그 길가엔 종달새가 알 낳고 있는
밀밭들도 이쁘게는 자라있는데

共産主義 해보아도 시장키만한
社會主義 해보아도 따분키만한
서러운 그 사람들 살러왔으면 좋겠어요.
다 집어치우고 歸農했으면 좋겠어요.

—

미당 서정주(시인) 「불광」 지령 200호 기념 축시

석주 스님(동국역경진흥회 이사장)

석정 스님(무형문화재 제118호 불화장)

수안 스님(시인, 선화작가)

지령 200호 축하 메세지

200호를 맞아 석주 스님을 비롯해 석정 스님,
여초 김응현, 수안 스님, 중광 스님, 일장 스님이
그림과 글씨에 축하메시지를 담아주셨다.
- 1991년 6월호

나는 청법자임과 동시에 설법자

불자는 누구나 다 선지식(포교사, 법사)임을 자각하며 살아야 할 것이다.
무슨 증이 있어서 법사, 포교사가 아니라 불법을 모르는 이를 불법으로
인도하면 그것이 바로 선지식이 아닌가. 나는 아직 불법을 조금밖에
모르는데 어떻게 남을 인도하나 하는 생각을 해서는 안 된다.
많이 알면 많이 아는 대로 모든 중생을 불법으로 이끌어야 할 것이다.
중요한 것은 자신의 마음가짐 아닌가 한다. 불법을 배우고 조금이라도
정법을 생각하는 사람이라면 누구나 다 선지식임을 자각하고 항상 배우는
자세로 또 설법자인 보살(선지식)의 삶을 살아가는 데 주저 없이 해야 할
것이다.

—

하태완(와룡정사 군종법사) 특집 끝없는 법문 모두 배우리 中

중생 아닌 다른 임이 어디있으랴

모든 중생은 원래로 나 밖에 있는 중생이 아니요, 내장성의 한 내용이라는
사실을 아는 지혜 있는 사람이라면 중생수순이 곧 나를 따르는 일이며
제불을 수순하는 일이라는 것을 잘 알 것이다. 중생이 없으면 일체
보살이 성불할 수 없듯이, 중생이 있기에 우리 가까이에 바로 우리의
이웃들이 있기에 이들로 인해 자신의 성장을 도모할 수 있는 것이며
보살도를 계속해갈 수 있는 것이다. 모든 일에는 필연적인 인과관계가
있고 모든 이웃은 나와 필연적인 관계를 맺고 있는 것이다. 모두가 나를
성장시켜주고 보살도의 길로 인도하는 고마운 이웃들인 것이다.
그런데 어찌 수순하고 받들지 않겠는가.

—

인화 스님(청암사 강원) 특집 보리는 중생의 것이어라 中

내 마음의 법구

말은 적게 하고 행동은 가볍게 하지
말라(자문경 中에서). 모든 불행은 입과
몸에서 생긴다. 그런데도 나이를 먹어서
자꾸만 말이 많아진다. 어린 사람들이
하는 것을 보면 영 마땅찮아서 자연스레
간섭을 많이 하게 되는 것 같다. 말은
적게 하고 행동으로 솔선수범하는 게
가장 바람직할 터인데 과연 그렇게
하고 있는지… 이 법구로 나 스스로를
경책하고 어리석음을 돌이켜 지혜로운
삶, 불자 본연의 삶으로 가꿔 나아간다.

- 2월호 나문희(탤런트)

1992 18th

환경오염이 날로 심각해지면서 생태계에
빨간불이 켜졌다. 지구 살리기에 관심이
높아지면서 환경을 파괴하는 인간의
욕심, 수질오염의 심각성과 그 대책방안,
환경오염이 나무·숲·야생화에 미치는
영향, 죽어가는 땅 되살아나는 땅, 우리
아이들에게 보여줄 미래의 자연 등
환경을 지키고 자연을 보호하는 방법에
대해 집중적으로 다루었다.

왜 사찰은 세워졌는가?

사찰은 정진의 도량이다. 그곳은 부처의
세계로 중생을 인도하는 곳이다. 무소유의
마음을 가꾸고 대자대비의 불꽃을 피우는,
중생을 살리는 도량이다. 그 곳에서 우리는
깨어나고 맑아져야 한다. 그 곳에서 우리는
참 삶의 길을 배워야 한다.

- 1월호 김현준(우리문화연구원 연구위원장)

탐진치 삼독심의 업보, 생태계 문제

불교는 의보(依報-인간주체), 정보(正報-
환경), 불이론(不二論)이라 하여 본래 인간과
환경을 둘로 보지 않았다. 인간의 내면적 정신이
사막화되면 현실세계도 사막화가 진행되고
현실세계의 사막화는 인간정신의 황폐화를
가속시킨다. 너와 나를 구분하고, 인간과 자연을
구분하고, 인간과 동물, 인간과 식물, 무생물을
구분하여 인간본위의 삶, 인간의 자기중심적
가치만이 지구상 유일한 가치라고 생각할 때
환경파괴와 생명의 위협은 시작되는 것이다.
불교는 불살생이라는 계율을 근본으로 하고 있다.
뜨거운 물을 땅에 함부로 버리지 말라고 가르치고
있으며, 인간도 악업을 지으면 동물과 같은 미물로
태어난다고 하는 것이 불교의 가르침이다.
- 5월호 유정길(한국불교사회교육원 사무국장)

바꾸어도 나는

가지고 싶은 마음을 베푸는 마음으로
화내는 마음을 즐거운 마음으로
어리석은 마음을 지혜로운 마음으로
미워하는 마음을 사랑하는 마음으로
내려다보는 마음을 존경하는 마음으로
싫어하는 마음을 좋아하는 마음으로
번거로운 마음을 조용한 마음으로
막히는 마음을 트이는 마음으로
묶고 싶은 마음을 풀어 주는 마음으로
일어나는 마음을 잠재우는 마음으로
캄캄한 마음을 밝히려는 마음으로
바꾸어도 나는 내다.
- 6월호 정덕자(무용가, 시인)

제 빛깔을 발하며 살자

무엇에도 흔들리지 않을 심지(마음).
우리는 그것을 알아야 한다. 자기 속에 들어
있는 것이 무엇인지를 알아야 하고 또 우주와
같이 공감하며 사는 세계를 가져야 한다. 내
속에 무엇이 들어 있는지도 모르고 허둥허둥
사는 것에 매달릴 것이 아니라 있는 자리에서
깊이 뿌리를 내려 세상을 버텨낼 수 있는 힘을
가져야 한다. 그 힘이 바로 마음이다. 사람 모여
사는 세상에서 내 하고 싶은 대로 안 된다고
어둡고 길이 보이지 않는 데로 갈 수는 없다.
넉넉한 마음으로 더불어 사는 이웃이 소중하고
나를 아끼는 가족과 나라를 소중히 하며 사는
것이 여러 사람에게 향하는 마음이다.
곧 회향을 잘 하면서 사는 것이다.
- 9월호 지웅 스님(양지암)

자유가 뭐 별건가요?

낮은 곳을 향해 흘러가지 않는 물은 물이
아니듯이, 어두운 곳을 향해 나아가지 않는
빛은 빛이 아니다. 이 땅의 어두운 곳, 우리
시대의 음습한 곳을 향해 나아가지 않는
빛은 빛이 아니다. "자유가 뭐 별건가요?"
CF에서 서태지가 한 말이다. 그렇다, 자유는
별게 아니다. 아니 별게 아니어야 한다.
한켠에서만 모여 썩어가는 자유를 훨훨
풀어서 모든 이가 향유케 해야 한다.
그때 자유는 비로소 별게 아니다.
- 11월호 강태형(시인. 민족문학작가회의 사무국장)

온 국토에 물결치는 보현행원의 선율

1992년 4월 2일 세종문화회관에서는 불교계는 물론 우리 민족문화에
있어서도 커다란 의미가 있는 행사가 치러진다. 경전『화엄경』의 총결
부분, 「보현행원품」이 우리 고유의 악기로 구성된 국악관현악의 고운
선율에 실려, 450여 명의 남녀 합창단이 엮어내는 웅장한 화음으로 오늘을
사는 모든 불자의 가슴속에서 다시 발현되기 때문이다. '보현행원송'의
작곡자 청암 박범훈 교수. 그는 이제 불교계에서 알 만한 사람은 다 아는
존재가 되어 버렸다. "'보현행원송'을 작곡할 때, 처음 20일은 손도 대지
못했습니다. 워낙 양도 방대하고 많은 부담이 됐었던 거지요." 그는 항상
악상이 떠오르면 지리산 불락사(佛樂寺)로 가서 한 달이고 두 달이고
작곡을 하고 돌아온다고 한다. 이번 '보현행원송'도 역시 이곳에서
만들어진 작품이다.

———

보현행원송 작곡한 청암 박범훈 인터뷰 中

박범훈 예술가, 철학자, 교육자·교육 행정가로 활동. 86아시안게임 개막식
작곡 및 지휘를 시작으로 88서울올림픽, 2002 한·일월드컵, 대구유니버시아드
개막식 음악 등에 참여했다. 또한 국립국악관현악단, 중앙국악관현악단,
아시아민족악단 등을 창단해 우리음악의 대중화에 힘을 쏟았다. 대한민국
국민훈장 석류장(1974), 대한민국 작곡대상(1988) 등을 수상했다.

처음과 끝이 같은 삶

"「불광(佛光)」 표지 제호를 쓰게 된 것은 해방 전부터 잘 알고 있던 김관호
거사(한용운 스님의 제자)의 요청에 의해서였어요. 광덕 스님과도 잘 알고
있던 김관호 거사가 불광의 취지를 얘기하며 표지 제호를 부탁하기에
흔쾌히 써주었지요. 아무런 가식이 없었어요. 그렇지 않았다면 글씨가
되지 않았을 거예요. 그것이 바로 진(眞)이 있음으로써 선(善)이
나타나는 것이고 또 미(美)도 드러나는 것이지요." 일평생을 서예인으로
살아온 김응현 선생. 그는 서예학술지 「서통」을 격월간으로 발행하는
한편 「동방서예강좌」 6권과 「동방서범」을 발간하여 서법연구와 서법계
정보를 국내는 물론 해외에 전달하는 노력을 아끼지 않고 있다. 올곧은
선비정신으로 한국 서단에 쌓은 공적은 그 크기를 헤아리기조차 어렵다.
스스로 자신이 명명한 자신의 호 '여초(如初)'처럼 평생을 처음과 끝이
같게 살아온 그는 옳지 않은 것과는 결코 타협하지 않았으며 진실만을
추구했다. 그것이 그의 작품으로 표출되었으며 행적으로 드러났다.

———

동방연서회 회장 여초 김응현 인터뷰 中

김응현 한국 근현대 서예가. 한국 근현대 서예의 대가 중 한 사람으로 꼽힌다.
전서, 예서, 행서, 초서, 해서 등 오서를 비롯하여 육조해서에 특히 뛰어났으며
동방연서회 회장 등을 역임했다. 이후 서예잡지 「서통(書通)」과 「서법예술」을
창간하였고 한국전각학회 회장과 국제서법예술연합 한국본부 이사장으로
활동하며 중국, 일본, 홍콩 등에 한국 서예를 알리는 데 이바지했다.
대표 작품으로 김천 직지사 현판, 광개토대왕 비문, 월간 「불광」 제호 등이 있다.

인간의 욕심이 환경을 파괴시킨다

대자연은 만물이 자연의 법칙과 질서의 끈으로 연결되어 있는 거대한 유기생명체이다. 이 세상 하나의 미물도 다 자연의 질서 속에서 생을 영위하는 것을 보면 참으로 자연의 이치에 감탄한다. 자연이 인간에게 주는 혜택은 수없이 많다. 인간이 가장 많은 혜택을 받으면서도 유독 인간만이 자연을 파괴하여 왔다. 불가(佛家)에서는 조그마한 생명도 중히 여겨 살생을 금해왔으며 뜨거운 물도 땅에 버리지 못하게 하여 땅속의 미생물도 죽어서는 안 된다고 가르쳐 왔다. 인간의 욕심으로 인해 이제 공기와 물도 마음 놓고 마시지 못할 정도로 오염이 되었고 생태계 질서가 여지없이 무너지고 있다. 이기심을 줄이고 자연에 감사하며 겸손한 마음으로 죽어가는 생태계를 되살려야 한다.

—

정홍기(녹색신문 전문이사) 특집 마음의 공해 신체의 공해 中

내 마음의 법구

세상살이에 곤란 없기를 바라지 마라. 세상살이 곤란이 없으면 업신여기는 마음과 사치한 마음이 생기느니라. 일을 꾀하되 쉽게 되기를 바라지 마라. 일이 쉽게 되면 뜻을 경솔한 데 두게 되나니라. 친구를 사귀되 내가 이롭기를 바라지 마라. 내가 이롭고자 하면 의리를 상하게 되나니라.

「보왕삼매론」

세상을 살다보면 많은 시련과 곤란한 일을 접하게 마련이다. 연기생활을 하는 나 또한 과욕을 부리자면 한이 없다. 배역을 받고 연기를 하는 과정에서 알력도 생기고 욕심도 생겨 괴로울 때가 많다. 나는 얼마나 다행스러운지 모른다. 부처님 말씀을 가슴속에 새겨 둔 덕분에 곤란한 일을 맞으면 오히려 인생 공부하는 기분이 된다는 것이 불자로서 얼마나 행복한 일인가. 친구를 사귐에 있어서도 신중하게 하고 내가 이롭기를 바라는 마음을 되도록 자제하다 보니 오늘날까지 주변에 좋은 친구가 많다. 오늘도 부처님전에 참된 불자의 길을 걷겠노라는 서원 드리며 진실로 후회 없는 삶 가꾸기에 여념이 없다.

—

전원주(탤런트)

올바른 관광문화는 환경 보전의 길

우리 땅은 곳곳에 아직 생명을 간직하고 있는 곳이 있었다. 수십 년 전에 이미 사라진 것으로 알려진 '매사냥'이 진안에 살아 있어서 사람들을 부르고 있었다. 신안 압해도에서는 석기시대 돌그물로 세상에서 가장 맛있는 생선을 잡아 올리고 있었다. '반딧불들의 고향'이 무주에 펼쳐지고 화순과 나주 미영밭에서는 아직 다래가 여물고 구례와 함안에서는 멸종되다시피한 '우리 밀'밭이 다시 살아나며 그 밭고랑에 종다리가 새끼를 치고 있었다. 고유의 '우리 것'들이 명물 볼거리로 각광을 받을 수 있다는 사실, 이는 우리 관광문화의 잘못을 지적해 주고 동시에 그것이 바로 잡힐 수 있는 가능성을 말해주는 것이라고 할 수 있을 것이다.

———

최성민(한겨레신문 기자) 특집 죽어가는 땅 되살아나는 땅 中

반야심경과 아인슈타인

부처님이 말씀하신 한 겁(一劫)이란, 아인슈타인의 과학으로 약 300억~400억 년이다. 이 사이에 인간이 존재하는 기간은 얼마나 될까? 한쪽에서 보면 순간이요 다른 쪽에서 보면 무한히 쪼갤 수 있는 영원한 시간이다. 한쪽에서 보면 먼지 같은 존재이고 다른 쪽에서 보면 몇 억겁(億劫)의 인연에 의해서 생긴 귀중하고 귀중한 존재이다. 색불이공 공불이색 수상행식역부여시(色不異空 空不異色 受想行識亦復如是)! 참으로 놀라운 일이다. 지금으로부터 2,500년이나 먼 옛날에, 부처님은 어떻게 이 우주의 대진리(大眞理)를 깨달으셨을까. 나는, 아인슈타인의 울타리 안에서 살다가 그 울타리가 답답하여 견디기 어려워지면 그 울타리를 뛰어넘어 울타리가 없는 광대무변한 석가님의 품안으로 들어가고 싶어진다. 그렇다면 너는 이제나마 색불이공 공불이색(色不異空 空不異色)의 진리를 깨달았단 말이냐고 물어올 것 같은데 깨닫기는커녕, 아직 그 뜻조차 알송달송하여 제대로 이해(理解)도 못하고 있는 형편이다. 깨달음이란 차안(此岸)에서 피안(彼岸)으로 뛰어넘는 것이리라. 석가님은 원래 피안(彼岸)에 계셨는데 차안(此岸)으로 오셔서 중생들을 제도하시고 다시 피안으로 가셨는지, 또는 원래는 차안에 계셨는데 깨달음을 얻으셔서 피안으로 가셨는지 나는 잘 모르겠으나 피안은 어느덧 나의 소원(所願)이 되고 있다.

윤갑영(한양대학교 명예교수) 권두수상 中

'부처님 오심'의 가르침

부처님께서는 '나'란, 무아(無我)이므로 어디로
가고 오고 할 것이 없는 존재라고 설하셨다.
다만, 내가 무명해서 탐진치에 빠져 내가 있는
것처럼 굳게 착각하고 있는 게 문제라고 하신 것이다.
사실 허상은 색이므로 무상해서 어느 것 하나
불변성이 없고 바뀌지 않는 게 없다.
만약, 내가 허상이라면 나 또한 무상한 존재로서
그것을 굳게 믿는 것이 중요하다. 허상을 박차고
심상을 깨달음으로써 해탈할 수 있기 때문이다.
일찍이 소크라테스는 '너 자신을 알라'고 외쳐 길을 찾을
것을 부르짖었지만, 부처님께서는 소크라테스보다
한 걸음 앞서 "나란 본래가 무아이니라"고 선포함으로써
인류의 숙제를 친히 풀어 주신 셈이다.
– 5월호 김명규(수필가)

심우(尋牛)

소를 찾아나서다
우거진 풀을 헤치며 아득히 찾아가니
물은 넓고 산은 멀어 갈수록 험하구나
몸은 고달프고 마음은 지쳐도 찾을 길 없는데
저문 날 단풍 숲에서 매미울음 들려오네
– 1월호 석정 스님 심우송

1993 19th

가족의 중요성을 생각해볼 수 있는
'우리 사이 좋은 사이' 시리즈가
특집으로 구성되었다. 부모와 자식,
모녀, 부부 사이의 따뜻하고 애틋한
사연들을 소개하면서 동시에 삶의
길을 함께 걷는 도반과 이웃으로까지
시선을 확대시켜 나갔다. 또한 가족에
이어 '보람의 현장' 특집 시리즈에서는
각자의 위치에서 일하면서 느끼는
보람의 순간, 타인을 위한 봉사 속에서
느끼는 보람과 어려움에 대한 이야기를
다루었다.

만행에 나서면

옛스님 말씀에 "머리 깎는 순간이 결제요,
깨달음에 이르러서야 해제니라."는 말씀이
있듯이 근원적으로 보면 수행의 길에는
끊임없는 정진만이 그 참다운 가치다.
임제 스님께서는 '수처작주(隨處作主)
입처개진(立處皆眞)'이라 말씀하셨는데, 이는
가는 곳마다 주인답게 살고, 있는 곳마다 진실
되어야 한다는 뜻으로 불교인들이 지녀야 할
중요한 정신의 하나이다. 무엇에도 사로잡히지
않고 주체성을 가진 채 언제나 자유로운
행동을 하는 것이 만행길의 좋은 수행법이다.
– 4월호 주경 스님(대전 심광사)

똑같은 인간의 다른 모습

내게 있어 불사란 탑을 만들고 불상을
조성하는 것이 아니다. 인간이 인간도
구제하지 못하면서 성지순례는
무엇이고 방생은 무엇인가. 실제
자비행이나 보살행은 천진난만한 이들
장애자들을 상대하며 저절로 되는
것이다. 보살도 부처도 따로 존재하는
것이 아니다. 이 세상에서 가장
천진난만한 이들 장애인이 바로 내게
있어 보살이요 부처다.

- 11월호 혜광 스님 (예산 보국사)

대중포교와 불교방송의 역할

불교포교의 기본개념은 여러 가지의 각도에서
생각할 수 있다. 첫째, 불교도들에게 더욱 많은
불법을 교육시켜줌으로써 불심(佛心)을 전하는
것이요 둘째, 불교를 전혀 모르는 사람들에게
불교신앙을 심어주는 일이요 셋째, 불교를 잘못
이해하고 있거나 불신(不信), 부정(否定)하는
이들에게 불교를 바르게 이해시켜주는
일들이다. 이중에서도 어쩌면 세 번째의 기능이
불교포교방송의 가장 중요한 핵심이 될 수
있을지도 모른다.

- 11월호 도산·스님(광주 대각사)

청빈한 삶

가난이란 바람직한 것은 아니다. 그러나 청부(淸富)기 없을 때 택하는 것,
그것이 청빈이다. 그리고 거기에 자족하는 일, 그곳에 안빈낙도가 있다.
그러나 가난을 즐길 수 있다는 것은 아무나 해낼 수 있는 일은 아니다.
사람은 식이위천(食而爲天)에서 벗어나기가 쉽지 않기 때문이다.
사람은 탐하면 가질 수 있다. 권력도 돈도. 그 대신 더 소중한 것을 잃어버린다.
잃어버리는 그것은 눈에 보이지 않는다. 탐욕이 맑은 눈을 흐리게 하기 때문이다.
탐욕이 있는 사람은 바르게 살줄을 모른다. 탐욕에 가리어 삶이 투철하지 못하기
때문이다. 그래서 부처님은 이렇게 타이르신다. "세상의 뜬 이름을 탐내는 것은
헛된 수고로 몸만 괴롭힐 뿐이요. 세속의 명리를 구하는 것은 업의 불에 섶을
더하는 것이다." 그렇거늘 눈앞의 쾌락이 곧 후세의 괴로움인 줄 도무지 생각지
않고 있다.

- 7월호 조흥식 (문학박사, 성균관대학교 명예교수)

인정받지 못하는 외로움

외로움이란 곁에서 가까이 의지할 데가 없어서 쓸쓸한 것을 말한다.
여기에서 의지할 데란 사람이기도 하고 사물이기도 하고 때로는
자신이기도 하다. 대상이 사람일 때는 가치를 부여하는 중요한 사람과
있으면 외롭지 않은 것은 물론 즐거움으로 인해 행복하다는 주관적인
느낌을 갖고 산다. 보통 사람들은 나를 남이 알아주지 않으면 외로워한다.
내 마음을 알아주지 않으면 외로워한다. 내가 해놓은 결과에 대해 인정을
받지 못하면 외로워진다. 남의 인정이나 나아가서 칭찬에만 의지하지 않는
높은 자신의 정신건강을 지녀야 한다. 이런 건강은 우리에게 자유로움을
줄 것이다. 임제록에 밝혔듯이 "만약 진정한 견해를 얻으면 생사에
물들지 않고 거주가 자유롭다."라고 했듯이 생사로부터의 자유로움인데
외로움이야 일러 무엇하겠는가 싶다.

—

이근후(이화여대 신경정신과 교수) 결혼·가정·행복의 장 中

삼세를 같이 살겠다

나는 늘 부처님 앞에 절하며 다짐을 하곤 한다. "항상 솔직한 마음, 겸손한
마음, 반성하는 마음, 봉사하는 마음, 행복한 마음으로 모든 이들을
대하겠습니다. 사랑을 직접 확인 못한다 해도 늘 사랑과 정성스러움으로
모든 사람을 대하겠습니다." 한 송이의 꽃이 온 방안에 향기를 내보이듯
저의 내면의 보이지 않는 향기로 주위를 감싸겠습니다. 한 여인으로서
어머니로서 딸로서 도반으로서의 소임을 다하겠습니다." 지내놓고 보니
남편과 아내 사이가 좋은 사이가 되기 위해서는 역시 자식들에게는 어진
어머니인 동시에 남편에게는 착한 아내가 되는 현모양처의 아름다운
꽃이 되어야 한다는 결론이다. 이러한 나에게 부처님께서도 "그렇지,
그렇지. 잘 살고 있구나." 하고 박수를 쳐 주실 것만 같다. 생각해보면 이
세상에 태어나 공부 열심히 하고 일 많이 하라고 부처님께서 좋은 인연을
맺어주신 것 같다. "삼세를 같이 살겠다."는 남편의 말에 정말 그럴 수
있을까 생각하며 우리 사이가 좋은 사이로 영원히 계속되길 두 손 모아
빈다. 마하반야바라밀.

—

박명혜(독자) 특집 우리 사이 좋은 사이 - 부부 中

땀 흘려 얻는 정신건강

불교에서도 모든 것은 인과(因果)의 법칙에 따라 움직인다고 설한다.
노력을 하고 그에 상응하는 좋은 결과를 기다리는 것은 당연하지만 노력도
하지 않고 좋은 결과만을 바라는 것은 헛된 욕심이다. 부처님께서도
말씀하셨듯이 인간의 욕심은 모든 고통을 낳게 하는 근본 원인이 된다.
정신과 의사로서 임상경험을 통해 볼 때 정신질환을 일으키는 원인에도
욕심이 크게 작용한다. 개인이 가진 욕심과 실제 현실이 부딪쳐 갈등이
생기고 그 갈등을 잘 처리하지 못할 때 노이로제·정신병·성격장애가
된다. 기이하게 보이는 정신병의 증상도 그 내막을 알고 보면 욕구가
충족되지 않아서 그 증세로 표출되는 수가 많다.

욕심이 모든 불행과 정신병의 원인이라고 보는 것은 불교와 정신의학에서
공통적이다. 헛된 욕심은 결코 이루어지지 않는다. 빨리 단념하고 자기
힘으로 땀 흘려 일하려는 마음을 가지는 것이 자신을 가장 위하는 길인
동시에 성공에 이르는 가장 빠른 길이다. 땀 흘린 보람을 아는 사람에게
무엇보다도 소중한 것은 자신에 대한 긍지와 믿음이며 그것은 그 사람의
인생을 행복하게 하는 밑바탕이 될 것이다.

—

전현수(전현수신경정신과 원장) 땀 흘린 보람 中

성철 큰스님 각령으로부터

한번 산중에 들어올진대
이 육신의 일 마치고
푸른 연기 한 오리 일 때까지
이 산중 내려가지 않겠거든
어서 들어오너라

한번 산중에 들어와 앉을진대
10년 세월 따위 수유(須臾)로 삼아
허리 버랑져
천길 낭떨어지 거기 앉아있겠거든
어서 들어오너라

역대 조사 얼쩡거리면
그 조사들 때려죽여 버리고
에미가 찾아오거든
돌팔매 던져 쫓아내겠거든
어서 들어오너라

한번 산중에 들어올진대
3천 번 허리 굽혀
땅에 늘어붙고
하늘을 뚫어
1만 번 허리 굽혀
10만 번 허리 굽혀
그대 생사 에이! 내치겠거든
어서 들어오너라

당신은
이렇게 소리치는 대장부입니다.
성철대종사!

—

고은(시인)

宗正退翁堂 性徹大宗師 永訣式
불기 2537년 한 9월 27일 11시
범어사 해인사

生平欺誑男女群
彌天罪業過須彌

사진_ 윤영숙

그 크신 족적, 어이 좇으리

"일생동안 남녀의 무리를 속여서 하늘을 넘치는 죄업은 수미산을
지나친다. 산 채로 무간지옥에 떨어져서 그 한이 만 갈래나 되는지라.
둥근 한 수레바퀴 붉음을 내뱉으며 푸른 산에 걸렸도다." 성철
큰스님께서는 생전에 살아있는 도(道)와 덕(德)으로, 깨달음으로
추앙받았다. 그랬던 분이 이런 열반송을 남기고 아득히 적멸에
이르셨으니 입적(入寂)하심으로써 최후의 가장 큰 설법장을 만드셨고,
시적(示寂)하심으로써 감동의 파장이 가장 큰 설법을 베푸신 것이었다.
큰스님의 이 최후의 사자후에 자신을 되돌아 보며 몸서리치지 않을 자
몇이나 될까? 큰스님께서는 이제 자신이 머물던 백련암 뒤 촛대바위를
타고 승천하는 한줄기 푸른 서광이 되어 시간과 공간을 초월하여 사람들
가슴 속에 활활 살아 오르는 양심의 불기둥이 된 것이다.
"산은 산이요 물은 물이로다."라는 짧고 단순한 한 마디 법어가 은은히
전 국토에 물결치면서 개인의 삶과 나라의 운명이 거꾸로 서서 산이
산임을, 물이 물임을 미처 잊고 사는 사람들에게 자신의 존재와 나아갈
바를 깨닫게 해준 것이다. 그 뒤 일생을 분소의 한 벌과 소량의 생식으로
연명하며 사신 스님의 무소유 실천이 알려지고, 10년의 장좌불와 수행이
세인의 입에 오르내리면서 가야산에 주석하고 계신 스님의 존재는 그
자체가 하나의 상징이 되어 온 국토를 비추는 한 줄기 빛이 되었던 것이다.

—

성철 큰스님 다비식 中

천년을 살아 숨 쉬는 종이

"우리가 알고 부르는 한지(韓紙)라는 이름이 일본 사람이 붙여준 이름입니다. 그냥 종이, 순지, 조선종이 이렇게 불러야 바른 것이지요… 종이 만드는 일은 고행입니다. 닥풀을 만들다보면 손끝이 아리고, 하나에서 열까지 손이 안 가는 부분이 없지요. 힘이 드는 작업입니다. 일념으로 일하지 않으면 종이가 만들어지지 않습니다. … 우리 전통 종이 한 장 한 장에는 순수, 본래면목인 우리의 불성자리가 담겨 있습니다. 그리고 삼라만상 우주가 담겨 있습니다." 오늘도 스님은 뜻을 같이하는 몇몇 도반 스님과 종이 만드는 일에 여념 없다. 아흔아홉 번의 손이 가는 닥종이를 만들며 부처님의 숨결을 느끼고 있다.

– 2월호 닥종이 잘 만드는 영담 스님 인터뷰 中

창간20주년 기념호 1994년 11월호

1994 20th

창간 20주년을 맞은 1994년에는 '불교 내일을 위한 제언'을 담아냈다. 불교 꿈나무라 할 수 있는 어린이와 청소년 포교에서부터 불교단체의 개선방안을 들여다보는가 하면, 비구니스님들의 역할과 권리, 군포교의 어제와 오늘 그리고 불교 언론의 나아갈 방향 등을 집중적으로 소개했다. 또한 창간 20주년 신행수기 공모 입상작이 별책부록으로 발간되어 독자들의 신행이야기를 함께 공유하기도 했다.

청소년 전법을 위하여

불교의 법(Dhamma)이 아무리 진여(眞如)하고 거룩한 것이라 할지라도, 그것이 그들이 요구하는 현실적이며 구체적인 삶의 방식으로 전환되지 않는 한, 그 법은 머물 자리를 잃게 될 것이다. 최근 청소년 포교, 청년대학생 포교, 군인 포교가 정체와 부진을 면하지 못하고 있다. 이 난관을 타개하는 실마리는 '그들에게 지금 현실적으로 필요한 일이 무엇인가?'를 찾는 데서부터 시작되지 않으면 안 될 것이다. 요컨대 새로운 의미 '기복불교' '이익불교'가 창출되지 않으면 안 될 것이다.

– 4월호 김재영(청보리회 상임법사)

사찰 청년회의 활성화를 위하여

석가모니 부처님이 중생구제의 발심으로
출가하여 깨달음에 이른 수행 생활도
청년시절에 이루어졌다. 그만큼 청년시절이
중요하다. 인생의 목표를 바로 세우고,
바른 삶의 길을 찾는 것도 청년시절이다.
청년시절에 바른 가치관을 정립하지 못하면
바람에 흔들리는 갈대처럼 줏대 없이 세파에
시달리고, 허무한 인생살이가 될 수 있다.
온전한 사람은 지혜로운 머리와 튼튼한 몸,
부지런한 손, 발이 필요하듯이 불교의 중흥을
위해서는 온갖 일을 직접 수행할 건강하고
정열적인 청년 불자가 필요하다.
- 6월호 원명 스님(금강정사 청년회 지도법사)

우연히 만난 삶의 이정표

「불광」을 통해 만난 부처님의 참 지혜는
지금 내가 받고 있는 죄업을 앞으로 잘
되기 위한 밑거름이라 생각하게 해주었고,
부처님께서 항상 제 곁에 계신다는
신념으로 살아가는 데 충분한 활력소가
될 것임을 확신하고 있습니다. 지금도 저
같은 사람들을 위해 수고하시는 많은 스님,
보살들이 계심을 잊지 않으며, 저의 앞길에
구원의 등불을 밝혀준 부처님의 말씀을
공부하고 기억하는 데 혼신의 노력을 다할
것을 약속드립니다.
- 11월호 김창길(부산교도소 재소자)
불광 20주년의 메아리 中

맑고 향기로운 삶

시절인연이 오면 스스로 연꽃이 피어납니다.
마찬가지로 두루 착한 일을 하면 우리의 마음은
저절로 맑아지게 되어 있습니다. 또 한 사람의 마음이
맑아지면 그의 둘레도 점점 맑은 기운이 번져갑니다.
마침내는 온 세상이 다 맑아질 수 있습니다.… 너의
마음 따로 있고 내 마음 따로 있는 게 아닙니다. 마음은
하나예요. 한 뿌리에서 파생된 가지가 당신의 마음이고
나의 마음이고 그의 마음입니다. … 무소유란 아무
것도 갖지 않는 게 아닙니다. 불필요한 것을 갖지 않는
것입니다. 꼭 필요불가결한 것만 가지려는 사람이 바로
무소유자입니다. 소유물은 우리가 그것을 소유하는
이상으로 우리 자신을 소유해버립니다.
- 5월호 법정 스님 강연 中

불교책이 잘 팔리는 세상을

세계 최대의 불상을 세우는 일보다 세계
최대의 범종을 만드는 일보다도 우리는
좋은 불교책 한 권이라도 더 펴내고
나누어 주어서, 이 땅의 2,000만
불자들이 진정으로 부처님의 가르침을
제대로 알고 제대로 실천하게 하는
일에 모든 노력을 기울여야 할 것이다.
불교책이 잘 팔리는 세상이 되면 그만큼
이 세상은 불국정토가 되어갈 것이다.
- 12월호 윤청광(대한출판문화협회 부회장)

내 생명 부처님 무량공덕생명, 전법으로 무상공덕을 삼겠습니다

"1954년부터 시작된 불교정화운동은 1962년 통일종단의 시작으로 이어지며 10여 년 동안 우리 불교계는 안정을 찾아 갔습니다. 그 일이 1972년에 끝나자 그 다음에 해야 할 일은 불교 포교와 교육이었습니다. 불교정화가 한국 불교의 정맥을 찾고자 한 일이었는데 만약 자체의 내실화와 포교가 확충되지 않으면 그동안의 불교정화가 한낱 종권탈취였다는 지탄을 면키 어려웠습니다. 불교의 존재이유가 이 땅의 빛이 되자고 하는 것인데 그것의 당위성만 있어서는 안 될 것입니다. 그만큼 포교와 교육이 절실했던 때였습니다. 그래서 시작된 것이 월간 「불광」 만드는 것이었습니다."

"불법에는 만인이 포교사입니다. 출가니 재가니가 따로 있는 것이 아니고 특별히 무슨 자격증이 없어도 스스로 믿고 행하는 가운데 불법을 펴고 못펴고가 들어 있지요. 자신이 불자라면 그 사람이 말하고 행하고 사는 것 그대로가 포교가 되는 것이에요."

"부처님의 법을 전하는 것이 가장 올바른 신앙이며, 믿음이며, 전법이라는 사실을 누누이 말합니다. '전법으로 바른 믿음을 삼겠습니다. 전법으로 정정진을 삼겠습니다. 전법으로 무상공덕을 삼겠습니다. 전법으로 최상의 보은을 삼겠습니다. 전법으로 정토를 성취하겠습니다.' 이것이 불광에서

법회 때마다 다짐하는 전법오서(傳法五誓)입니다. 전법지상의 분위기에서
성장한 사람들은 전법에 한계를 두지 않고 자신이 할 수 있는 일에 최선을
다합니다."

"우리가 기도를 할 때 부처님께서는 그때 새로이 가피력을 주시는 것이
아니라 이미 주시고 있는 것을, 나는 이미 받고 있다는 믿음을 갖고,
이미 받고 있는 것에 대한 감사를 드려야 합니다. 이미 받고 있는 은혜에
대한 감사를 해야지요. 그리고 내 앞에 나타난 것은 내 마음이 그대로
나타났다는 것을 알아야 해요. 내 마음이 바뀌지 않고는 우리 앞에 나타난
현상은 파괴되지 않아요. 기도에 성취가 있으려면 우선 원망스러운 것,
일체의 대립감정을 비워야지요. 이루어진 것에 우선 감사해야지요.
부처님은 밖에서 오는 것이 아니라 이미 내 안에 진실면목으로 자리 잡고
있어요."

—
광덕 스님 창간 20주년 특별대담 中

창간 20주년을 맞아 대담 중인
광덕 스님(좌)과 종실 스님(우)

탐욕도 성냄도 절망과 고통까지 허공에 던져두고

부모님 인연 받기 전에 나는 무엇이었나, 이 무엇고!

—

성륜 스님 그림이야기

화엄경과 융의 심리학

융은 티베트의 만다라를 보았을 때 결정적으로 알게 되었다.
그것은 마음의 중심인 자기를 상징적으로 나타낸 것으로 일이 순조로울
때는 나타나지 않지만 심리적 위기에 처할 때는 자기 쪽에서 자유로운
이미지로 나타나는 것을 확신하게 되었다. 자기란 하나의 형을 만드는
마음의 원천으로 이 사고는 의식적인 세계에 형을 만드는 힘과 그 밑에
이와 대립하는 것과의 관계로 존재하는 공(空)의 세계인 불교의 세계관에
이른 것이다. 불교에서는 형이란 원래 존재하는 것이 아니고 그것은 공의
힘에 의해 나타나거나 사라지는 것이다. 만다라는 자기 마음속에 무한히
퍼지는 이미지의 장소로 영혼의 소우주인 것이다. 모든 것이 마음으로
인해 자기라는 하나의 단자(單子)로 나타나는 것이다. 융은 의식세계를
총괄하는 주체적 자아의 존재를 생각해냈다. 융은 자기 안에 있는 영역을
외계의 대우주에 대하여, 내부의 혼인 소우주로 보고 그것은 단자로
존재하고 그 중심에 자기가 있다고 보았다. 이 마음의 내부에 정신을
집중하면 모든 길은 중심과 통하고 그때 인간의 참된 주체성이 확립된다.
이것이 바로 불교의 화엄경의 세계다. 화엄경에는 도처에 무한한 광명에
싸인 부처님의 세계가 있고 그 중앙에 자리 잡고 이 경전의 내용을 설하는
것은 비로자나불이다.

민희식(한양대 불문과 교수) 풍경소리 中

불교 대중화를 위한 불교 교리의 새로운 이해

불교가 중생구제를 원한다면 당연히 사회정의 편에 서야 되고 그 사회의 다수를 이루는 대중들을 향해 공감되는 메시지를 전달해야 한다. 그 전달 메시지가 바로 교리일진대 '불교는 어렵다.'고 체감하는 것이 보통이다. 이해하기 어려운 가르침이라면 그런 불교는 대중적이요 서민적일 수 없고 또한 인류의 보편적 구제를 외치는 종교일 수는 없다. 이제 교리 공부는 새롭게 전개돼야 한다. 우선 현대어적 새 번역(또는 재해석)이 이뤄져야 한다. 이것은 현대인을 불자로 만드는 지름길이다. 또한 긍정적으로 정리돼야 한다. 이는 현실에서 사회정의를 살리므로 불자의 강력한 현실참여와 함께 진정한 생활불교상을 세울 수 있다.

—

진열 스님(동국대 대학원 박사) 특집 불교 내일을 위한 제언 中

부처님 빛살아래

우리 광덕 스님께서는
크낙한 바다 위에서 태어나시어
크낙한 반야 이루시더니
그것으로는
영영 섭섭하셨던지
부처님 빛살
시방에 펼치시기를
어언 스무 해
한결이셔라

우리 법의 소리 불광께서는
이제 이 나라 아기나
그 누구나
두루 남녀가 기다리시는
부처님 빛살이시매
여기 한 장 한 장 넘기노라면
한여름 연꽃 피어나
서룩하셔라

거룩하셔라
한겨울 눈송이 내려
이 세상과
저 세상 함께
거룩하셔라

(중략)

아침 해이시거든 아침이시여
달 뜨시거든 밤이시여
우리 법의 소리 불광으로 하여금
어찌 가을 벌레소리인들
법의 소리 아니시리오
거룩하셔라
거룩하셔라
크낙한 불광 회상 거룩하셔라

—

고은(시인) 창간 20주년 축시

'불광'
창간 20주년을
축하합니다.

'희망더가는
외솔길'
철수'94

이철수(판화작가)

창간 20주년 축하 메세지

- 1994년 11월호

심은 대로 나고

"만족할 줄 아는 사람은 땅바닥에 누워 자도 오히려 편안하고, 만족을 모르는 사람은 천당에 살아도 역시 마음이 흡족하지 못하니라. 그래서 만족할 줄 모르는 사람은 비록 부자라도 기실 가난한 것이로다."『불유교경(佛遺敎經)』의 말씀이다. 사람의 근심걱정은, 무한한 욕망에서 생겨나므로, 욕망을 조절함으로써 인간의 고뇌도 가라앉힐 수가 있는 것이다. 행복의 조건은 번거롭게 오복(오래 살며, 부귀영화를 누리고, 몸이 건강하고 마음이 편안하며, 덕이 있어 외롭지 않고, 자손이 창성한 가운데, 명대로 살다가 편안히 죽는 것)을 추구하는 데 있기보다, 단순한 소욕지족(少欲知足)에 있지 않을까. 일찍부터 선각자들이 우리에게 자족(自足)을 가르치는 까닭도 여기에 있음이 틀림없다.

– 1월호 조달공(성균관대학교 명예교수)

1995 21th

불교가 우리 사회에서 어떤 역할을 해야 할까? 1995년은 다양한 사회문제에 시선을 돌렸다. 남북대화와 통일에 있어 불교계의 역할이라든지, 바람직한 불교장묘제도를 위한 방법, 불교사회복지의 방향, 정보산업사회에서 불교정보전산화의 필요성, 불교의 태아관과 임신중절은 왜 해서는 안 되는지 그리고 행복으로 되돌아오는 나눔이 이미까지 사회 전반에 일어나고 있는 현상과 문제점 그리고 대안의 여러 가지 방법들을 살펴보았다.

마음의 수수밭

그는 그의 네 번째 시집 『마음의 수수밭』에 남다른 의미를 부여하고 있다. 삶의 고통을 불교를 통해 극복할 수 있었기 때문이다. 그리고 그것을 시로써 승화해낼 수 있었기 때문이다. 그는 시 쓰는 것은 구도자의 길이라고 힘주어 말한다. 그의 시 곳곳에서 보이듯 그는 이제 불교를 통해 어느 정도 삶의 고통, 생의 의문에 길을 찾았는지 모른다. 이냐 그는 이제 구도자의 틸을 가고 있는 것이다.

– 2월호 구도의 길을 가는 천양희 시인 인터뷰 中

만남의 대상은 모두가 선지식(禪知識)

부처님은 '선지식 만남을 한 눈을 가진
거북이가 3천 년 만에 태평양에서 부목(浮木)의
구멍을 만나는 것과 같고', '범천(梵天)에서
겨자씨가 바람에 실려 대지 위의 바늘구멍에
들어감'에 비유하셨다. 옛 선사(禪師)는
말씀하시기를 '부처가 되는 길은 선지식을
만나는 것보다 더함이 없느니라.' 하셨으며,
'선지식을 만나는 일이 제일 큰 난사(難事)'라
하셨다. 어른 스님들께서는 '만나기 어려운
선지식(禪知識)은 멀리 있는 것이 아니고
네 가장 가까운 곳에 있다.'고 하셨으니 오늘을
사는 우리에게 산하대지 두두물물(頭頭物物)이
어찌 선지식이 아니리요.

– 6월호 석정진(스님, 불교간병인협회장·병상심방원장)

정보산업사회에서 불교정보전산화의 필요성

불교자료를 누구나 쉽게 이용할 수 있도록 하는
것이 필요하다. 우리나라의 불교 관련 자료는
물론이고 세계 각국에 산재되어 있는 불교자료를
전산화하여 비교 분석할 수 있는 전산화 작업이
이루어져야 한다. 불교 정보 전산화는 불교정보의
생산이며 이것은 곧 인류에게 불교를 가장
효과적으로 알릴 수 있는 방법이 되는 것이다.
불교정보의 전산화 대상은 단순히 문자에
국한되는 것이 아니다. 불교의 그림, 건축, 범종,
각종 행사와 인물 등 실로 무궁무진하다. 이렇게
축적된 모든 불교 자료들은 시대와 공간을
뛰어넘어 그것을 새롭게 맞이하는 모든 인간에게
생명의 불빛이 될 수 있다.

– 8월호 김응철(중앙승가대 교수)

불교사회복지의 현대적 실현

불교적 관점에서 반추해 볼 때 보다 나은 복지시회의 건설은 먼저 고(苦)의 세계
속에서 살고 있다는 자각에서 출발한다. 타성에 젖어 괴로움 속에 살며 괴롭다는
생각보다는 달콤한 한 방울의 꿀을 받아먹듯 삶 그 자체에 탐닉하고 있는 한 보다
나은 사회의 건설은 구상조차 할 수 없기 때문이다. 그리고 다음으로 생각해야 할
복지의 실현은 고(苦)의 개념을 깨달은 뒤 물질과 형상을 통한 낙(樂)의 개념으로의
진행이 아니라 자기 내면의 욕망을 제어하는 자제력의 증장으로 이어져야 한다.
시대의 흐름이 크고 많은 것만을 추구하는 현실 속에서 적은 것의 아름다움과
자제와 절제의 고결한 즐거움을 어찌 물질의 풍요로움에 비할 수 있겠는가?
그리고 다음으로 추구해야 할 복지의 실현은 함께 더불어 사는 사회의 건설이다.

– 3월호 제원 스님(길음종합사회복지관 관장)

종교를 기반한 독립운동을 꾀하며

"내가 출가하고 이력을 마쳤던 것은 다 일제시대였어요. 그때에는 젊은
사람들은 모두가 나라를 빼앗긴 울분에서 절망과 허무주의에 빠져 있거나
비밀리에 독립운동에 가담하는 상황이었지요. 인도에는 간디라는 사람이
있어서 사상적으로 인도사람들을 이끌고 독립운동을 주도하고 있다는
얘기를 듣고 간디 자서전을 읽게 되었는데, 간디라는 사람이 부처님을
꽤 높게 숭배하고 있었어요. 그 전까지 불교라고 하면 동냥 다니는
스님들 모습만 떠올렸었는데 여기서 충격을 받게 되었지요. 젊은 혈기에
독립운동을 해야 한다는 생각은 항상 가지고 있었는데 '간디처럼 종교를
바탕으로 하는 독립운동을 해야겠구나.' 하고 생각하게 되었어요."

—
서옹 스님(백양사 조실) 노사의 운수시절 中

불교공부 어떻게 할 것인가

불교의 공부는 삼독심에 대한 자기 성찰과 삼독의 마음을 일으키는 자기 존재의 집착에 대한 성찰로부터 시작한다. 부처님께서는 그 방법론을 제시하였다. 그 병의 원인을 알고 그 병을 치료할 수 있는 처방으로 계율과 선정, 그리고 지혜의 학문을 설명하셨고, 실제 수행해서 해탈(니르바나)을 얻었던 것이다. 불교공부를 어떻게 해야 할 것인가는 매우 간단명료하다. 고통은 나의 아집에 의한 삼독심으로부터 출발하기 때문에 나를 다스리는 것을 말한다. 나를 다스린다는 것은 육조 스님의 말씀처럼 나의 허물을 보는 것을 수행이라 하고 나와의 싸움을 말한다. 『금강경』에서처럼 "어떻게 마음을 먹는 것이며 어떻게 중생심을 항복받을 것입니까"인 것이다. 중생심을 항복받는 것을 말한다. 대승보살도에서는 여섯 가지 저 피안의 세계에 이르는 방법을 제시했다. 베풂, 규칙을 가짐, 참음, 안정, 바로 나아감, 슬기로움인 육바라밀이다. 보살은 중생을 위해서 육바라밀을 행하는 것을 곧 본인이 붓다가 되는 길로 나아가는 수행처로 삼는 것이다.

—

진옥 스님(여수 석천사 주지) 특집 불교 공부 어떻게 할 것인가 中

좌판(坐板)

성철 스님을 괴각(乖角)이라고 한, 한송 스님의 설명은 대강 이러했다.
괴각이란 본래 상대방에게 무리하고 어려운 문제나 질문을 던져서
상대방을 곤경에 처하게 하는 사람을 가리키는 말이다. 따라서 선사의
괴각 노릇, 즉 수단과 방법 여하에 따라서 선사가 펴논 좌판 위의
물목(物目), 요즘의 흔한 말로 메뉴가 각양각색으로 나타난다. 조주(趙州)
선사의 주된 메뉴는 '무(無)'이고 덕산(悳山) 화상은 '몽둥이질(棒)'이고
임제(臨濟) 스님은 고함지르는 '할(喝)'이며 성철 스님이 나에게 팔고자
한 것은 '속지 말라'였다. 1950년대 말, 성철 스님의 좌판에는 꽤 다양한
메뉴가 있었다. 우선 철조망이다. 철조망을 치고 사람의 접근을 막는 것,
그것이 그 중 하나였다. 암자의 대문은 늘 굳게 잠겨 있으므로 대문 옆의
철조망을 제치고서 드나들면 니 머하러 왔노 하신다. 그러면 나는 철조망
거두러 왔습니다, 한다. 니 눈에는 안 보이나 삼계가 온통 철조망인기,
하신다. 스님이 성전을 아주 떠나 지나가는 길에 도선사에 잠시 머물고
계실 때, 도선사로 스님을 찾아갔다. 한 일(一) 자로 된 요사의 윗방에
청담 스님과 성철 스님 두 분이 계시다가 나를 그 방으로 올라오라
하시기에 방에 들어가자마자 철조망을 거두러 갈 일이 없어졌습니다,
하니 여전히 니 눈에는 안 보이나 삼계가 온통 철조망인기, 하셨다.

박경훈 (역경위원, 법보신문 주필) 스님의 그늘, 성철 스님 中

鏡峰 스님 簡札

오대산이 첩첩하고 또 첩첩하여
山雲과 海月의 情 다하기 어렵습니다.
산이여 달이여 山雲과 海月을 형께
一任하니 잘 看取來하셔서
언어 문자 聲色動靜 그 밖에
한 번 法을 보여 주시기를 간절히 비나이다.

이 화중연화 소식은 경봉 스님과
당대의 선지식이신 용성, 제산, 한암,
효봉 스님께서 나눈 간찰입니다.
수행과 깨달음에 대해서 허심탄회하게
나눈 법담이 오늘 족적을 따르는
사람들에게 많은 교화를 남기고 있습니다.
- 1995년 8월호 화중연화 소식 中

이 마음 불광 되게 하소서

바라밀은 중생을 부처답게 하고 보살도를 행하는 지름길이다.

이 지름길을 깨닫게 하고 수행케 하는 불광, 거룩한 법당이요 법등이다.

신앙을 맑게 하고 밝게 하는 곳에서 시와 노래 그리고 글과 발원문으로 엮어지는 잡지를 간행하니 도솔천에서도 노래하고 야마천에서도 춤출 것이다. 청정무구 삼배일심으로 '바라밀 바라밀 마하바라밀' 하는 염송 높세워 이 마음 불광 되게 하는 지극한 시가(詩歌) 되게 하여 저 중생 모두 불국세계에서 두루 앉아 우담발화, 파드바꽃 3천 년까지 피게 하는 수승하고 우람한 월간책 되고 일간책 되는 더 큰 발원 세워주시길 바랄 뿐이다.

―

목정배(동국대 불교학과 교수) 새로운 출발, 불광 21주년 中

나눔의 의미

우리는 보통 무엇을 나눈다 하면 내가 가진 것의 일부분을 남에게 쪼개어 주는 것 정도로 생각한다. 그러나 부처님 가르침으로서의 나눔은 온전히 주는 것을 의미한다. 다시 말해 자비를 나눌 이웃이 없으면 깨달음도 이룰 수 없다는 것이 불교의 입장이다. 나눈다는 말보다 그저 함께 할 뿐이다. 어쩌다 내게 더 생긴 것들을 이웃과 함께 하고 없는 이웃을 위해 내가 써야할 것을 양보하고, 나아가 내 아픔을 감수하여 이웃의 고통을 줄여주는 일, 이것이 자연의 이치라 하지 않는가. 때 묻지 않은 사람들의 마음 한 조각 한 조각을 이어, 헐벗은 이웃들을 덮어 줄 따스한 이불을 만들어 보자.

—

정목 스님(BBS 차 한잔의 선율·거룩한 만남 진행) 특집 진정으로 나눈다고 하는 것 中

선풍(禪風)

둘레의
바라봄(觀)은
피는 꽃을
지게 하더니

마음의 더위   어디서 불어오던
식혀 주는   그 바람은 좋은 바람
진리의 바람(願)은
꽃도, 초록도   그 바람
낙엽도, 눈도   스칠 때마다
움직이게 하더라   번쩍
                               깨달을 수 있는
                               기운이 있다면
                               하늘과 땅은
                               다
                               내 집일세
                               - 6월호 정운 스님 글과 그림이 있는 마당

1996 22th

어떻게 사는 것이 잘 사는 것일까?
인간이 가지고 태어난 본성은
무엇인지, 인간의 마음이란 또
어떤 것인지, 깨달음, 사람의 운명,
인간으로 다시 태어난다는 것과
윤회 등 인간을 주제로 바람직한
삶의 모습과 방향을 들여다보았다.

"뿌린 대로 거두는 법입니다"

"뿌린 대로 거둔다는 불교의 인과법을 분명하게
인식한다면 어떻게 사람들이 나쁜 짓을 할 수
있겠어요. 인과법을 믿지 않는 사람들이 태반이다
보니 다들 죄 짓고도 죄 짓는 줄 모르고
두려워하지 않는 거예요. 마음 공부 열심히
하고, 욕심 줄이고, 철저하고 진실하게 살아가야
해요. 삼일수심(三日修心)은 천재보(千載寶)요,
백년탐물(百年貪物)은 일조진(日朝塵)이라, 사흘
닦은 마음은 천 년 동안 보배요, 백 년 동안
탐한 물질은 하루 아침의 티끌이라는 말씀을 깊이
명심하고 모두가 마음공부에 힘써야 할 겁니다."
- 4월호 대구 동화사 내원암 장일 스님 인터뷰 中

인욕하기

"분에(忿恚)는 능히 백천 대겁에 모은 바 선근을 훼손한다. 그러므로 인욕의 갑옷을 입고 견고한 힘으로써 분에의 군사를 깨뜨리라."『대보적경』의 말씀이다. 화를 참지 못하면 지금껏 쌓았던 덕이나 인격이 하루 아침에 무너지고 만다. 화를 내는 부처님은 없으며 미소에 인색한 보살님도 없다. 그러므로 화를 내는 일은 평상심이 아니다. "당신이 화났을 때는 즉시 미소를 지으십시오. 들숨과 날숨을 조용히 세 번 쉬는 동안 미소를 유지하십시오." 베트남 출신으로 우리나라를 다녀간 틱낫한 스님의 수행법이다. 화날 때 미소짓는 훈련을 반복하면 자신의 감정을 조절할 수 있는 것이다. 흥분된 숨소리를 가라앉히고 고르게 심호흡을 세 번 정도 하면 안정된 마음을 찾을 수 있다. 누구나 화날 때에는 잠시 자신을 잊어버리기 때문이다.
- 5월호 현진 스님(관음사 주지)

모든 것이 마음에서 비롯된다

"스물 네 살 때부터 매일 최소한 45분간, 시간적 여유가 있으면 두 시간 정도 좌선을 합니다. 영화를 찍는 중일지라도 최소한 45분에서 한 시간은 합니다. 선은 그냥 마음을 비우고 그것을 단전 속으로 내려놓는 데 정말 좋습니다. 그것은 제가 아주 집중력 있게 또 때로는 아주 강력하게 되도록 도와주었습니다. 저는 그것이 선과 함께 하는 사람들에게는 전형적인 것이라고 봅니다. 초탈의 느낌이 매우 강력해집니다. 집중의 느낌이 매우 강력해집니다."
- 8월호 리차드 기어와의 대담 中

부처님 닮아가다 보면
평상심을 찾을 수 있지요

"마음공부가 따로 있는 게 아니에요. 우리 불자들이야 살아가는 순간순간 부처님 말씀대로 살려고 최선을 다해 애쓰고, 부처님 닮아가다 보면 저절로 우리 마음속에 있는 평상심을 찾을 수 있지요. 그래서 복잡한 '업 덩어리'를 쉰 참된 마음자리를 보게 되면 스트레스도 괴로움도 다 마음의 장난인 것을 알고 허허 웃으면 만사에 자유로울 수 있는 거에요."
- 2월호 조계종 종정 노천 월하 스님 인터뷰 中

모두가 주인공입니다

"옛날 중국의 노니러 사람이 조나라 사람들의 걸음걸이가 그리 좋다하여 따라하다가 그이들 걸음걸이도 제대로 흉내 못 내고 나중에는 제 나라 걸음걸이도 잃어버려 뒤뚱뒤뚱 허우적거렸다는 말이 있습니다. 세계화다 뭐다 해서 요새 서양 것 쫓아가기에 정신없는 우리나라 사람들도 그와 똑같아요. 사람은 모두가 주인공입니다. 나라든 개인이든 각자가 주인공이 되어 살아가야지 남과 비교하며 그저 쫓아가려고 버둥대다가는 결국 평생을 허망하게 흘려보내는 것입니다. 모쪼록 주체성을 가지고 주인공이 되어 살기를 빕니다."
- 11월호 대구 보광원 조실 화산(華山) 스님 인터뷰 中

궁극의 이상세계로 나아가는 길

우리 인간이 도대체 바라는 것이 무엇일까? 우리 인간은 항상 무언가 부족한 점이 있고 불완전하다 생각하며 보다 더 완전하고 보다 더 편안하고, 그래도 우리가 살 만한 어떤 세상 즉 이상을 갈구한다.

반야심경 역시 인간이 궁극적으로 바라는 이상 세계를 어떻게 하면 실현할 수 있는가를 가르치는 경전이라고 볼 수 있다. 보통 부처님이 정각을 하신 뒤에(깨달으신 뒤에) 제일 먼저 설하신 경이 화엄경이요(화엄사상), 그리고 아함부, 그 다음이 방등부, 그 다음이 반야부, 마지막이 법화부, 그래서 시기적으로 보면 다섯 시기를 통해서 불교의 전 팔만대장경이라는 경전이 결집되었다고 본다. 물론 뒷날 부처님을 따랐던 많은 제자들, 내지는 후세 학자들에 의해서 더 정밀하게 경전이 성립되지만, 불교의 근본사상은 부처님께서 네 번째 단계에서 설하신 반야사상, 즉 공사상이라고 한다. 이 다섯 단계 중에서도 반야시(반야부)만 설하는 데 22년이 걸렸다. 다른 경들은 8년, 12년 정도 걸렸는데, 이렇듯 오랜 세월 설하신 것만 보더라도 부처님 스스로 반야사상을 가장 중요시했던 것을 엿볼 수 있다.

—

김용정(동국대학교 철학과 교수) 반야심경 강의 中

화선지 위에 그려지는 천진불심

"출가를 하면 아무런 걸림없이 그 모든 것을 자유롭게 할 수 있으리라는 생각을 했어요. 그러나 막상 출가를 하고 경전을 공부하고 큰스님들을 친견하다 보니 저의 그러한 생각이 얼마나 부질없는 것인지를 알게 되었습니다. 그것은 참자유인의 삶이 아니었습니다. 헛된 꿈이었어요. 참자유의 세계는 자신의 자성을 여실히 바라보는 데에서 찾아지는 것이라는 것을 알게 되었지요. 부처님 법답게 살면서 법에 의지해 공부를 해야지요. 진정으로 행복한 삶, 실패하지 않는 삶은 자신을 바라보는 시간을 많이 갖는 삶입니다. 자신을 바라보는 시간이 많을수록 일상에서의 실수나 시행착오가 적고 지혜가 샘솟게 되지요. 자기를 바라보는 시간이 적을수록 감정적이고 돌발적이기 쉽고 타인을 다치게 하기 쉽지요."

—

원성 스님 인터뷰 中

서광 스님

'참나' 찾기

왜 사는가. 어떻게 살아야 하는가의 문제는 필연적으로 '누구'라고
하는 의문을 가져오게 되어 있다. 왜냐하면 '왜 사는가. 어떻게 살아야
하는가.'의 두 문장에는 누구라고 하는 주어가 빠져 있기 때문이다.
그래서 빠진 주어를 넣어서 완전한 물음을 만들어 보면 '누가 왜 사는가?
누가 어떻게 살아야 하는가?'가 된다. 그렇다면 여기서 누구는 누구인가?
그 누구는 다름 아닌 지금 여기서 살고 있고 그 삶에 의문을 품고 있는
바로 '나' 자신이다. 그러므로 왜 사는가, 어떻게 살아야 하는가에 대한
생의 의문은 '나는 누구인가?'라는 의문으로 자연스럽게 전환된다.
내가 누구인지를 알면 왜 사는지 어떻게 살아야 하는지는 저절로 해결되기
때문이다. 내가 누구인지를 모르고는 왜 사는지, 어떻게 살아야 하는지에
대한 해답은 결단코 얻어 낼 수가 없다. 삶의 문제는 반드시 삶의 주체인
'참나'를 바로 알아야만 해결될 수 있다.

—

길을 묻는 이에게 中

서광 스님 대학과 대학원에서 심리학을 공부했으며 운문사 명성 스님을 은사로
득도하였다. 현재 미국 보스톤 서운사 주지로 있으며 불교수행법을 체계적으로
연구하고 있다.

삼계(三界)가 오직 마음이다

경허(鏡虛)스님 법문을 들어보자. "지금 푸른 절벽이 깎아지른 듯 높고 소나무 전나무가 빽빽히 푸르르며 시냇물은 콸콸 흘러가며 구름은 피어오르고 온갖 잡새가 노래하고 넓은 들이 끝없이 펼쳐지며 철마다 모습이 바뀌니 저 가운데 또한 불법이 있는가 없는가? 경에 이르기를 '삼계(三界)가 오직 마음이다.' 하였으며 또 옛 사람이 이르기를 '바람에 흔들리는 나뭇가지와 달빛 스민 물가에 참마음이 드러나며 누런 꽃 푸른 대나무가 묘한 법을 밝게 드러낸다.' 하였고 또 이르기를 '명백한 온갖 것 그대로라. 명백한 조사의 뜻이다.'고 하였으니 또한 말해봐라. 어떤 것이 참마음과 묘한 법이 밝게 나타남이며 어떤 것이 조사의 뜻인가?"

―

명정 스님(통도사 극락선원장) 특집 마음이란 어떤 것인가 中

이달의 경구

게으름은 쓰레기니라.
계속되는 게으름은 쓰레기니라.
열심히 열심히 노력함으로써
그리고 예지의 집게로 뽑아버려라.
그대 영혼에 박힌 그 고통의 화살을.

『숫타니파타』는 가장 오래된 불교경전으로
『담마파다(法句經)』와 쌍벽을 이루고 있는
부처님의 시모음집(詩集)이다. 편찬연대도 『담마파다』보다
훨씬 앞선 AD 3세기 경으로 추정되는 『숫타니파타』에는
거의 원형에 가까운 부처님의 육성(肉聲)이
담겨 있다. 난해한 불교전문용어나 철학적인 개념이
전혀 없이 부처님 진리의 말씀이 소박하고 잔잔하게 흐르는
『숫타니파타』는 세월이 흐를수록 감동을 더해준다.
-편집자 주

인간답게 사는 법

사람다운 길을 압축해서 말한다면 지혜와 자비이다. 지혜는 반야(般若)를
가리킨다. 생명과 우주의 실상을 통찰하는 안목이다. '나'라는 존재의
궁극에 대한 성찰, 또 자연의 내면을 흐르는 핵심원리를 깨닫는 힘이다.
물론 다양한 불교전통에 따라 그 설명방법은 상이할 수 있다.
반야불교에서는 그 원천을 공(空)으로 파악한다.
반면 유식(唯識)불교에서는 근본식, 즉 제8식 아뢰야식이라고
말한다. 그 원천에 대한 깊은 이해야말로 반야의 본질이다. 자비는 그
실천행을 가리킨다. 나와 남의 정당한 관계수립을 위한 첫 번째 덕목은
자기헌신이다. 자신의 욕망을 절제할 줄 아는 미덕 또한 자비의 중요한
기능이다. 원래 자(慈)는 베푼다는 뜻이고, 비(悲)는 상대방의 슬픔을 없애
준다는 의미이다. 베풀기 위해서 벌어야 한다는 윤리의지야말로 혼탁한
사회를 정화하는 길이다. 현대사회는 바로 이와 같은 불교의 정신을
외면했기 때문에 비극적 현실을 맞고 있는 것이다. 부처님은 인간으로
태어나는 어려움을 '바다 속의 침(針)'으로 비유하신 적이 있다. 그러나
인간으로 태어나는 일보다 어려운 일은 정법(正法)의 불교를 만나는
일이라고 했다. 결국 인간은 인간이기 때문에 존경받아야 하는 것은
아니다. 오히려 '인간답게' 살 때 그 존재는 빛날 수 있다. 우리 시대는 지금
혼돈과 방황의 무질서가 횡행하고 있다. 그 까닭은 인간다움의 포기에
있다고 볼 수밖에 없다. 불자의 책무는 그 인간다움의 제시요, 실천이
아니겠는가.

———

정병조(동국대 인문학부 교수, 사회교육원장) 특집 인생의 보람 中

화두(話頭)

화두(話頭)란 글자 그대로 '이야기의 실마리'이다.
선(禪)을 수행하는 사람이 스승이나 선사(禪師)를 찾아가서
배움을 청할 때, 이 화두(話頭)가 스승과 제자, 또는
선사와 후학 사이에 묻고 답하는 실마리가 되므로 이같이
말한다. 다시 말하면 화두는 두 사람 사이의 주제라고 할
수 있다. 그리고 그 주제를 원칙으로 해서 공부(수행)를
해야 하므로 화칙(話則)이라고도 한다. 또 화두(話頭)를
공안(公案)이라고 한다. 공안이란 본래 관공서의
공문(公文)을 말한다. 관공서의 공문(公文)은 개인의
사문서와 달리 공정하고 권위가 있으므로 화두 또한 권위가
있고 공정한 것이라는 뜻으로 공안이라고 한다. 왜냐하면
화두 즉 공안은 스승이 제자의 깨달음을 촉발시키기 위해서
사용하는 방법과 수단이며, 그 방법과 수단은 부처님과
옛조사(祖師)들의 언행(言行)과 기연(機緣)에서 나오므로
역시 권위가 있고 공정하다는 것이다.

– 1월호 박경훈(역경위원, 법보신문 주필)

1997 23th

부처님의 가르침, 그 본래의 의미를
집중적으로 다루었다. 더불어 살아가는
세상 보시의 참의미를 시작으로 불자들의
삶의 규범인 오계(五戒)와 그 실천법,
인욕, 정진, 참선, 반야바라밀 수행으로
보리를 이루어가는 바라밀행자들의
이야기 등이 소개되었다. 또한 탄생,
늙음, 병, 죽음 등 인간이 태어나 겪는
생로병사를 통해 존재의 의미와 해탈에
이르는 방향을 제시했다.

불자의 첫걸음은 은혜를 아는 것입니다

불교의 네가지 은혜(불법승 삼보의 은혜, 부모의
은혜, 국가의 은혜, 동포의 은혜)를 철저히 아는
사람은 절대로 나쁜 일을 할 수가 없습니다.
삼보를 비방할 수도 없고, 불효할 수도 없고,
국가에 해될 일을 할 수도 없고, 남을 못살게 굴
수도 없습니다. 오늘날 세상에 문제가 많은 것이
다 이 은혜를 모르기 때문입니다. 불효하지 않는데
노인 문제며 청소년 문제가 왜 생길 것이며,
국가의 은혜를 아는데 어떻게 국토를 오염시킬
것이며 사리사욕으로 국가의 경제를 흔들 수
있겠습니까. 동포의 은혜를 아는데 어찌 노사간
계층간 갈등이 첨예해질 수 있겠습니까.

– 4월호 정무 스님(대구 비슬산 법왕사 회주) 인터뷰 中

불성 속의 번뇌

부처님은 무아를 가르친다. '나'와 '내 것'을 버리라고 한다. 그러나 우리는 무아로 살기가 힘들다. 어떻게 하면 돈, 사랑, 권력, 명예, 안락 등을 얻을까 하고 궁리하는 마당에 나 자신마저 지워야 하는 일은 너무도 힘들다. 무아를 완전하게 체달하고 실천하지 못하는 우리는 번뇌 속에서 사는 셈이다. 생각하고 움직이는 것마다 번뇌이기 때문에, 금생 또는 내생에 성불할 수 있다는 자신감이 생기지 않을 수밖에 없다. 중요한 것은 번뇌를 피하고 무서워하는 것이 아니라 나를 지우는 것이다. 그리고 부처의 행을 지어서 내 속에 있는 본래부처를 알아보고 회복하는 것이다. 이제 말로만 부처를 이루자고 하지 말자. 이 번뇌를 열심히 관찰하고 활용해서 참으로 부처가 될 궁리를 하자.
　　　　　　　　　　　- 2월호 지명 스님(청계사 주지)

비교하는 마음

사람들은 흔히들 자신이 구하는 것을 얻지 못하면 괴로워한다. 그러나 그 괴로움의 이 면에는 남이 가진 것과 자신이 가진 것을 비교하는 아상(我相)과 인상(人相)이 숨어있는 경우가 많다. 우리가 인생을 행복하게 살기 위해서 가장 먼저 극복해야 할 과제가 바로 이 남과 자신을 비교하는 마음이 아닌가 싶다. "내가 저 사람보다 더 낫다."거나 혹은 "내가 저 사람보다 더 못하다."는 생각이 사라지지 않는 한 결코 마음에 평화는 오지 않을 것이다. 그래서 부처님께서는 『금강경』에서 "일체의 유위법(一切有爲法)은 꿈 같고 환 같고 물거품 같고 그림자 같고[如夢幻泡影], 이슬 같고 번개 같으니[如露亦如電] 마땅히 이와 같이 볼지니라[如作如是觀]."라고 설하시지 않았던가.
　　　　　　　　　　　- 3월호 박진생(정신과 전문의)

깨진 그릇에는 물을 부어도 차지 않습니다

짐승이고 사람이고 남의 눈에 보이지 않으면 복을 이기기 어렵다. 파계(破戒)는 파기(破器)라, 계행을 깨뜨리는 것은 깨진 그릇과 한가지라 깨진 그릇에 물을 퍼부어도 물이 차지 않듯 성불할 수 없다. 또한 서로 의존하고 관계 맺고 있는 상의상관관계의 연기법을 자각하면서 살아가야한다. 요즘 이혼하는 것을 예사로 여기고, 형제간, 부모 자식간에도 서로 왕래를 하지 않고 소원하게 지내는 이들이 많다. 전생에 8천겁 인연이라야 금생에 부부가 되고, 10천겁 인연이라야 부모 자식이 되고, 1천겁 인연이라야 한 나라에 태어난다고 한다. 남을 도와주는 것이 자기 자신을 돕는 것이라는 것을 알고 모쪼록 부모 형제는 물론이고 이웃을 돕고, 나라를 위해서도 내가 할 수 있는 일이 무엇인가를 생각하며 최선을 다해 열심히 살아야 할 것이다.
　　　　　　　　　　　- 11월호 법흥 스님(송광사 전 주지) 인터뷰 中

오계 실천 이렇게 합니다

오계(五戒)- 불살생(不殺生), 불투도(不偸盜), 불사음(不邪淫),
불망어(不妄語), 불음주(不飮酒). 이는 적극적인 의미로 풀이하면 생명을
존중하고, 아낌없이 베풀어주며, 청정행을 하고, 진실을 말하며, 바른
마음을 가지라는 말씀입니다.

첫째는 불살생이니 모든 생명을 존중하고 그가 지닌 덕성을 보호하며
손상하지 않는 것으로서 자비의 종자를 키우는 것입니다. 둘째는
불투도이니 아낌없이 베풀어 줌으로써 복덕을 성장시키며 세간을
따뜻하게 번영시키는 것입니다.

셋째는 불사음이니 청정행을 할 것이요, 삿된 음행을 하지 않는 것으로써
마음의 청정을 지키고, 결혼의 신성을 지키는 것입니다. 넷째는
불망어이니 진실을 말하고 거짓말이나 독한 말 등 망령된 말을 하지 않아
진실의 종자를 키웁니다. 다섯째는 불음주이니 항상 맑은 마음을 지킬
것이요, 술을 마셔 취하여 마음의 안정을 잃지 말아야 합니다. 이것이
진실의 종자, 지혜의 종자를 키우는 일입니다. 오계를 지키는 방법은
오계의 규범을 적극적으로 실천해 나아가는 데 있습니다.

―

천양자(불광법회 법륜부) 특집 오계 中

위빠사나 수행

팔정도를 줄이면 계(戒), 정(定), 혜(慧)로 축약된다. 혜가 실천되면
계와 정은 따라 오게 되어 있다. 그 혜의 실천이 위빠사나이다.

정견(Sammaditti, 正見)은 고(苦), 집(集), 멸(滅), 도(道)를 앎으로
이해하라고 되어 있다. 부처님이 보리수 하에서 깨달음을 얻으셨던
앎과 반야를 바로 수행과 삶의 실천에서 처음부터 제시했던 것이다.
즉 처음부터 불성의 빛인 반야를 의지해서 윤회의 흐름인 오온(五蘊)과
불성의 빛인 반야를 처음부터 입체적으로 포착해야 하는 것이다. 그래야만
진정한 불제자라 할 수 있다. 인간의 의식은 오온 즉 대상이 있는 생각의
흐름과 대상 아닌 대상을 관찰할 수 있는 관의 흐름들로 구성되어 있다고
볼 수 있다. 오온은 무상(無常), 고(苦), 무아(無我)의 형태로 흐른다.
단 이것은 관으로 봤을 때 무상, 고, 무아가 보인다. 관은 달빛이 흔적 없이
호수를 투과하듯이 실상을 꿰뚫어 볼 수 있는 힘이 있기 때문에 탐·진·치,
무상·고·무아에서 벗어날 수가 있다. 빛이 어둠을 몰아내듯이 부처님의
진정한 제자라면 경전의 이론, 원리를 명석하게 이해하는 것도 중요하지만
일상생활 속에서 불성의 빛인 위빠사나, 반야관(觀, 慧)을 실천할 수
있어야 참다운 불제자라 할 수 있다.

—

김열권(위빠사나명상원 원장) 특집 나의 참선공부 中

오래 전 이야기

1954년 6월부터 불기 시작한 불교정화운동은 3개 성상이 지나도록
지리한 분쟁을 계속하였다. 1956년 8월 서울지방법원 가처분 결정으로
대처승측이 조계사를 다시 장악하였다는 소식을 듣고 전국의 비구,
비구니 스님들이 급히 상경하였다. 당시 정화를 주도하셨던 큰스님들.
앞줄 왼쪽부터 서운, 청담, 안곡, 금오, 효봉, 동산, 자운, 향곡, 원허, 마산,
수옥 스님과 견성암 비구니 스님들이 신도들과 함께 기념촬영한
이 사진을 보면 그때 그 시절이 생생하게 살아난다. 지금은 거의 고인이
되신 큰스님들을 생각하면 세월의 무상함이 뼛속 깊이 사무친다.
가끔씩 종단의 불협화음을 들을라치면 안타깝기 그지없다. '얼마나 큰
희생을 치루며 일군 청정종단인데' 하는 생각과 아울러 당시의 상황을
소상히 일러주고 싶은 것이다. 모두가 옛 역사의 교훈을 되새겨 참다운
불자로 새롭게 태어나기를 합장발원하며 이 사진을 나누고 싶다.

—
편집부

본래 마음을 찾으면 나와 남이 따로 없고 만물이 한 뿌리

『초발심자경문』 중의 "평등성중(平等性中)에 무피차(無彼此)하고
대원경상(大圓鏡上)에 절친소(切親疎)니라, 평등한 성품에 이것저것이
따로 없고, 큰 거울 위에는 가깝고 먼 것이 끊어졌다."입니다. 이 말씀이
기가 막힌 미묘법문입니다. 이 말 한 마디 가지고도 깨달을 수 있는
것입니다. 하루하루 살아가면서 많은 사람들을 만나야 할 텐데
그 사람들을 볼 때마다 이 말씀을 새기면서 대해보십시오.
'저 사람이나 나나 평등하게 부처님 성품을 가지고 있다. 아니 저
사람이야말로 내가 섬겨야 할 부처님이다. 부처님의 지혜로 보면 멀고
가까운 것이 따로 없고 만물이 한 뿌리인데, 이 얼마나 소중한 인연인가.'
하면서 지극한 마음으로 상대방을 대하는 것입니다. 그러한 마음으로
사람을 대하고 일을 대하면서 열심히 살아가는 것이 참선의 생활화,
부처님 말씀을 우리 삶 속에 드러내는 진정한 불자의 삶이라고 할 수
있습니다.

—

용인 화운사 지명(智明) 스님 인터뷰 中

불교경전에 나타난 병의 원인

병은 어디서부터 왔는고? 병은 업으로부터 왔다(病從何處來 病從業生).
업은 어디서 왔는가? 망상에서. 망상은 마음으로부터. 그러면 마음은?
본래 온 곳이 없다. 그렇다면 본래 온 곳이 없다면 병은 어디서부터
왔는가? 이렇게 하여 조사 스님들은 "병은 마음으로부터 오는 것이고,
그 마음을 잘 공부하면 병을 치료할 수 있다."고 한다. 중국의 선불교 역사
속에 혜가 스님은 달마 스님을 찾아갔을 때 큰 병이 들어 있었다.
혜가 스님이 "제 몸에 병이 들어 있습니다. 스님께서 저를 제도해
주십시오." 하였을 때, 달마 스님은 "네 마음을 가져오너라." 라고 하였고,
마음을 찾으려고 자신을 돌아보던 혜가 스님은 자신의 마음을 찾을 수가
없다고 하였다. 그러자 달마 스님은 이미 너의 병을 치료해 마쳤다고
하셨다. 선불교에서는 병도 마음 하나 깨달으면 치료가 된다고 한다.

—

상덕 스님(정수암 주지) 특집 병(病) 中

욕심을 줄이는 방법들

욕심을 줄여가는 방법으로는 첫째 소욕지족(小欲知足)하는 생활이다.
즉 적은 욕심으로 만족하는 삶이 되어야겠다. 이 간단한 소욕지족의
실천행에는 엄청난 인생관이 있다. 우선 적은 욕심을 갖는다면 목적
성취가 수월해지고 성취감에 따른 자신과 용기가 샘솟게 된다. 만족하는
삶을 통해 얻어지는 몸과 마음의 편안과 평화는 삶을 윤택하게 한다.
『열반경』에서는 '소욕이란 구하지 않는 것이며 취하지 않는 것이며,
지족은 얻은 것이 적어도 마음으로 한탄하지 않는 것'이라 했다.
다른 말로 바꾼다면 '무욕대도'라고 사족을 달아본다. 둘째는 철저한
중도관(中道觀)에 입각한 삶이 되어야 한다. 중도란 양변에 치우치지
않는 것이지만, 적극적인 중도는 양변을 향하되 달라붙지 않는 도리라고
달리 표현하고 싶다. 즉 자전거를 탈 때 좌우로 향함이 극단에 있어도 땅에
달라붙지 않는 다음에야 참된 활용으로 볼 수 있기 때문이다. 탐욕이란
착각된 가치관에서 비롯된다. 특히 좋다 싫다에 강한 사람일수록 중도를
지키기도 어렵고 탐착에 빠지기 쉽다. 끝으로 인과(因果)의 법칙을
적용하는 불자가 되어야 한다. 욕심의 결과를 마음으로 그려보고 그
욕심이 나의 입장에서 적당한 것인지를 판단하는 생활이 정립되어야 한다.
욕심을 자제하기 힘들 경우에는 부처님의 위신력에 의지하거나 명상을
통해 정화시켜가는 것도 좋은 수행방법이다.

———

김의식(국토개발연구원 책임연구원) 특집 욕심 中

진심(瞋心), 화는 왜 일어나며 어떻게 다스릴 것인가

화는 자기가 하고자 하는 일이 마음대로 안 되었을 때 일어나는
것입니다. 혹은 일의 대가가 자신의 생각에 못 미쳤을 때에도 화가
납니다. 모든 일은 자신의 노력만큼 그 결과가 오는 것입니다. 그렇지
않고 그 이상을 바란다는 것은 욕심입니다. 뜻하는 대로 무슨 일이 안
되었을 때는 우선 그 원인을 살펴볼 일입니다. 잘된 일이든 잘못된
일이든 결과에는 반드시 원인이 있게 마련입니다. 항상 결과에
대한 원인을 우선 생각하는 사람은 함부로 화를 내지 않습니다.
부처님께서는 진심(瞋心)을 우리 인생에 있어 세 가지 독 중의
하나라고 했습니다. 그것은 나를 해치고 남을 해치는 것입니다. 남의
탓이나 외부에 그 탓을 자꾸 돌리다 보면 화나는 마음이 자꾸 일게
마련입니다. 진심, 화나는 마음이 일 때 우선 호흡을 크게 한 번 하고,
그 원인을 살펴볼 일입니다. 그것이 혹 욕심에서 온 것은 아닌지….

— 2월호 일면 스님(불암사 주지)

1998 24th

일체유심조(一切唯心造). 세상사 모든 것은
마음먹기에 달려 있다는 것으로 길흉화복
(吉凶禍福)·흥망성쇠(興亡盛衰)·희로애
락(喜怒哀樂) 등 모든 것이 밖으로부터
오는 것이 아니라 인간의 마음이 그렇게
만든다는 것이다. 마음은 원래 진리이며,
생각은 그것을 실현하는 도구이다. 마음,
진심, 어리석음 등 인간의 본래 마음에 대해
집중적으로 다루면서 생활 속의 기도법과
불교공부를 어떻게 해야 할 것인지
수행하고 회향하는 삶에 대해 소개했다.

유식(唯識)의 개요

유식이란 마음을 떠나서는 어떤 것도 존재할 수
없다 하신 부처님 사상을 토대로 심체(心體)와
심작용(心作用)을 설명하고 정신과 물질의
불가분리한 관계를 규명해낸 학설이다.
마음을 다양하게 표현할 수 있겠지만 우선
심(心), 의(意), 식(識)으로 나누어 설명
할 수 있다. 심(心)은 아뢰야식이라 하고,
의(意)는 말나식이라 하며, 식(識)은 의식
또는 육식(六識)이라 한다. 모든 법은 이
마음(唯識)에 의해 존재한다. 인간의 심성을
깨닫게 해준 유식은 불교의 핵심사상으로서
반야사상과 함께 불교사상의 지주가 되어 왔다.

— 1월호 혜거 스님(금강선원 원장)

어리석음을 극복한 사람

어리석음은 왜 생기는가? 그것은 자신이 자신의 진면목을 모르고
있기 때문이다. 그러면 이 어리석음을 어떻게 극복할 것인가?
먼저 우리들의 양심의 소리, 진아의 부르짖음, 존재의 외침에 귀를
기울여야 한다. 그러면 우리는 육체보다는 정신, 가짜보다는 진짜,
이 세상보다는 먼저 그 나라와 그 나라의 의(義)를 추구하라는 우리
내면의 소리를 들을 수 있다. 어리석음을 극복한 사람은 어떻게 될까?
한용운 선사는 그것을 한마디로 '감사를 느끼는 마음'이라고 말한다.
"감사를 느끼는 이만이 유연한 마음을 가진 이다. 유연한 마음을 가진
뒤라야 비로소 삼독(三毒)을 여읠수 있는 것이다. 그래서 탐적(貪的)
생활을 버리고, 귀적(鬼的) 생활도 버리고, 축적(畜的) 생활을 버릴
수 있는 것이다. 고맙게 생각하는 마음 거기에 이해도 있고, 존경도
있고, 만족도 있고, 평화도 있는 것이다.

— 3월호 황필호(강남대 종교철학과 교수)

제 성품이 아미타불이요, 이 마음이 바로 정토

"염불을 하면 누구든지 극락세계에
태어나서 성불할 수 있습니다.
그런데 중요한 것은 자성미타요
유심정토(自性彌陀 唯心淨土)라, 내
성품이 미타요, 내 마음이 정토임을
알아야 합니다. 이게 무슨 뚱단지 같은
말인가 할 수도 있는데, 내 마음을
내가 찾았을 때 바로 청정한 그 자리가
아미타불이요, 극락이요. 결국 아미타불을
부르는 내가 아미타불이라는 것을
깨달아야 한다는 말입니다."

— 6월호 삼각산 정토사 설산(雪山)스님 인터뷰 中

회향하는 삶

진정한 회향은 '회향이 회향인지 모르는 것'이다.
이 세상 모두(일체)의 일에 절대 안달하지 않게
된 것이 진정한 회향이다. '나(我)'라는 착(着)에
빠져있는 이상 회향은 성립될 수 없는 것이고,
불교공부 문턱에 가보지 않은 일반인(타종교 포함)도
수행이 따르지 않고 입으로만 주워섬기는 것을
알아차리고 있다. 진정한 회향인은 부처님 진리를
전달한다거나 그에게 이익이 될 것을 해준다거나
하는 생각을 전혀 염두에 두지 않게 되며, 아주 작고
미세하나마 행동에 나타나고 얼굴과 언어구사에
자연스레 배어나는데 막상 그 장본인은 모른다. 그런
생각을 전혀 인식하지 않기 때문이다. 쉽게 말해서
5계를 지키는 것도 회향이고, 겸손한 것, 스승을
찾거나 참배하는 것도 회향이 아니고 무엇이랴?

— 12월호 김생호(대전일보 기획부실장)

원담 스님

어려운 때일수록 외부에 끄달리지 말고 수행에 힘써야 합니다

'만천나개성 세존오도성 인인두두리 개개각불면(滿天那個星 世尊悟道星 人人頭頭裏 個個各佛面), 하늘에 가득찬 별이 세존의 오도성이고 사람 사람 머리 머리가 제각기 부처의 얼굴이라.'(1998년 성도재일에 내린 게송)

부처님이라. 어디에 계신 부처님을 이름입니까? 사람마다 절에 모셔놓은 부처님만 생각하는데 그게 아니라는 것을 볼 줄 알아야 합니다. 자기 마음자리가 부처요, 사람 사람마다 부처님을 모시고 있다는 사실을 깨달아야 합니다. 원래로 부처님을 모시고 생겨났고, 종말까지 부처님을 여읠 수 없는 것이 인간 세상의 진리입니다.

—

선지식 탐방 中

원담 스님 근세 한국 선종의 중흥조인 만공 스님을 20여 년 동안 시봉하면서 수행했다. 만공 스님으로부터 전법게를 받았으며 만공 스님과의 많은 일화가 있다. 수덕사 덕숭총림 방장, 조계종 원로회의 의원으로 수덕사 염화실에 주석하시며 찾아오는 이들의 눈을 열어주고, 만공 스님의 세계일화 정신을 선양하고 있다.

서옹 스님

모두가 부처요, 한 생명체임을 깨달은 참사람들이
자비심으로 살아가는 땅이 바로 불국토입니다

지금까지 알고 있었던 물질적인 나가 아니라 참나를 찾아야 합니다.
참나를 찾으면 자신감을 갖게 되고, 모두에게 진실해지고 여러
사람을 위하는 공심으로 살아가게 마련입니다. 불교의 근본인
무아사상(無我思想)을 깨달으면 자비심으로 살지 말라고 해도 그렇게
살아지는 것입니다. 한 가지 바람이 있다면 눈밝은 수좌가 많이 나와서
좀 더 적극적으로 참사람운동을 펼쳤으면 합니다. 참선수행으로써 불법을
깨달은 참사람운동으로 인류가 구제되고 진정으로 행복해질 수 있다고
확신하기 때문에 그것 말고는 달리 바랄 것도 할 것도 없습니다.
마음이 순일하게 하나가 되는 연습부터 꾸준히 하게 되면 바로 지금
이 자리에서 절대 현재의 영원을 사는, 언제 어느 때나 불국토에서 노니는
참사람이 될 수 있습니다.

—

선지식 탐방 中

서옹 스님 대한불교조계종 제5대 종정. 동국대학교 대학선원장, 무문관, 동화사,
백양사, 봉암사 선원 조실을 역임했다. 현재 백양사 고불총림 방장, 운문선원
조실로 참선 수행을 강조하며 '본래 자비심이 있는 참 모습을 깨닫기 위해 수행할
것'인 참사랑운동을 펼치고 있다.

큰절 승방의 댓돌 위에 반듯하고 정갈하게 놓인 고무신이 설법을 한다.
"진리는 따로 있는 게 아니다. 멀리 있는 게 아니다. 조고각하(照顧脚下), 지금 당장 네 발 밑을
살피라. 서 있는 바로 그 자리를 돌이켜 잘 살피면 거기에 진리가 있다."
평상심이 도(道)요, 바로 여기, 바로 그 자리에 진리가 있기에 수행자들의 일거수 일투족은
마(魔)가 범접할 빈틈이 없이 진리롭다. 신발을 벗어놓는 작은 일 하나까지도 수행의 일환,
깨달음을 참구하는 여정이다. 그 동안 몸 들어 온 느슨한 습관을 떨쳐버리고 항상 새로운 착으로써
정진수행하는 발심(發心)의 향기가 저 댓돌 위에도 깃들어 있는 것이다.

—

사진_ 윤명숙

기도는 될 때까지 하면 꼭 됩니다

기도를 하면 일단 마음이 안정되고, 그동안 알게 모르게 지어온 탐내고 성내고 어리석은 삼독심의 중생업장과 번뇌망상이 녹아내립니다. 자연스레 매사에 긍정하고 자신감이 생기고, 모든 이들에게 자비심으로 대하게 되어 주변이 다 편안해지니 갈등이 남을 여지가 어디 있겠습니까? 그게 바로 부처님의 가피이지요. 그러한 마음의 깨달음이 중요하고 소원 성취는 부수적으로 얻어지는 것에 불과한데 소원을 이루겠다는 마음이 꽉 찬 상태에서 욕심으로 기도하는 분들이 참 많아요. 그렇게 해서는 이루어지지 않습니다. 욕심을 버리고 '부처님의 대원력, 관음보살의 대원력을 닮겠습니다. 여태까지 지은 죄업을 참회하겠습니다.' 하는 마음으로 기도하고 '부처님의 원력을 실천하는 진정한 불제자가 되겠습니다.' 하는 발원으로 기도하다 보면 모든 일이 잘 되게 되어 있습니다.

—

화성 신흥사 주지·청소년수련원장 성일 스님 인터뷰 中

불교에서의 제사의 의미

불교에서의 제사의 의미는 참으로 크다. 우선 사람이란 육신과 정신이 모여서 하나가 되었을 때 사람이라고 한다. 육신은 지수화풍(地水火風) 사대(四大)가 모였다가 명이 다하면 흩어져버리고, 인연 따라 왔다가 인연 따라 헤어지니 가짜라 아니할 수 없다. 육신을 끌고 다니는 정신 즉 마음이 자기 주인이다. 그러고 보면 마음은 영원불멸하여 몸이 없어지면 다음 몸을 얻기 위해서 자기가 평소 지은 업연을 찾아 헤맨다. 명이 끝나고 7일 동안 다음 인연을 찾지 못하면 49일 동안 명부에서 심판을 받는다고 한다. 그래서 우선 49재를 꼭 지내야 하는 것이다. 정성껏 산 사람이나 죽은 영혼이나 살아서 죄를 다 녹이지 못하면 자손이 7·7재를 지내서 명부시왕전에 기도를 올리고 49일 되는 날 업연에 따라 각각 이승으로 태어나기도 하고, 죄가 중하면 지옥고를 받기도 하고, 중음신이 되어서 허공을 헤매는 귀신이 된다. 살아 있는 가족은 평소 착한 성품만 생각하고 좋은 곳에 태어났으리라 생각하지만 자기가 지은 죄업은 아무도 알 수 없다. 그래서 살아생전에 참회기도를 먼저 올리는 재를 생전예수재라고 하여서 윤달 든 해에 49일 동안 생전예수시왕칠재를 올려서 죄를 소멸하고자 사찰마다 엄숙히 봉행한다.

청우 스님(강릉 등명락가사 주지) 특집 제사 中

굶주린 범을 구해준 살타 태자

어느 해였던가, 가뭄으로 인해 모든 생명들이 말라 죽어 가고 있었다네. 메마른 젖을 빨고 있는 새끼호랑이와 어미호랑이도 굶주림으로 죽음을 기다리고 있었다네. 바람의 이끌림, 운명의 이끌림, 마침 그곳을 지나던 나라의 왕자님 그 측은함에 눈물을 흘렸네. 그리고 몸을 던졌다네. 그 성스러운 보살행에 차마 잡아먹을 수 없었던 호랑이에게 왕자는 검을 뽑아 살을 도려내어 호랑이에게 몸을 보시하였네. 하늘도 땅도 진동한 고귀하고도 성스러운 부처님 전생이야기.

Prince Sattva Who Saved a Tiger From Starving

One year all beings were being dried to death by a drought. A mother tiger with her baby sucking her empty breast helplessly were starving to death. Led by the wind and the karma, a prince of the country happened to pass by and shed tears at this miserable sight. He casted himself as a prey to starving tigers, which were so deeply impressed by the act of the bodhisattva that they could not eat him. Then the prince cut a piece of his flesh with his sword and gave it to the tigers. It was a precious and holy story of the Buddha's previous life that touched the heaven and the earth.

———

원성 스님 부처님의 전생 이야기(JATAKA) 中

왜 수행해야 하는가

무엇을 수행이라고 하는가? 수행은 닦음과 행함을 말합니다. 닦음은 마음을 닦음이며, 마음을 닦는 것은 분별망상을 버리는 것이고, 둘로 나누는 마음을 놓아 버리는 것이며, 일체 생각을 끊어 없애는 것이며, 자신이 살아온 인생을 던져 버리는 것이고, 자신의 생각의 틀을 깨 없애고 집착하고 있는 인연의 밧줄을 잘라 없애는 것입니다. 그래서 일체 생각이 끊어지고 모든 번뇌 망상이 사라져서 더 이상 일어날 마음이 없는 본래 적멸한 자리로 돌아가는 것입니다.

이 자리는 행이니 불행이니 높으니 낮으니 좋다 싫다 하는 등의 일체 경계가 없으며 너니 나니 하는 자타가 없는 자리입니다. 이 자리로 돌아가는 것이 마음을 닦음입니다.

― 1월호 혜봉 스님(명상아카데미 원장)

마음은 용감하게, 생각은 신중히, 행동은 깨끗하고 조심스럽게 하고, 스스로 자제하여 법에 따라서 살며, 부지런히 정진하는 사람은 영원히 깨어 있는 사람이다.

― 「법구경」

1999 25th

2천 년대를 앞둔 1999년은 불자들이 '왜 수행을 해야 하는가'에 대한 물음과 그 해답을 찾기 위한 방법으로 기도법, 수행을 돕는 게송, 오체투지 명상법(절수행) 등 '수행합시다' 시리즈가 다양하게 소개되었다. 또한 광덕 스님 열반으로 스님의 생애와 사상이 집중 부두 되었으며, 20세기 한국불교를 빛낸 스님들이 소개되었다.

300호 기념호 1999년 10월호

히말라야가 가르치는 것

『법화경』의 「비유품」에서 부처님이 이르기를 세상을 '불난 집(火宅)'이라 말씀하신 참뜻 또한 그렇다. 불난 집에 있으면서 머지않아 육신이 불타 비참하게 무간지옥으로 떨어질 줄도 모르고 천방지축 놀고 있는 철없는 어린아이 같은 나와 우리들의 모습이 히말라야에 가면 환히 보인다. 우리가 문패처럼 내거는 온갖 명분과 논리도 부처의 눈으로 보면 허깨비 같은 욕망의 껍데기일 뿐이다. 가령, 지난 번 조계종 사태에서 웃통을 벗어던지고 저잣거리의 싸움패들처럼 싸웠던 스님들의 명분은 어떠한가. 이 땅의 절이 대부분 산중에 자리 잡은 것도 산의 깊고 고요하고 흔들리지 않는 자태와 부처 가깝기 때문일 터이다. 그러나 스님들조차 어떤 분들은 단지 금칠이 된 부처상을 모실 뿐 산조차 바로 보지 못한다. 그런 분들에겐 히말라야에 가보라고 권하고 싶다. 영국의 사상가 존 러스킨은 일찍이 말했다. "산은 천연의 사원이다."

– 3월호 박범신(소설가)

꽃들에게 희망을

국선도를 수련하고 난 후 부처님의 말씀이 가슴으로 와닿기 시작하였습니다. 삶은 고해다. 모든 고통은 욕심에서 비롯되는 것이다. 욕심을 버리고 마음을 비워야 한다. 물질은 공이요, 공은 곧 물질이라…. 불도를 이루려 해도 몸이 없으면 할 수가 없습니다. 마음공부도 강인한 육체와 강인한 정신력이 불도를 이루는 데 훨씬 도움이 됩니다. 국선도는 인체의 원리와 우주의 원리에 맞게 과학적이고 체계적이며 합리적으로 이루어진 수련법으로, 우리의 육체와 정신을 증진시켜 줍니다. 이러한 국선도가 불교를 이해하고 발전시키는 데 많은 도움이 되리라 생각합니다.

– 8월호 이한성(국선도 강사)

창간25주년 기념호 1999년 11월호

"자비로 집을 삼고 인욕으로 옷을 삼고 항상 참회 발원하면 세상에 장애가 없습니다."

부처님께서는 『대승본생심지관경』에서 '참회는 번뇌의 땔감을 태우고, 천상에 태어나게 하며, 사선(四禪)의 낙을 얻고, 수명을 금강같이 늘이고, 삼계의 감옥을 벗어나게 하고, 가장 좋은 보소(寶所)에 이르게 한다.'는 등의 참회의 열 가지 공덕을 말씀하셨습니다. 언제나 참회하고 발원하는 마음으로 사는 게 중요합니다. 세상을 살다보면 뜻대로 되지 않는 일도 많고, 억울한 일을 당하는 경우가 있을 것입니다. 인과(因果)는 엄정합니다. 다만 눈에 보이지 않을 뿐이지 다 스스로 짓고 스스로 받는 것입니다. 진심으로 참회하고 부처님 말씀대로 살 것을 서원하면 모든 일이 잘 되게 되어 있습니다.

– 5월호 서울 칠보사 조실 석주 스님 인터뷰 中

내 생명 부처님 무량공덕 생명

본래 우리는 이미 성불이 되어 있는 것이고, 만인이 부처님으로서 존경받아야 될 사람들입니다. 남한테 존경받아야 할 뿐만 아니라 자기 스스로도 긍지를 가져야 합니다. 그렇게 믿고, 알고, 회향함으로써 완성의 길을 갑니다. 끊임없이 올바른 믿음과 회향을 통해서 그걸 실현해 가야죠. 만인은 모두가 부처입니다. – KBS TV '11시에 만납시다' 대담 중(1985년)에서

전법은 믿음의 실천이며 믿음의 수행이며 깨달음에 이르는 큰 길인 것을 알아야 하겠습니다. 만약 전법이 수행이 아니라고 한다면 그것은 부처님 말씀을 외면하고 불자의 본분을 망각한 망견이라 하겠습니다.

– 『생의 의문에서 그 해결까지』 중에서

불법은 행동으로써 법문을 듣는 것입니다. 일심으로 염불하는 가운데서 법문을 듣고 산하대지 가득한 진리 광명을 봅니다. 열심히 자기 일을 하고 보시를 하고 독경을 하고 기도하는 사람 그 모두는 법문을 실천하는 것이고 행하는 것이고 참으로 법문을 듣는 것입니다. – 『만법과 짝하지 않는 자』 중에서

밝은 얼굴, 기쁜 표정에서 그의 마음은 더욱 밝아지며 그의 환경과 앞길에는 희망과 성공이 여물어 가는 것이다. 그래서 불자에게 있어서 밝은 얼굴, 기쁜 표정은 어떠한 이유로도 지울 수 없는 영원한 자기표정인 것이다. – 『빛의 목소리』 중에서

반야는 무(無)다 공(空)이다라고 주장하는 데 의의가 있는 것이 아니고
진리생명 그대로 살고 행동해서 진리의 생명으로 역사를 꾸며가게 하는 데
그 뜻이 있습니다. 반야는 진리 그 자체를 긍정하고 전면에 드러내어서 큰
행동을 전개하도록 하는 것입니다. 그래서 대반야행은 보현행을 말하는
것입니다. 서로 존경하고, 찬탄하고, 감사하고, 기뻐하고, 공양하는 것이
바로 반야행입니다. - 『만법과 짝하지 않는 자』 중에서

윤회란 미혹에서 있는 말이며 미혹이란 없는 것을 있는 것으로 잘못 아는
것입니다. 그러므로 깨달음의 입장에서 보면 윤회란 찾아볼 수 없습니다.
그러나 미혹에서 벗어나지 못하면 윤회에서 벗어나지 못합니다. 미혹과
함께 끝이 없습니다. - 『삶의 빛을 찾아』 중에서

행복은 부처님께서 보이신 바 생명 진실을 믿고 생각하며 몸으로 행하는
가운데서 우리의 생활현장에 구체적으로 나타나는 현실임을 말하고자
하였다. 행복은 어떤 권능자가 주어서 얻어지는 과실은 아니다. 진실을
믿고 행하는 데서 어김없이 이루어지는 법칙인 것이다. - 『행복의 법칙』 중에서

—

광덕 스님 법문 어록 中

빛으로 돌아오소서

3월 3일 범어사 미륵전 앞에서 광덕 큰스님의 영결식이 여법하게 봉행되었다. 영결식이 시작되기 전부터 추모행렬이 운집, 영결식장은 물론이고 범어사 대웅전, 극락전 등 온 도량이 추모객으로 빼곡히 들어찼다. 식이 시작되기 전 범어사와 불광사 연합합창단은 광덕 큰스님께서 생전에 직접 작사하신 20여 곡의 찬불가와 창작국악교성곡을 큰스님 영전에 바쳤다.

10시 정각에 시작한 이날 영결식은 삼귀의, 반야심경에 이어 약력 소개, 광덕 큰스님의 생전 육성법문을 듣는 순서로 진행되었다. 간결하면서도 힘 있는 광덕 큰스님의 생전 육성법문이 살아 계신 듯 영결식장을 울리자 여기저기서 흐느낌이 커졌다. 생전 그토록 크고 넓었던 광덕 큰스님의 덕화를 회상하는 듯 눈을 감고 계시던 스님들 중에도 눈시울을 적시는 분들이 많았다.

불광사 연합합창단이 광덕 큰스님께서 직접 지으신 조가(弔歌) '빛으로 돌아오소서'를 올리니, 전 불자들이 함께 따라 부르며 '큰스님께서 이 땅에 다시 돌아오시어 그 크신 전법수행의 원력을, 그 힘찬 구국구세운동의 깃발을 다시 한번 힘차게 펼치실 것'을 간절히 염원하였다.

영결식을 마치고 11시 30분, 광덕 큰스님의 법구는 많은 불자들의 오열 속에서 천천히 움직였다. 범어사 산내 암자인 지장암에 마련된 다비장으로 향한 법체 뒤로는 문도와 장의위원, 비구, 비구니, 신도 등 추모행렬이

줄을 이었다. 1시간 여에 걸쳐 이어진 법구이운행렬에 금정산 자락은 때
아닌 인산인해를 이루었다.

오후 1시, 5천여 신도가 광덕 큰스님의 극락왕생을 발원하는 염불과
금강경, 법성게를 합송하는 가운데 거화(擧火) 신호가 떨어졌다.
신호에 맞춰 집행위원장인 성오 스님과 벽파, 백운, 양익, 홍교, 선래 스님
등 문중 대표 스님들이 20여 개의 솜방망이에 불을 붙였다. "스님,
불 들어갑니다. 스님 나오십시오." 하화(下火) 신호와 함께 다비대에
불길이 치솟자, 광덕 큰스님을 부르며 오열을 터뜨리는 불자들로 다비장의
정적은 스러지고, 스님들과 불자들은 이생의 옷을 벗으시는 큰스님의
마지막 모습을 '마하반야바라밀', '나무아미타불'을 염송하며 지켜보았다.
열반에 드시는 순간까지도 전법과 수행이 둘이 아님을 일깨우시며,
전법으로 최상의 보은을 삼으라는 간곡한 부촉을 잊지 않으셨던 광덕
큰스님께서는 대선지식으로 한 치의 소홀함도 없는 일생을 보여주신 후
그토록 자비롭게 살피시던 중생의 곁을 홀연히 떠나가셨다. 큰스님의
육신은 비록 가셨지만 그 빛은 찬란한 빛이 되어 우리 가슴 속에 남아
있다.

—

광덕 스님 영결식에서 다비식까지 中

어느 곳에서 편안히 쉬십니까?

금정의 산봉우리에 사자가 으르렁거리고

낙동강변에 뭇 학이 훨훨 날며

만년의 푸른 바위는 푸른 하늘에 우뚝 섰고

천년의 소나무는 흰 구름에 솟았도다.

문수의 지혜요 보현의 만행이며

포교를 잘하니 멋진 법의 등불이로다.

계행이 엄정하니 승단에 청정한 사표요

삼매선정에 들어 지혜가 매우 밝도다.

오는 것도 걸림없고 가는 것도 걸림없으니

오는 것인가 가는 것인가 둘 다 갈팡질팡함이 없도다.

이미 거래가 없어서 죽고 사는 것이 본래 없으니

바로 여기에서 스님께서는 환하게 알겠습니까?

나고 나도 나지 않음이여 천지를 삼키고

죽고 죽어도 죽지 않음이여 법계에 홀로 걷도다.

날씨가 좋고 따뜻한 봄놀이 시절에

금하 스님이시여 어느 곳에서 편안히 쉬십니까?

아악-

한 번 할을 하는 소리에 하늘문이 열리니

해와 달과 별들이 고금에 빛이 나도다.

주장자로 법상을 치고 내려오다.

―

혜암 스님(조계종 원로회의 의장) 추모 법어

수행을 돕는 게송들

미래에 행복을 가져오는 공덕을 쌓아야 한다.
보시와 적정행, 자비심을 닦아야 한다.
이 세 가지 공덕을 실천함으로써
현자는 고통을 받지 않는 안락한
세계에 태어난다.

– 이티붓타카 22

재가에 있을 때 수행승의 가르침을 듣고
청정한 진리, 평안, 불과의 경지를 보았습니다.
거기서 나는 아들, 딸, 재산을 버리고
출가하여 집 없는 상태에 들어갔습니다.
견습 비구니였을 때 바른 도를 닦아
탐욕과 노여움, 이로부터 일어나는
모든 번뇌를 단절하여 나의 전생을 보았습니다.
모든 것은 원인에서 생기고 괴멸한다.
일체의 형성된 것들은 '나', '나의 것'이
아니라고 보게 되어, 모든 번뇌를 버렸습니다.
저는 홀가분하고 평안해졌습니다.

– 사쿨라 비구니, 테리가타 98-101

—

편집부

염불로 소망을 성취하는 법

염불(念佛)을 글자 그대로 풀이해 보면 '지금[今]의 마음[心]이 바로 부처[佛]'라고 풀이됩니다. 즉 '염불하는 이 마음이 바로 부처다.'라고 계속 염하다 보면 어느덧 내 마음 속에 내재되어 있는 불성(佛性)에 공명되어 마침내 불성이 외부로 발현되는 것입니다. 염불할 때는 절대 긴장하지 않아야 합니다. 소리 자체를 턱 놔서 배를 울리게 합니다. 즉 단전으로 하라는 뜻입니다. 방성 때 주의할 점은 헛심이 새지 않도록 하며 폐로부터 나오는 공기가 전부 목소리로 바뀌어지도록 하여야 합니다. 목소리로 배, 척추와 명문혈 신장 부위까지 깊숙이 울려 주면 하단전에 진기가 회통하면서 뜨끈뜨끈한 기운이 아랫배를 감싸면서 온몸이 상쾌해집니다. 왜냐하면 이 상태에서 즐겁게 염불하면 안에 있는 나쁜 기(氣)가 밖으로 배출되기 때문입니다.

—

박혜원 원하는 대로 이루어지는 기도법 中

불자는 법으로 태어난 자다

불자가 법을 전하고 이웃을 밝히고 사회를 밝히고

날을 밝히고 역사의 밝은 기둥이 된다는 것은 의무다.

의무라기보다 불자의 살아있는 표시요,

불자라는 존재의 자연스러운 현상이다.

태양이 빛나지 못하면 태양이 아니다.

생명이 성장하지 못하면 그것은 죽은 자다.

불자가 법을 전하지 못하면 불자가 아니다.

불자는 법으로 태어난 자가 아닌가.

그의 생명은 여래공덕이요, 청정본성이요,

마하반야바라밀이 아닌가.

그는 시간과 공간과 일체생명과 진리를

하나로 묶어 밝고 지혜롭고 따뜻하고 너그럽게

일체의 아름다움을 실현하고 있는 자가 아닌가.

전법이 우리의 생명의 표현인 것을 다시 확인하자.

—

광덕 스님 명상언어집 中

佛光紙齡三百號留念

佛日增輝

如初居士金膺顯

여초 김응현(동방연서회장)

일린 불팡 300호 발행을 죽하합니다

- 1999년 10월호

월간 불광 300호 발행을 축하합니다

불광이 불광으로 25년을 살아왔다. 불광이 있으므로 희망의 문이 열렸다.

불광이 있으므로 평화의 땅이 넓어졌다.

불광이 있으므로 생명의 뿌리가 튼튼해졌다.

또다시 불광이 불광으로 살아가길 빈다.

– 도법 스님(실상사 주지)

나날이 발전하시고 부처님의 자비 광명이 온누리에 비치게 하소서.

– 김용림(탤런트)

"오, 불광이여, 광덕 대선사이시여!!" 길 아래 두 돌부처 벗고 굶고

마주서서 바람, 비, 눈서리를 일년 내 맞을 망정 평생에 이별이 없으니

그를 좋아하노라. 불광이여, 영원하라.

– 현성 스님(중앙승가대학교 총장)

오직 님만이 간파하신 우주의 신비에 몰입한 나

생명의 근원 우주의 중심에 서서 나를 본다.

불광이여 날개를 활짝 펴고 21세기 새천년 한국불교의 선두에서

세계로 우주로 자연의 섭리 따라 발걸음을 재촉하소서.

종덕수복(種德收福) 세세상행(世世常行) 보살도(菩薩道)를 성취하소서.

– 도진 스님(직지사 중암 주지)

―

축하메시지 中

祝 創刊二十五周 金井山人 昔珠

佛光普照

석주 스님(조계종 원로회의 의원)

창간 25주년을 축하합니다

월간 「불광」은 이름 그대로 부처님 광명을 널리 전하는 잡지이니
불광보조(佛光普照)라는 말로 「불광」 25주년을 축하하는 바입니다.
월간 「불광」을 창간한 광덕 스님만큼 수행 잘하고 전법 잘하고 큰
원력을 세운 스님이 없습니다. 광덕 스님의 뜻을 올곧게 이어서
영원히 부처의 말씀을 널리 전하는 한국불교 최고의 전법지로서의
사명을 다하리라 믿습니다 무쪼록 부처님 법을 펴는 전법행자,
보현행자의 서원을 늘 새롭게 다짐하면서 월간 「불광」을 만드는 이나
보는 이나 모두가 등불이 되어 세상을 아름답게 밝히길 기원합니다.
- 1999년 11월호 석주 스님

불교, 내일을 위한 제언 25

승가 교육 근본부터 다져야 한다

부처님께서는 잡아함경에서 "중생의 복전인 종교인은
오개(五蓋:탐욕과 성냄, 혼침과 들뜸, 그리고 의심의 뚜껑)를 걷어내고
오분법신(五分法身:계율, 선정, 지혜, 해탈, 해탈지견의 몸)을 성취한
덕성을 갖추어야 한다. 이런 사람은 중생의 복전으로 존경과 보시를
받을 자격이 있다. 이런 이에게 보시하면 큰 과보를 얻을 수 있다."고
말씀하셨다. 오늘날 우리 종단을 생각하니 짐짓 착잡하다. 불법(佛法)을
널리 전하여 세상을 평화롭게 하려면 출가자 교육에 더욱 힘써야 한다.
근본부터 다져야 한다는 말이다. 지난 세월 격동의 역사 속에서 종단
또한 흔들림이 많았고, 그 와중에서 승가교육이 제대로 이뤄지지 않았던
게 사실이다. 지금부터라도 교육을 착실하게 시키면서 교육과 수행의
양 수레바퀴를 여법하게 굴리는 출가자를 양성하면 불교발전은 저절로
이루어질 것이다.

- 명성 스님(운문사 승가대학 학장)

승과고시(僧科考試)를 시행해야 한다

불교라고 할 때 모든 사람들이 가장 먼저 떠올리는 것은 부처님도 아니고 부처님의 가르침도 아니다. 대다수의 사람들이 스님들을 먼저 생각한다. 그렇다. 스님들은 불교의 중심에 서 있다. 그러므로 불교를 발전시키려면 스님들의 실력과 자질을 향상시켜야 한다.

스님들의 실력과 자질을 끌어올리려면 교육이 우선되어야 하고, 억지 교육이라도 시키려면 승과고시를 부활해야 한다. 승과고시를 철저히 시행해서 사미계나 비구계를 받을 때처럼 스님들이 가장 좋아하는 중앙의 원장, 부장, 국장, 본말사 주지, 칠직 등등의 소임을 맡을 때는 언제나 그 지위에 해당하는 고시에 합격한 스님을 먼저 임명하도록 하는 법규를 철저히 지켜서 시행한다면 너도 나도 공부를 하게 되고 그런 과정에서 여타의 실력과 스님으로서의 품격도 향상되리라고 믿는다.

– 무비 스님(은해사 승가대학원장)

자기정체성 확립과 더불어 세계화 속에 능동적인 대처가 필요하다

교통, 통신의 발달로 전 세계가 일일생활권으로 편재되면서 모든 민족·국가·종교가 하나의 열려진 공간 속으로 내던져지고 있다. 이런 시대에 한국불교는 자기정체성을 유지하면서도 세계화 속에서 어떻게 능동적으로 대처해 갈 것인가가 큰 과제이다. 첫째, 연기적 세계관의 확립이다. 서로 다른 것들이 모여 조화와 균형을 이루는, 즉 서로 살리는 상생의 세계관을 새로운 문명의 비전으로 제시한다. 둘째, 물질주의, 욕망, 소비주의 등이 빚어낸 환경파괴, 자원고갈, 빈부격차 등 지구적 위기를 명상, 무소유, 청빈생활을 통해서 극복해 가는 새로운 삶의 방식을 제시한다. 셋째, 아직도 기아, 질병, 문맹의 고통 속에서 허덕이는 13억 이상의 인류에 대한 자비실천운동을 전개한다. 넷째, 20세기 내내 100년 동안 외세의 침략과 민족분단으로 고통받았던 민족의 수난을 완전히 극복하고 21세기에는 민족의 화해와 통일을 이룩한다. 다섯째, 수행, 봉사, 보시의 실천행으로 스스로 행복하고 사회에 헌신하고 자연을 보호하는 보살의 길을 시민운동(NGO)의 새로운 모델로 제시한다.

– 법륜 스님(정토회 지도법사 겸 월간 「정토」 발행인)

월간 「불광」 창간 25주년 기념 특집 中

경허(鏡虛) 스님

비뚤어진 것은 비뚤어진 대로 곧다.

비뚤어진 나무는 비뚤어진 대로 곧고, 찌그러진 그릇은 찌그러진 대로 반듯하며,
불량하고 성실치 못한 사람은 그대로 착하고 성실함이 있느니라.

수월(水月) 스님

도를 닦는다는 것이 무엇인고 하니, 마음을 모으는 거여. 별거 아녀, 이리 모으나
저리 모으나 무얼 혀서든지 마음만 모으면 되는겨. 하늘천 따지를 하든지 하나들을
세든지 주문을 외우든지 워쩌튼 마음만 모으면 그만인겨.

용성(龍城) 스님

마음 가는 곳에 부처님 계시니 일과 이치에 불공(佛供)하라.

만해(萬海) 스님

세상사람들은 성공과 실패를 따라 일을 하려 든다. 그러나 그것은 잘못되었다.
성공과 실패보다도 그 일이 옳은 일인가, 그른 일인가를 먼저 분별하여야 한다.
그 일이 설령 실패한다고 하여도 부끄럽지 않은 옳은 일이라면 용감하게 그 길로 가라.

만공(滿空) 스님

내가 이 산중에 와서 납자(衲子)를 가르치고 있는 지 40여 년인데, 나를 찾는 이가
적지 않았지만, 찾아와서는 다만 내가 사는 집인 이 육체의 모양만 보고 갔을 뿐이요,
정말 나의 진면목(眞面目)을 보지 못하였으니, 나를 못 보았다는 것이 문제가 아니라,
나를 못 보는 것이 곧 자기를 못 본 것이다.

석전(石顚) 스님

들쑥날쑥하는 뜬 구름 같은 생명을 잘 구원함이 대장부의 마땅한 대업이다.
이와 같이 하지 않고 만일 초금적 배움에 편승하여 그 뜻이 밝지 아니하고
고매하지 아니하면 비열한 자기 생명에 마음의 눈이 암담하여 거친 골짜기에
작은 집을 짓는 것과 같다.

한암(漢巖) 스님

도(道)가 본래 천진하면 방소(方所)가 없어서 실로 가히 배울게 없다.
만일 도를 배운다는 생각이 있다면 문득 도를 미(迷)함이 되나니,
다만 그 사람의 한 생각 진실됨에 있을 뿐이다. 또한 누가 도를 모르리오마는,
알고도 실천을 하지 않으므로 도에서 스스로 멀어지게 되느니라.

만암(曼庵) 스님

탐업(貪業)은 바로 일만 장애문의 근원이 됨을 철저히 체득할진저.
그리고 끝으로 번뇌가 바로 보리의 행임을 통달하지 못하면
또한 한 방망이를 면치 못할 것이다. 하하, 이것이 무엇이냐?

석우(石友) 스님

망상(妄想)을 말라.

금오(金烏) 스님

불자들이여! 불법은 다만 마음을 돌려 비춰보는 데 있는 것이니 마음을
반조(反照)하지 못하면 바깥 물(物)에 쫓기고 전도(顚倒)되어 억겁토록 고향엘랑
돌아가지 못해 부자유함이 한정없을 것이니 그 괴로움을 어떻게 감당할 것인가.

고봉(古峰) 스님

남의 집 부처를 건드리지 말고
자성(自性) 속에서 법(法)을 구하라.

동산(東山) 스님

감·인·대(堪·忍·待)
견디고 참고 기다리자.

효봉(曉峰) 스님

사람마다 그 발밑에 하늘 뚫을 한 가닥 활로 [—通天活路]가 있는데, 대중은 과연
그 길을 밟고 있는가? 아직 밟지 못했다면 장님과 같아 가는 곳마다 걸릴 것이다.
그러나 한번 그 길을 밟으면 이른바 칠통팔달이요, 백천 가지를 모두 깨달아 밝히지
못할 것이 없고 통하지 못할 이치가 없을 것이다.

청담(靑潭) 스님

누에가 제 입으로 실을 내고 번데기가 되어서 고치 안에 갇히듯이 사람도 전부
천당이나 지옥도 제가 만들어서 구속되고 얽혀 있으므로 이런 윤회에서 해방되어
자유로울 수 있도록 사람을 지도하는 것이 부처님 가르침이다.

전강(田岡) 스님

금일 대중들에게 분명히 이르노니 백천만겁은 몸으로써 보시할지라도
소소영영한 주인공인 본각(本覺)을 얻은 것만 같지 못하리라.

해안(海眼) 스님

아무리 미련하고 못난 사람이라도 칠일이면 도를 성취한다. 칠일 동안 공부하는
사람답게 목숨을 내걸고 철저하게 정진한다면, 기필코 영원한 보배를 얻게
된다. 죽기로써 대들어야 영원한 살길이 열리지 어설피 살려고 버둥대면 오히려
죽게 된다는 진리를 깨달아야 한다.

운허(耘虛) 스님

경학(經學)은 마치 콩나물을 기르는 것과 같아서
들으면 잊고 들으면 또 잊어 남는 게 없다.
그러나 꾸준히 바치면 나중에 차츰 무엇이 보이고 들릴 것이다.

묵담(默潭) 스님

마음속에 사심(私心)이 있으면
극락일지라도 가시가 돋아나고,
마음속에 사심(私心)이 없으면
지옥일지라도 연꽃이 피어나도다.

경봉(鏡峰) 스님

사람과 물질에 너무 집착하지 말고 사바세계를 무대로
연극 한 마당 멋들어지게 하다 가거라.

구산(九山) 스님

아침 저녁으로 부지런히 수행하는 사람은 진성(眞性)이 발명하여 중생들을
이익케 하니, 콩을 심으면 콩이 나고 외를 심으면 외를 따듯이 그 인과(因果)가
털끝만큼도 틀림이 없으니 법다이 수행하여 범부를 고쳐서 성인을 이루고
지상의 낙원을 성취하는 것이 옳지 않겠는가.

탄허(吞虛) 스님

공부를 한다는 것은 분명히 밝히지만 연습이 아니다. 당대에 무아(無我)가
되자는 발심을 해야 한다. 무아의 경지를 볼 수 있으면 더욱 좋고 보지 못한다고
해도 공부는 분명히 내생에 훨씬 뛰어난 것을 만드는 인(因)이 된다.

혜암(惠菴) 스님

일체 중생이 나고 죽을 때 육체만을 보고 나고 죽는다 하지만, 생(生)과
사(死)는 본래 없는 것이다. 개개인의 그 신령스럽게 비치는 불성(佛性)은
일체 중생이 고금(古今)을 통하여 그것을 수용해 오지마는 아무리 써도 다하지
않는 것이니, 이것이 개개인이 본래 갖추고 있는 참 면목인 것이다.

고암(古庵) 스님

마음이 깨끗하면 온 세계가 깨끗하다. 이 마음 광명은 언제나 새해, 새마음이며
생로병사, 우비고뇌(憂悲苦惱)가 없어 언제나 남을 미워하거나 시기하지
않는다. 부처님의 가르침에 따라 언제나 새마음을 일으켜 사섭법(四攝法)을
실행하면서 잘 살아가자.

자운(慈雲) 스님

예경으로 토양을 삼고, 참회로 거름을 삼으며, 계율로서 울타리를 삼아 싹을
틔우는 인(因)을 만들고, 예경과 참회, 지율지계로 정진하는 바 제불이
환희하고 감응하니 바로 빛과 공기로 증장의 연(緣)이 되는 바다. 예경과
참법을 선양하고 율풍을 진작함이 불법증흥의 근본이라 여김이 이에 있다.

성철(性徹) 스님

자기를 바로 봅시다.
자기는 본래 순금입니다.
욕심이 마음의 눈을 가려 순금을 잡철로 착각하고 있습니다.
나만을 위하는 생각은 버리고 힘을 다하여 남을 도웁시다.
욕심이 자취를 감추면 마음의 눈이 열려서, 순금의 자기를 바로 보게 됩니다.

광덕(光德) 스님

본래 우리는 이미 성불이 되어 있는 것이고,
만인이 부처님으로서 존경받아야 될 사람들입니다.
남한테 존경받아야 할 뿐만 아니라 자기 스스로도 긍지를 가져야 합니다.
그렇게 믿고, 알고, 회향함으로써 완성의 길을 갑니다.

—

20세기 한국불교를 빛낸 스님들

2000~2009   빛으로 행하는 길

새천년을 맞은 2000년대로 들어서면서 불교에 대해 체계적이고 학술적인 접근을 시도했다. 또한 불교문화를 지키고 발전시켜나가는 사람들에 대해 집중 조명한 시기이기도 하다. 또한 사회적 이슈에 대해서도 시선을 확대해 용산 참사, 노무현 전 대통령 서거, 사람·생명·평화를 위한 시국법회까지 들여다보며 사회변화 속에서 불교가 나아갈 방향을 제시하고자 했다. 내적인 변화뿐 아니라 외형적인 변화로는 2005년에 판형과 2008년에 표지디자인이 바뀌면서 새로운 변화를 시도했다.

금하 광덕 스님 추모시

高高峰頂湧上雲

光明萬古照乾坤

德厚道深金河堂

削髮染衣成本事

높고 높은 봉우리는 구름 위에 솟고

만고에 밝은 빛은 천지를 비추도다

덕은 두텁고 도는 깊으신 금하당이시여

삭발 염의하시고 본분사를 이루소서

─ 2월호 현장 근일(玄峰勤日) 스님

2000 26th

불교의 복지관, 세계관, 인간관이라는
학술적 주제를 선정해 각 학파별로
학자들의 설명을 실어, 불교에
대해 체계적이고 학술적인 접근을
시도했다. 또한 광덕 스님의 열반
1주기를 맞아 2월과 3월 두 달에
걸쳐 광덕 스님의 사상적 특성과
불광운동의 의의를 짚어보았으며,
달라이 라마의 메시지와
티베트인권독립회의를 취재하는 등
티베트에 관심을 보였다.

행복하고 평화롭고 조화롭기를 바란다면

미래 세상을 더 나은 세상으로 만들기 위해
올바른 노력을 기울이고자 한다면 저는 다음과
같은 것들이 매우 중요하다고 믿습니다.
물질적인 발전을 도모하고 신체적인 행복을
추구하는 가운데서도 우리는 마음의 평화를
이루어내고 인간 존재의 내면적인 것을 돌보는
데 똑같은 관심을 기울여야만 합니다.
─ 3월호 새천년 달라이 라마의 메시지 中

염불 명상

염불 수행은 본래 부처님 당시로 올라갑니다. 부처님이 옆에 계실 때와 같이 계속해서 공부를 하고 싶으나 스스로 공부가 잘 안 되는 사람도 있었는데 이때 부처님께서는 나를 떠올려서 나를 생각하고 내 가르침을 생각하라 하셨습니다. 즉 석가모니 부처님 당신을 생각하고 당신의 법을 생각하고 명상하라 하셨는데 이것이 글자 그대로 염불(念佛, 부처님을 생각함)입니다. 그래서 사람들은 부처님을 떠올려서 부처님께서 정진하시는 모습과 자비로운 모습과 가르치는 모습을 명상 관하면서 부처님 가르침과 부처님께서 살아가시는 모습을 잊지 않고 명상하는 것으로 본인들도 부처님과 같이 수행정진하는 것으로 삼았습니다.

– 8월호 혜봉 스님(명상아카데미 원장)

귀의(歸依)의 원형적인 표현

나모 다타갓다스 아라핫도 삼마 삼붓다스(namo tathāgatassa arahato sammā-sambuddhassa). 주요한 불교의 초기경전들은 팔리어라는 인도의 방언으로 기록이 되어 있는데, 지금도 스리랑카, 미얀마, 태국 같은 데서 이 언어로 불교경전을 지송하고 있습니다.
'나모 다타갓다스 아라핫도 삼마 삼붓다스'는 '나무 여래·응공·정등각자께 귀의합니다.'라는 뜻입니다. 이것이 귀의(歸依)의 가장 원형적인 표현입니다. 한문으로는 '나무여래응공정등각자(南無如來應共正等覺者)', 우리말로는 '그렇게 오신 동등하신 바르고 원만하게 깨달으신 분께 귀의합니다.'가 됩니다.

– 1월호 최봉수(동국대학교 교수) 부처님 생애 中

무여 스님

선(禪)은 해도 되고 안 해도 되는 것이 아닙니다

"부처님께서는 모든 중생이 부처님과 똑같은 지혜와 덕성을 갖추고
있다고 하셨지요. 불자라면 누구나 그 말씀을 진실되게 믿고 수행해야
합니다. 우리의 본바탕은 부처님과 다르지 않습니다. 끝없는 옛적부터
윤회하면서 쌓은 업 때문에 본래면목이 드러나지 않은 것일 뿐입니다.
불교는 가장 현실적이고 가장 가까운 데에서 느낄 수 있는 것입니다.
일거수일투족 불법(佛法) 아닌 것이 없습니다. 풍요로운 세상이 되고
과학문명이 발달한 세상일수록 불교적인 수행이 절실합니다. 선은 해도
되고 안 해도 되는 것이 아닙니다. 반드시 해야 되는 것입니다. 선수행으로
자기를 알고, 자기와 남이 둘이 아니고, 인간과 자연이 둘이 아닌 이치를
자연스레 터득할 때 인간의 뿌리 깊은 괴로움에서 벗어날 수 있고 진정한
행복, 영원한 행복을 누릴 수 있습니다."

—

교해선림 中

무여 스님 경북 봉화 문수산 축서사 주석. 상원사·동화사·송광사·해인사 등
제방선원에서 20여 년 동안 수선 안거했으며, 칠불사·망월사 선원장을 역임했다.
현재 조계종 기초선원 운영위원장으로서 간화선의 가풍을 새롭게 정립하는 데
힘을 쏟고 있다.

보성 스님

이기심을 버리면 모든 장벽이 스러집니다

"삼독심과 이기심은 인간의 본 마음이 아닙니다. 수행을 통해 인간의
본 마음을 회복해야 합니다. 인간의 본 마음을 찾는 것이야말로 종교적인
이상을 실현할 수 있는 길이며, 깨달음을 얻는 길이며, 나 스스로를 살리고
이웃을 살리고 민족을 살리고 나아가 인류를 살리는 길입니다. 또한 본
마음을 회복하면 옆에서 말려도 자연스럽게 지혜와 자비행이 샘물처럼
솟아나기 마련입니다. 누가 시키지 않아도 말 한마디 행동 하나하나가
지혜와 자비로서 일관되게 되어 있습니다. 세상이 아무리 복잡하다 해도
지혜와 자비행 앞에는 장사가 없습니다. 지혜와 자비행을 실행하면 모든
장벽이 저절로 스러지게 마련입니다."

―

특별법석 中

보성 스님 순천 송광사 조계총림 방장. 조계종 원로위원, 재심호계위원이며 조계총림 전계대화상을 역임한 율사다.
종단 단일계단의 기초가 되는 행자교육원 설립 등 종단 위계를 세우는 데 큰 기여를 했다.

선(禪)의 인간관

선은 자각의 종교라 할 수 있다. 인간 누구나가 자각의 가능성을 내포하고 있다는 것은 모든 불교에서 주장하는 말이다. 그러나 그 가능성이 현실로 드러나 있음을 깨우쳐 아는 것이 진정한 자각의 모습이다.

일상생활에서 유용하게 쓰고 있는 물건 가운데 거울을 보자. 거울 앞에 선 나의 영상은 눈썹 하나 빼놓지 않고 역력히 비춘다. 그 거울 속의 나는 참나가 아니듯이 거울 앞에 선 나 또한 가아(假我)인 것이다. 참나는 진공(眞空) 가운데 있다. 이 공은 안·이·비·설·신·의의 작용을 원활히 하고 유기물에 이르기까지 존재하게 하는 실상의 묘리인 것이다.

이와 같이 중생과 부처가 다르지 않다는 생불불이(生佛不二)라 해도 거기에는 구체적인 인간이 실재하지 않으면 무의미하다. 그 한가운데 실재하는 인간은 곧 생명으로 가득한 인간이다. 그 생명은 자각한다고 늘어나는 것도 아니고 무자각한 상태로 남아 있다 해도 줄어드는 것이 아니다. 있는 그대로의 본래성품으로 작용한다. 단지 그것을 스스로가 좌선이라는 수행을 통하여 체험하는 것이다.

—

현각 스님(한국선학회 회장) 특집 불교의 인간관 中

호명 스님

수행의 궁극적 목표는 자비보살행입니다.

"고통 받는 사람들을 생각하며 살 수 있어야 합니다. 자비로운 마음을 회복하지 않으면 제대로 사는 것이라고 할 수 없어요. 공부를 하다 보면 고통받는 저이들의 마음과 하나가 됩니다. 어떤 방법으로든 돕지 않을 수 없어요. 자비보살행이 저절로 물씬 물씬 나오게 되지요. 어렵게 설명할 것도 없습니다. 소우주라고 하는 이 몸을 보세요. 이 몸이 봉사행, 자비보살행으로 구성되어 있잖아요. 이 입이 봉사해서 머리카락도 만들고 손톱 발톱도 만들고… 발이 봉사해서 가고 싶은 대로 가고, 이 손이, 이 머리가 봉사해서 모든 일을 할 수 있지 않습니까? 이렇게 봉사하는 것이 자연스러운 이치인데 제 편한 대로 살려고 하니 온갖 불행이 생기는 것입니다. 부처님께서 일찍이 말씀하셨듯이 이 세상은 서로서로 연관되어 있는 연기법으로 이루어져 있고, 모든 만물이 한 몸뚱이인데, 언제부터인가 자연과 내가 둘이라는 잘못된 편견이 생겨 온갖 불행을 빚어내고 있슈니다. 둘이 아닌 그 도리를 알게 하여 저절로 자비보살행이 드러나게 하는 작업이 바로 수행의 궁극적 목표입니다."

—

교해선림 中

호명 스님 경남 양산 통도사 시탑전 주석. 천성산 조계암에서 22년간 홀로 수행했고 내원정사 조실을 역임했다. 현재 통도사 시탑전에서 선공부하는 모임을 이끌면서 불자들의 마음문을 열어주고 있으며, 전국 각지의 대중들에게 초청법문을 해주고 있다.

웹진 월간 「불광」 1주년 맞이 새 단장

광덕 큰스님의 바라밀 사상을 모토로 선지식들의 사자후를 담아 온 월간
「불광」이 사이버 세계에 그 빛을 편 지 1주년을 맞이했습니다. 「불광」은
새로운 가능성을 모색해 왔던 그 뜻 깊은 1주년을 맞아 내용과 디자인을
대폭 개편하고 새롭게 태어났습니다. 가장 실감나게 변화를 느낄 수
있는 부분은 바로 디자인입니다. 이번에 개편된 디자인의 주된 목적은
보다 편리하게 기사를 검색할 수 있도록 하는 데 초점을 맞추었습니다.
원하는 기사를 쉽게 검색할 수 있도록 로고 바로 밑에 검색창을 달았으며,
'이번호 보기', '지난호 보기', '다음호 보기' 순으로 기사 검색의 편리성을
도모했습니다. 특히 경전자료 검색 코너에서는 고려대장경연구소에서
제공하는 '고려대장경'과 '불교용어사전', 동국대학교 전자불전연구소에서
제공하는 '한국불교전서', 국내에서 가장 많은 불서를 소장하고 있는
동국대학교 중앙도서관 '도서검색' 창 등을 한 페이지에 모두 배치해서
이들 모든 데이터들을 검색할 수 있도록 했습니다. 지난 26년 동안 월간
「불광」은 한국 현대 불교의 지성사를 기록해 왔습니다. 이제 월간 「불광」은
그 오랜 세월 동안 축적된 귀중한 선지식들의 옥고를 바탕으로 한국불교
최고의 내용을 제공하는 웹사이트로 거듭 발전할 것을 다짐합니다.

—

서재영(불광 웹지기) Cyber Bulkwang 1주년 中

명성 스님

마음 잘 쓰는 데에서 불가사의한 도리가 나옵니다

어느 여름날 개울가에서 책을 읽다가 뱀이 기어가는 것을 보았는데
일견 징그럽기도 하고 무섭기도 했지만 측은한 마음이 더 컸다. '축생의
몸을 해탈했으면 좋겠다.'는 생각이 들어 뱀을 위해 지극한 마음으로
책을 읽었다. 그런데 신이하게도 곧바로 그 자리에서 뱀이 죽은 것이다.
지금껏 그 순간 우연의 일치로 뱀이 죽었는지, 책을 지극하게 읽으면서
뱀의 이고득락(離苦得樂)을 기원한 공덕으로 몸을 바꾸게 되었는지 알
수 없지만 그 때 그 일은 지금껏 산 교훈으로 자리 잡았다. "매사 정성을
들이는 것이 가장 중요합니다. 지극정성으로 행하면 반드시 뜻하는 바를
이룰 수 있습니다. 마음을 잘 쓰는 것이 복 중의 제일이요, 언제 어느 때나
진실하게 임하면(卽事而眞) 만사가 형통입니다."

—

교해선림 中

명성 스님 1970년 청도 운문사 승가학원 강주로 취임, 1987년 학장으로 취임해
현재 운문승가대학장으로 30여 년을 한결같이 후학양성에 힘쓰고 있다. 운문사
8, 9, 10, 11, 12대 주지를 겸임하면서 운문사를 대가람으로 중창했다. 제4회
조계종 포교대상 공로상을 받았으며, 저서로 『초능변식의 연구』, 『불교학논문집』,
『삼능변식의 연구』 등이 있다.

스스로 주인공이 되라

임제 스님 말씀에 수처작주(隨處作主)라는 말씀이 있습니다.
처처에 주체성을 살려서 자신이 주인공의 위치를 탈취하라는
뜻입니다. 그렇게 되면 하는 일마다 모두가 참됩니다.
무엇이든지 자기 일이라고 생각하고 임할 때 그 일을 열심히 하는
법입니다. 열심히 한다고 하는 것은 그 일을 대상으로 파악하지
아니하고 자기와 하나가 되는 것입니다. 대상을 자기 가운데 하나로
만드는 데서 일의 능률도 창의성도 나타납니다. 아무리 재미없는
일이라 하더라도 생각을 바꾸고 일하는 방법을 연구해서 일에 임할
때 그가 일하는 직장이 빛나는 것입니다. 이것이야말로 임제 스님이
말씀하신 주인공적인 생활방식이라 하겠습니다.

– 5월호 광덕 스님

2001 27th

만행, 출가, 초발심, 도반 등
수행자들의 삶에 포커스를 맞추어
구성했다. 주제에 따라 스님과
재가자가 쓴 에세이가 실렸으며,
불교문화를 지키고 발전시켜 나가는
사람들에 대해 집중 조명하면서
잡지를 통해 독자들과 활발한
의사소통을 하고자 노력했다.

진정한 도반

도반이란 세속의 일상에서처럼 서로
묶이는 관계가 아니다. 그저 따로
공부하면서도 남이 아닌 일체감으로 같은
길을 가는 영혼들, 분명 전생으로부터
이어진 공부의 인연을 이어서 대장부의
할 일을 마치기 위해 다시 만나는
사이일 것이다. 그들 사이에는 더 이상
이해타산이나 번질거리는 욕심이 있을 수
없다. 다만, 공부에 대한 발심과 분심으로
서로 경쟁할 수는 있으리라.

– 8월호 김인경(조선대 미술학부 교수)

내 고향

풍랑이 쉬 바다 삼라만상 비추듯
무수한 세계 바로 큰 도량이다
나는 교(教)를 전하기에 급하고
그대 또한 참선하기 바쁘다

진의를 얻으면 두 가지 다 아름다우나
정에 매이면 둘을 다 잃는다
원융함에 어찌 취사(取捨)가 있나
법계(法界)가 바로 내 고향인 것을.

海印森羅處 / 塵塵大道場
我方傳教急 / 君且坐禪忙

得意應雙美 / 隨情卽兩傷
圓融何取捨 / 法界最吾鄉

- 1월호 선심시심, 대각국사 의천(義天, 1055-1101)의 시

공양의 공덕

공양(供養)이라는 말은 국어사전에 따르면, 웃어른이 평안하도록 보살피어
잘 받드는 일, 절에서 부처님 앞에 음식물을 올림, 스님들의 식사 등을
말한다. 하지만 원래의 이 단어는 팔리어 푸자(puja)를 번역한 말인데,
경의, 예배, 헌신적인 보살핌 등의 뜻을 갖고 있다. 그리고 푸자는 아미사
푸자(amisa-puja, 財供)와 담마-푸자(dhamma-puja, 法供)로 구분한다.
예로부터 인도에서는 물질적인 공양과 정신적인 공양 둘이 동시에
이루어졌다. 재가자는 자신이 행하지 못하는 범행(梵行)을 출가자가 대신해
주기 때문에 출가자에게 필요한 물품을 공급해 주고, 출가자는 자신이
수행하여 터득한 진리를 재가자에게 베풀어줌으로써 종교적으로 상호
작복(作福)과 복전(福田)의 기회를 제공해 주고 있다.

- 5월호 마성 스님(스리랑카 팔리불교대학교 한국분교 교수)

동희 스님

마음의 소리길

"헤아릴 수 없는 불보살님의 가피로 외로이 범패의 계승발전에 평생을
바쳐 오신 송암 스님의 문하에서 전통적인 불교의식을 전수받게 된
것을 늘 고맙게 여깁니다. 스님의 그 큰 뜻을 이어 앞으로도 후학들을
지도하면서 미약하지만 영취산에서 부처님의 설법을 듣고 만물이
환희심을 일으킨 참된 그 뜻이 우리 불교인들뿐만 아니라 우리 민족,
더 나아가 세계인류에게 전해지도록 해야지요."

영산재의 범패(부처님을 찬탄하는 소리)와 착복(着服, 作法이라고도 하며
범패에는 바라춤, 나비춤, 법고춤, 타주춤 등 반드시 춤이 따른다.)은 다른
불교국에서는 찾아볼 수 없는 우리의 전통소리, 전통무용의 원형으로
1973년 중요무형문화재 제 50호로 지정되어 한국불교 태고종 영산보존회
주최로 매년 단오날 봉원사에서 시연회를 봉행하고 있다.

—
우리 스님 中

동희 스님 중요무형문화재 제 50호 영산재 이수자. 송암 스님 문하에서 영산재
의식절차를 전수받았다. 1970년 초부터 영산재보존회 부설 범음대학교수,
서울대학교와 동국대학교, 예술종합대학과 운문승가대학에서 범패와 작법을
지도했다.

나의 초발심은 언제나 하심(下心)이다

초발심 시절 내가 불교에 대해 느낀 것은 불교야말로 인간을 인간답게
만드는 종교라는 생각이다. 그 때부터 불교에 대해 환희심이 났고 불교를
알게 된 것에 감사를 느끼게 된 것이다. 나의 불교관은 너무도 간단하고
쉽다. 그리고 실천할 수 있는 말씀만 마음에 새겨 산다. 어느 날 어떤
스님이 나에게 "모든 것은 인연법에 의해 오고가는 것입니다."라고
했다. 그 후 그 말씀대로 산다. 어려운 일, 슬픈 일이 일어나면 '원래
내 일이었으니까 내게로 왔겠지' 하며 그대로 받아들인다. 그러다보니
매사가 편안해지고 크게 고민할 일이 없다. 그래서 불자가 된 것에 대해
늘 감사한다. 부처님과 불교는 이제 내 마음의 중심으로 자리 잡았다.
언제부터인가 나에게는 하심이라는 단어가 계속 떠오른다. 그래서 절을
할 때도 하심 하는 마음으로 온 몸을 바닥에 꼭 붙여본다. 부처님의
가르침이 하심에 다 들어있지 않나 느끼면서. 이제는 내 마음 속에 하심을
심겠다. 나의 초발심은 언제나 하심이다.

—

고영을(탱화작가) 특집 초발심 中

월운 스님

제 할 일 열심히 하면 그게 기도요, 참선입니다

오랜 숙원이었던 팔만대장경 국역불사를 원만 회향할 수 있었던 것은
평생을 역경과 도제양성에 헌신해온 월운 스님 덕분이라 해도 과언이
아니다. 특히 월운 스님은 지난 94년 초 동국역경원의 4대 원장으로
취임하면서 역경불사에 박차를 가해 7년 만에 총 318권 중 반 이상을 국역,
올해 4월 초파일을 기해 한글대장경을 완간하였다.

"예전에는 한문이 어려워서 경전을 제대로 못 읽었다고 하지만 이제
한글대장경이 완간되었으니 경전을 읽는 불자가 되어야 합니다. 또한
본인이 읽고 나서는 반드시 남에게 권해야 합니다. 그게 바로 포교입니다.
부처님 말씀을 열심히 읽고 부처님 말씀대로 살아가는 불자들이 많아지면
이 세상이 그대로 불국토가 되는 것입니다."

—

우리 스님 中

월운 스님 동국역경원 원장, 봉선사 능엄학림 강주. 1965년부터 현재까지
동국역경원 역경위원으로 위촉된 이래 83종의 경을 역출했다. 2001년
팔만대장경을 318권의 책으로 한글완역 해냈다.

여름날의 짧은 출가, 송광사 4박 5일

내 발걸음이 승보 사찰 송광사로 향한 것도 생각해보면 다 인연 때문인 듯하다. 대학 초년생 시절의 겨울 어느 날 나는 한 친구와 여행길에 생전 처음으로 송광사를 찾았고, 거기에서 지금도 송광사에 계시는 한 스님을 만났다. 스님은 하루 밤 쉬어갈 수 있느냐는 나에게 걸레를 던져 주시며 닦아보라고 하셨다. 걸레로 방이며 마루를 열심히 박박 문지른 기억은 지금도 생생하다. 17년 전의 일이다. 그리고 다시 나는 연어가 강물을 거슬러 올라가듯 송광사로 가게 된 셈이다.

'밖에서 찾지 말라 – 송광사 여름 수련회' 이렇게 커다랗게 쓰여진 플래카드를 지나 절 경내로 들어서니 비록 짧디 짧은 '시한부'로 출가한 몸이긴 하지만 스스로가 새삼 대견해지면서 이 초발심으로 '나 찾기'에 소홀하지 말아야지 하는 마음이 한층 더 강렬해짐을 느꼈다. 송광사에서의 4박 5일. 그것은 다른 어떤 피서지에서 보낸 휴가보다도 훨씬 보람 있는 것이었다. 수계식 때 나는 다른 법우들이 모두 자연스럽게 받아들이는 수계에 대해 잠깐 망설여졌다. 속세에 내려가 그 계율을 다 지킬 수 없을 것 같아서였다. 스님은 웃으시면서 그래도 마음 다짐의 한 과정으로 생각하고 받으라고 하셨다. 그래서 받게 된 법명이 '다미행(茶味行)'이다. 차의 은은한 맛이 느껴지는 그런 삶을 살도록 하라는 부처님의 자비로운 명이 아닐 수 없다.

—

박미숙(경남공고 교사) 특집 나의 수련기 中

내 생명에 깃든 부처님의 진리

'어떤 이유라도 분노심을 가슴에 두지 말자. 내 생명에 깃든 부처님의
진리, 부처님의 태양을 꼭 생각하고 내 가족 한 사람 한 사람에게 깃든
부처님의 무량공덕 생명을 꼭 지켜보고 내 마음에서 부정적인 생각을
제거하자'고 생각하고 제거해 버렸을 때 만인이 태양 앞에 밝은 빛을
받는 것처럼 부처님의 무량공덕생명을 제각기 체험할 수 있는 것입니다.
심정국토정(心淨國土淨), 마음이 청정하니 국토가 청정하다는
이 대목은 『유마경』의 말씀입니다. 이 법문은 우리가 끊임없이 내 마음이
청정한 것을 현전함으로써 우리 국토 즉, 몸도 국토요, 가정도 국토요,
우리사회, 우리나라도 국토요, 세계가 국토요, 온 중생세계가 국토입니다.
그러니까 마음이 청정하므로 국토가 청정해진다는 대목이며, 이것을
알아서 반야바라밀을 염해서 자신과 이웃에 빛나는 부처님의 청정광명을
생각하고 감사하자는 것입니다. 내게 나타나 있는 불행스러운 것은 내
마음이 청정한 것을 모르고 부정한 마음을 가지고 원망하는 마음을 가지고
들끓는 마음을 가지기 때문입니다. 그것을 다 비워버리고 부처님의
청정광명이 끊임없이 충만한 것을 생각하고 감사하자는 것입니다.

광덕 스님 불광법단 中

각묵 스님

부처님의 메시지를 가장 잘 담고 있는 금강경

5년 전 금강경에서 가장 많이 나오는 상(相)의 원어가 니밋따(nimitta, 모양)가 아니라 산냐(sanna, 인식)임을 보고 충격을 받았다. 산냐가 초기경전인 숫따니파따 4장에서 가장 중요한 단어임을 알고 있었기에 궁금증은 배가 되었다. 그 때 금강경을 번역하리라 마음먹었다. "금강경의 말씀을 공(空, sunya)이라는 거창한 명제로 설명하는 대승불교의 관점은 너무나 이데올로기적인 해석입니다. 금강경은 초기불교에서 부처님께서 고구정녕히 설하신 '산냐를 극복하라(sannanam uparodhana)'는 말씀을 따르는 경입니다. 공관의 지혜를 설하기에 반야바라밀이 아니고 산냐를 뛰어넘는 참 지혜를 설하기에 반야바라밀인 것입니다."

—

우리 스님 中

각묵 스님 송광사, 칠불암 등 전국의 제방선원에서 정진하다가 1989년 팔리 삼장을 한글로 옮기려는 원을 세우고 10여 년간 인도에 유학해 산스크리트어와 팔리어, 아르마가디를 배웠다. 역·저서로 『금강경 역해』가 있다.

2월호 표지 그림_강행복

말에는 힘과 정신이 깃들어 있다

근자에 와서 된소리가 강해지는 것도 알고
보면 탐진치 삼독과 관련이 있어요. 말에는
힘과 정신이 깃들기 마련입니다. 성내는 마음,
어리석은 마음이 그대로 언어에 섞여 나오기
마련이지요. 말하는 사람들을 보면 그 나라
국민의 품성을 읽을 수 있어요. 말은 마음의
반영이기에 마음 다스리는 일이 무엇보다
우선되어야 하고 의도적으로나마 자신의
언어습관을 살피며 부드러운 말을 쓸 줄
알아야지요. 일상적인 말부터 제대로 쓰는
습관이 중요합니다.
- 4월호 이남덕 교수(이화여대 명예교수)와의 대담 中

2002 28th

2002년은 한일월드컵이 개최된
해로 불교문화 발전에 많은 관심을
보였다. 행복은 어디에서 오는가,
욕심을 줄이는 법 등 행복한 삶을
사는 데 있어 도움이 될 만한 주제를
담아냈다. 특히 주5일제 시행
입법안이 처음 국회에 제출됨으로써
'주5일 근무'를 8월호 특집으로
선정, 주5일 시행에 발맞춰 불자와
사찰은 어떤 역할을 해야 할
것인지에 대한 고민을 함께 했다.

무소유, 가능한 것에 대한 포기

무소유가 인간에게 의미를 지니려면,
우선 그것은 가능한 것에 대한 포기여야 한다.
내가 좋은 옷을 입을 수도 있지만 포기하는 것,
내가 맛있는 음식을 먹을 수도 있지만
포기하는 것, 내가 좋은 집에서 살 수도 있지만
포기하는 것, 그것이 진정한 의미의 무소유다.
다시 말하여 자발적인 무소유만이 우리에게
의미를 지닌다. '나의 것'으로 지닐 수도
있지만 포기하는 것, 그것만이 진정한 의미의
무소유일 수 있다.
- 6월호 이거룡(동국대 연구교수)

조계종 종정 혜암당 성관 대종사 원적

불기 2545년 12월 31일 오전 해인사 원당암 미소굴에서 조계종 제10대 종정 혜암당(慧菴堂) 성관(性觀) 대종사(大宗師)께서 열반에 드셨다. 1월 6일 오후 해인사 연화대에서는 투명하도록 맑은 하늘을 뒤덮는 불길이 솟아올랐다. 그 자리 3만여 사부대중은 혜암 큰스님의 마지막 가시는 길을 가슴 깊이 배웅하고 있었다. 뜨거웠던 이생의 불길이 잦아들자 큰스님의 법체에서는 크고작은 오색영롱한 사리 86과가 그 빛을 보였다.

"미혹할 땐 나고 죽더니 깨달으니 청정법신이네(迷則生滅心 惡來眞如性).
미혹한 깨달음 모두 쳐부수니 해가 돋아 하늘과 땅이 밝도다(迷惡俱打了 日出乾坤明)."
- 1월호「불광」편집부

주 5일 근무에 따른 도심사찰의 대응방안

포교의 방법은 무궁하다. 목탁을 치며 염불하고 법문을 듣는 것만이 포교의 전부가 아니다. 21세기가 요구하는 문화적인 접근방법도 이 시대에는 좋은 포교방법이 될 수 있다. 휴일이 많다는 것은 기도와 선행(善行)을 할 수 있는 시간도 동시에 많다는 말이고, 따라서 인생의 참 의미를 느끼는, 보람 있는 일을 할 수 있는 시간이 많다는 것이다. 이제 도심사찰은 취미생활에서 신행생활까지, 나아가서는 보살행을 하는 종합복지타운 형태의 모습으로 존재해야 한다고 본다.
- 8월 심산 스님(한나래문화재단 이사장)

2002 월드컵 맞이 한국불교전통문화체험사업(Temple stay)

한·일 공동으로 개최되는 2002 FIFA 월드컵 소식으로 온 나라가 온통
들뜬 분위기다. 지난 88올림픽이 우리의 경제성장을 세계에 널리 알리는
자리였다면 이번에는 문화월드컵을 지향하고 있다.

불교, 교계에서는 월드컵 기간(5월 20일~6월 30일) 동안 외국인들이
전통사찰에서 머물며(숙박난 해결에도 기여) 우리 불교문화를
체험토록 하는 템플 스테이를 시행하고 있다. 지난 5월 11일~12일
양일간 21개국 주한외교사절단과 그 가족 43명이 직지사에서
한국불교전통문화체험(템플스테이)을 했는데, 예상대로 큰 호응을
받았다. 한편 보완점과 개선점을 한눈에 엿볼 수 있는 좋은 계기가 되었다.
자연과 조화를 이룬 사찰 풍광을 감동적인 눈길로 바라보며 "고향 같이
안온하다."(베네수엘라 대사), "한국불교에 대해 고요와 평화의 이미지를
갖고 있었는데 직접 와보니 정말 그렇다."(스페인 대사 부인) "잠을
자면서 사찰문화를 체험한 일은 없었는데 벌써부터 흥분된다."(칠레 대사)
"조용한 분위기도 좋고 건축물도 특이하고 아름답다."(폴란드 대사)며
찬사를 아끼지 않았다.

첫째 날 오후 4시 30분 입재식을 시작으로 저녁공양, 저녁예불, 다도실습,
연등 만들기, 둘째 날 새벽 3시 30분에 일어나서 아침 예불, 참선,
아침공양, 운력, 탁본 및 사찰 안내, 발우공양, 회향식으로 이루어진
빽빽한 일정 속에서도 외국인들은 처음부터 끝까지 진지하게 임하였다.

"예불시간에 절하는 것이 힘들었지만 하나의 수행이라고 생각한다. 절을 통해서 부처님을 존경하고 깨달음을 얻는 것 같다."는 체코 대사의 말에서도 알 수 있듯 대부분의 참가자들은 다리가 아파 곤혹스러워하면서도 예불과 참선에 매우 열성적이었다.

가장 흥미로웠던 프로그램으로 참선, 발우공양, 탁본, 예불, 다도, 연등 만들기 순으로 꼽았는데, 설문에 참가하지 않은 캐나다 대사의 아들 스테판(11살)은 "몸이 피곤했지만 좋았다. 나는 연등 만들기가 가장 재미있었는데 어머니는 다도에 관심이 많았다"고 대답, 참가자의 눈높이에 맞춘 적절한 프로그램 첨삭의 필요성을 보여주었다.

—

「불광」편집부

해주 스님
우리 삶 자체가 성불로 나아가는 과정입니다

"석사 학위 논문 「화엄경의 발보리심에 대한 연구」에서는 화엄경에
교설되어 있는 깨달으려는 마음을 일으켜 수행해야 함을 밝히면서
마음에 접근하려 하였고, 박사 학위 논문 「신라 의상의 화엄교학연구 –
일승법계도의 성기(性起) 사상을 중심으로」에서는 모든 것이 여래의
마음이 그대로 드러난 존재임을 살펴보았습니다. 박사 학위 논문을 쓰면서
비로소 마음공부가 특별한 장소에서만 이루어지는 게 아니요, 팔만사천
방편문, 해탈문이 있다는 것을 깨달았습니다."

—
우리 스님 中

해주 스님 동국대학교 불교학과 교수. 화두 들고 참선하듯 불교학을 화두
삼아 용맹정진, 비구니 스님으로서는 처음으로 대학교수가 됐다. 저서로
『불교교리강좌』, 『화엄경 초역』, 『지송한글화엄경』 등이 있으며, 『불광』에
1988년~1991년 '알기 쉬운 교리강좌'를 연재했었다.

그릇 채우기

"안분지족이라는 말이 있다. 욕심은 자신의 그릇을 과대평가 하는 데서 비롯되는 것이다. 제 그릇에 담길 만한 양만 담아야지 그렇지 않고 더 많은 것을 채우려 한다면 그것이 욕심에 들게 되는 단초가 될 것이다. 욕심은 밑 빠진 독과 같아서 채우려면 끝이 없는 것이다. 차라리 밑 빠진 그 독을 부숴버리는 것은 어떨지. 자신의 욕심 무게를 달아보고 행여 '욕심과 애착'이라는 이름의 불붙은 숯을 손에 쥐고서 놓지 못한 채 '뜨겁다'고만 소리치고 있지는 않은지 생각해보자." - 이경순(사진작가)

함이 없는 행

"깨달음의 자리에서 일을 하면 같은 일이라도 욕심이다 아니다 하는 경계를 벗어나 아무 걸림 없는 행위로 행위 그 자체가 불사(佛事)요 법문(法門)인 보살의 행이라 하겠습니다. 왜냐하면 그 깨어 있는 도인이 내는 마음은 그 무엇을 추구하는 바 없이 하는 행이기에 시시비비가 없는 무위의 행으로 경계를 벗어난 모습이기 때문입니다. 우리 불자들은 이 경계에 도달해서 무위행(無爲行)을 할 수 있어야 욕심을 줄이는 방법을 따로이 찾지 않고 행을 할 수 있으니, 부처님 공부 열심히 해서 바른 도(道)를 터득하는 것이 오늘의 문제해결의 가장 확실한 정답이라 하겠습니다. - 현정(심성개발상담센터 소장)

특집 욕심을 줄이는 법 中

지현 스님

스님의 화두

"받는 불교에서 주는 불교로 바뀌어야 합니다. 또한 시민단체 육성, 복지 포교, 문화 포교 등으로 포교의 중심축을 변화시켜야 할 것입니다."

청량사 산사음악회에는 6,000여 명이 운집, 대중적인 축제의 한마당으로 지역의 공연문화를 향상시켰을 뿐만 아니라 지역경제에도 이바지하였다는 찬사를 받았다. 지난해에 이어 두 번째로 열린 이번 청량사 산사음악회는 '천년의 소리, 천년의 울림'이라는 제목 아래 북을 주제로 다채로운 공연이 펼쳐진다. 영화 '서편제'로 우리에게 친숙한 국악인 오정해 씨가 진행을 맡고, 타악기 연주팀 '두드락'과 북 연주가 '최소리와 자유인', 하유 스님의 법고 연주, '신촌블루스'의 엄인호·정경화가 펼치는 진한 블루스의 향연, 어린이 소리꾼 태하연 양의 시조창, 성악가 스님으로 유명한 정율 스님의 가곡, 정숙희 솔뫼무용단의 아름다운 춤마당 등 역동적이고 풍성한 무대가 마련되는데 그 열기가 뜨겁다.

—

우리 스님 中

지현 스님 봉화 청량사 주지. 돈암포교원 개원 초대원장, 불교레크리에이션 포교회 중앙회 회장, 조계종 총무원 총무국장, 조계종 사회복지재단 이사, 범불교연대 사무처장 등을 역임. 청량사 산사음악회를 개최하며 포교에 심혈을 기울이고 있다.

범능 스님

무형의 법당불사

"나무아미타불을 염하는 것은 여러 가지 의미가 있기도 하지만 가장 큰 뜻은 자기를 벗어버리고 이 마음을 아미타부처님께 귀의하는 것이지요. 불보살님의 명호를 염하는 것만큼 쉬운 명상법도 없습니다. 결국은 자성염불이 되어 아미타불마저도 다 놓고 내가 아미타불이 되어야 하는 것이지만 방편으로 이 음악 염불을 통해 자기의 마음자리를 닦아갈 수 있었으면 합니다."

—

우리 스님 中

범능 스님 노래 부르는 스님. 1980년 민주화운동의 현장마다 불려졌던 '광주 출전가', '혁명광주'를 작사·작곡하는 등 민중가수로 활동해 왔다. 1993년 수덕사 설정 스님을 은사로 입산, 불자들의 염불수행을 위해 나무아미타불을 염송하는 명상음악을 발매했다.

부처님! 크신 은혜 고맙습니다

우리는 왜 이 세상에 오는가. 본래 타고난 불성(佛性)을 발현시키기 위해 왔다. 내 마음 속에 부처님과 똑같은 씨앗, 불성이 있음을 믿고 그것을 발현시키는 그것이 바로 부처님 되는 공부요, 수행이며, 그것이 이생에 우리가 해야 할 공부다. 108배를 하고 누워서 잠들기 전 "부처님 크신 은혜 고맙습니다."를 20분간 염하고 잠이 들고, 깨어나자마자 자리에 누운 채 10분간 "부처님! 고맙습니다."를 염하다 보면 하루 종일 부처님 은혜 속에서 감사한 마음으로 일상을 영위할 수 있다. "부처님! 고맙습니다."가 행주좌와 어묵동정에 하나가 되었을 때 금빛 찬란한 부처의 지혜광명은 바로 지금 우리의 것이 되는 것이다.

— 5월호 청견 스님(법왕정사 주지)

2003 29th

이번 생에 나의 일, 화를 다스리는 법, 법을 전하는 기쁨, 사람이 부처님이다 등 '불자라면 이렇게 살아야 한다.'라는 제안과 방향을 특집으로 담아냈다. 또한 수행, 교리와 관련된 기사들로 학문적 불교와 실천적 불교의 양면을 잘 담아내 창조적인 생활인을 위한 교양지로서의 역할을 톡톡히 해냈다.

이번 생의 나의 일

금생에 내가 할 일은 다겁생의 업습을 소멸하는 일이다. 그런 다음 나와 더불어 세상을 향상시키는 데 진력해야 한다는 것이다. 왜냐면 나라고 하는 존재는 세상과 더불어 있는 것이지 나만의 세상은 어느 곳에도 없기 때문이다. 종종 사람들이 나만의 세계를 생각하지만 세상을 생각지 않는다면 설사 자기만의 큰 능력을 이루었다 하더라도 그것은 마치 쓸모없이 큰 나무가 옆의 작은 나무들을 살 수 없게 하는 것과 같다.

— 3월호 혜거 스님(금강선원장)

사람이 부처님이다

법화경 여래수량품에서는 일불승의 가르침을 통해서 우리 인간은 불생불멸의 존재, 보배로운 복덕 지혜, 영원한 생명으로서의 존재라는 것을 철저히 밝히고 있습니다. 인간의 현재 모습을 크게 변화시켜서 능력으로 전환하는 것이 아니고, 현재 평범한 인간 모습 그대로 거기에서 그럴 수 있는 소질을 가지고 있는 것입니다. 그런 입장에서 사람을 볼 때 사람이 그냥 보통 사람이 아니요, 사람이 부처님입니다. 나와 남이 똑같은 부처님이라는 것입니다. 그러한 확신 속에서 나나 남이나 부처님으로 섬길 때 그도 행복하고 나도 행복하고 세상이 행복해지는 것입니다. 진정 세상의 행복한 길은 오직 이 길뿐입니다.
- 7월호 무비 스님(조계종 교육원장)

바른 식생활은 관찰이다

식생활을 바꾸어 나가는 것은 내 몸과 마음에 관한 관찰이며 명상이다. 먹는 것이 곧 몸을 만들고 그 사람이 먹는 것이 마음을 좌우한다. 마음은 물질 작용이다. 마음은 육신이 있음으로 인해 가능하고 육신이 없어지면 사라지고 몸을 넘어선 자각이 있으면 마음은 없는 것이다. 하지만 우리가 식생활의 중요성을 알고도 외면하거나 바꾸지 못하는 것은 이런 마음에 대한 집착이 끝없고 지금 이 순간 몸에 대한 관찰은 너무나 게으르기 때문이다. 지금 내가 먹는 것은 자신의 몸과 마음을 만들고 유지하는 데 있어 아주 중요한 부분으로, 깨닫지 못하는 것은 이렇게 우리의 의식이 현재에 머물러 있지 않은 데서 비롯된다.
- 1월호 김수현(바른식생활실천연대 대표)

지선 스님께

… 스님, 스님께서 겪으시는 오늘의 고통은 이 땅의 삶을 올바르게 살고자
하는 자들이 받는 쓰라린 영광인지도 모릅니다. 민주화 투쟁이 치열했던
지난 1980년대에 각 분야의 지도자들과 어깨를 나란히 했던 스님의
꿋꿋하고 당당한 모습은 너무도 인상 깊게 남아 있습니다.

그때 스님의 모습을 바라보며 저는 만해 한용운 선사의 재현이라고
생각했었습니다. 일제치하에서 빼앗긴 나라를 되찾기 위해 결연했던 만해
스님이나, 군부독재에 맞서 민주화 투쟁을 전개하는 지선 스님의 모습은
전혀 다를 것이 없었던 것입니다. 그리고 만해 선생의 투철한 실천정신의
뿌리가 지선 스님의 영혼세계로 이어져 있음을 저는 보았습니다.

그리고 또 한 가지 중요한 것은, 현대 한국불교의 최대 약점 중의 하나인
사회봉사와 사회교사로서의 역할이 너무 미약한 현실 속에서 민주화
투쟁의 지도자로서 앞장선 승려 '지선'의 모습은 불교계의 자존심을
세우는 데 그보다 더 좋을 수는 없었습니다.

… 스님, 일찍이 부처님께서 설파하신 '이심전심'이란 정녕 있는
모양입니다. 몇 해 전에 스님께서 새해 선물을 보내주셨지요. 화선지
전지에 그린 달마상이었습니다. 그 유려하고 개성적인 선의 달마상이 눈을
사로잡았지만 더 눈길을 끌었던 것은 그 위에 적힌 시였습니다.

踏雪野中去 不須胡亂行

今日我行蹟 遂作後人程

눈 덮인 광야를 걸어가는 이여 아무쪼록 어지럽게 걷지 마라

오늘 그대가 남긴 발자국이 뒤따라 가는 이의 이정표가 되리니

이 서산 대사의 시는 이미 제가 좌우명으로 삼고 있는 것이었습니다.
스님도 그러신 게 분명하니, 이런 아름다운 일치가 어디 또 있을 수
있겠습니까. 저는 그 뒤로 많은 사람들에게 이 시를 소개했습니다.
그리고 스님의 선물을 저 혼자 갖지 않고 멋지게 표구를 해서 어떤 장소에
걸어 많은 사람들이 접할 수 있게 했습니다. …

스님의 수술 결과가 쾌청한 것은 천행 중의 천행입니다. 아니, 어찌
천행이겠습니까. 다 부처님의 가피 덕이지요. 신중히 건강 살피십시오.
인생 덧없고 무상하되, 이 나라에서 의미 있게 할 일은 아직 더 남아
있습니다. 봄소식 찾아 곧 백양사로 걸음하겠습니다.

──

조정래(소설가, 동국대 석좌교수) 지선 스님께 올리는 편지 中

선암사

눈물이 나면 기차를 타고 선암사로 가라

선암사 해우소로 가서 실컷 울어라

해우소에 쭈그리고 앉아 울고 있으면

죽은 소나무 뿌리가 기어다니고

목어가 푸른 하늘을 날아다닌다

풀잎들이 손수건을 꺼내 눈물을 닦아주고

새들이 가슴 속으로 날아와 종소리를 울린다

눈물이 나면 걸어서라도 선암사로 가라

선암사 해우소 앞

등 굽은 소나무에 기대어 통곡하라

—

정호승 시인, 시뜨락 中

정목 스님

존재와 존재의 만남

"지금 이 순간에 멈춰 서서 왜 그렇게 바빠 가려 하는지, 왜 자꾸 가지기만
하고 놓으려 하지 않는지, 자신의 삶을 한 번쯤 돌아보십시오. 들어오는
호흡과 나가는 호흡을 지켜보고 있는 동안 분주하던 마음이 조용히
가라앉게 됩니다. 행복도 욕망도 멀리 있지 않습니다. 모든 것이 다 내게
있을 뿐, 나에게서 비롯되어 나에게서 완성될 뿐, 모든 갈등의 근원이
나라는 사실을 인정하는 순간 우린 미혹에서 벗어날 것입니다."

정목 스님은 1980년 위빠사나와 인연이 되어 독학하며 공부를 하였다.
인도와 네팔, 미얀마, 스리랑카 등 남방을 돌며 수행과 공부의 방향이 어느
정도 잡히자 1년에 두 번씩 안거를 가졌고, 수행 중 감동의 눈물이 복받친
것도 한두 번이 아니었다. 그것은 참회와 회한, 환희와 감사의 눈물이었다.

—
우리 스님 中

정목 스님 불교계에서 처음으로 전화상담(자비의 전화)을 시작했으며, 1991년
한국방송대상 사회상과 1993년 한국방송프로듀서연합회 사회상을 수상했다.
현재는 마음고요선방에서 종교를 초월해 사람들의 의식을 일깨우는 일과 아픈
어린이를 돕는 작은사랑운동을 펼치고 있다.

설봉 스님

건강한 세상 만들기

스님은 늘 어둡고 외롭고 힘든 곳만 찾아다니셨다. 모 영화사 연출부에서 일하다가 홀연히 영화 주인공처럼 출가, 경남 은하사에서 몇 년간 참선 수행을 하다가 저자거리로 내려왔다. 달동네 판자촌에 둥지를 튼 스님은 기거하던 단칸방을 개방하여 부모가 일하러 간 동안 외롭고 쓸쓸하게 빈집을 지키던 동네 아이들과 놀아주었다. 아이들과 함께 지내다보니 그 집안 사정을 훤히 알게 되었다. 간식거리와 가정 형편이 어려운 아이들의 학비며, 학용품을 마련해 주기 위해서 자주 탁발을 나갔다.

"우리는 너무 작은 방생에만 치우쳐 있는데, 이 세상을 건강하게 만드는 데 동참하는 것보다 큰 방생이 없다고 생각합니다. 우리가 살고 있는 이 우주를 건강하게 하고, 내 주위부터 밝히고, 건강한 사회를 만들 수 있도록 실천하는 게 진정한 의미의 방생 아니겠습니까?"

―

우리 스님 中

설봉 스님 강화도 무애원 주지. 30회가 넘는 도자기 전시회를 열었다. 수많은 전시회를 통해 기금을 마련, 저소득가정 어린이, 청소년 가장, 위안부 피해 할머니 등 우리 사회의 소외된 이웃과 정을 나누고 군 장병 및 대학생 포교에 앞장섰다.

동춘 스님

내가 했다는 집착을 갖지 말라

"한 생각 마음을 바로 가질 수 있는 게 중요합니다. 좋은 일만 해야겠다고 생각하면 나쁜 일도 따라오기 마련인데, 항상 좋은 생각을 가지고 있으면 언제 어느 때든 좋은 일을 하게 되어 있습니다. 또 '내가 했다'는 집착을 갖지 말아야 합니다. 매사에 집착하니 업을 짓게 되고, 만병의 근원이라는 스트레스도 집착에서 오는 것입니다."

욕심이 없고 집착이 없기로 유명한 스님의 말씀이기에 더욱 감동적으로 다가온다. 인생의 온갖 병통이 집착에서 오는 것, 중생과 부처의 차이가 바로 이 집착의 유무가 아닐까. 집착에서 자유롭지 못한 게 중생이라면, 모든 집착을 끊고 대자유인으로 살아가면 부처라고 할 때 스님은 이미 한 경계를 넘으신 것 같았다.

―

우리 스님 中

동춘 스님 조계종 원로의원. 85만 권 이상의 책을 보시할 정도로 나눔을 널리 실천하고 있다. 1980년대 초반 정부가 봉암사가 있는 희양산 일대를 국립공원으로 지정하려 했지만 동춘 스님을 비롯한 대중들이 나서 수행도량으로 지켜냈다.

어린이 그림 우뜸상(문화관광부 장관상)
광덕초등학교 2학년 윤정록

부처님 그림 그리기 대회와 서해 바다 갯벌탐사

어린이날을 맞아 어린이들의 가슴에 영원히 잊혀지지 않는 부처님을
모셔주기 위한 '전국 어린이 부처님 그림 그리기 대회'의 아홉 번째
잔치마당이 어린이·청소년 포교의 모범 사찰로 널리 알려진, 경기도
화성의 신흥사에서 열렸다. 이번 대회는 1박 2일 '서해 바다 갯벌탐사
및 사찰체험 가족캠프'를 마련해 참가 어린이들의 마음속에 소중한
추억을 안겨주었다. 특히 이번 대회에는 봄나들이가 쉽지 않았던 어린이
보육시설인 대전 자혜원 등에서 참석하여 더욱 뜻 깊은 행사가 될 수
있었다. 행사를 마치고 자혜원으로부터 받은 한 통의 편지는 '전국 어린이
부처님 그림 그리기 대회'의 의미를 다시 한 번 확인시켜주고 있었다.
"전국 부처님 그림 그리기 대회 같은 편안하고 기쁜 행사를 통해 저희들은
많이 자라나는 것 같습니다. 드넓은 서해바다를 체험하고 모두와 함께
어우러지고 뒹군 초여름 제부도 갯벌의 오후는 얼마나 좋았던지요.
두고두고 항상 잊히지 않을 행복한 추억 한 자락이 될 것 같습니다."
건강한 모습으로 내년 10회 대회에 모두들 다시 만날 수 있기를 기대해
본다.

제9회 부처님 그림 그리기 대회 어린이날 행사 中

1인 1수행법 갖기

어떤 수행법을 택해 어떻게 해갈 것인가?
사찰에서는 물론이려니와 가정과 회사, 학교 등
생활 속에서 살아 숨 쉬는 생활수행문화 정착을
위해 저희 월간 「불광」에서는 연속 기획특집으로
'1인 1수행법 갖기 운동'을 펼쳐가고자 합니다.
매월 전문가를 통해 불교의 다양한 수행법들을
하나하나 소개해가면서 수행에 대한 구체적인
정보를 제공해갈 것입니다. 이에 앞서 이번
호에서는 현재 행해지고 있는 불교수행의 현황을
알아보고 어떤 수행을 어떻게 하면 좋을지 우선
살펴보았습니다.
– 1월호 불광 30주년 기념 연속기획특집을 들어가며

2004 30th

불광 30주년을 맞은 2004년의
특집 주제는 1인 1수행법 갖기로,
열두 달 동안 전문가를 통해 불교의
다양한 수행법들을 하나하나
소개했다. 기도, 계율, 절, 염불 등
다양한 수행방법으로 불자들이 생활
속에서 언제 어디서나 자신에게
맞는 수행을 할 수 있도록 방향을
제시했다. 또한 독자 신행수기
공모 수상작이 11월호 30주년
별책부록으로 함께 발간됐다.

참다운 행복의 삶을 위한 선(禪) 수행

참선수행은 왜 해야 하는가? 수없이 반복되는
생사윤회 속에서 받게 되는 괴로움, 이
괴로움이라는 것을 해결하고 참다운 행복의
삶을 살기 위해서 참선수행을 해야 하는 것이다.
참마음의 참 행복은 번뇌가 쉰 상태, 즉 번뇌의
뿌리인 에고가 없는 상태이므로 에고가 없는
상태, 번뇌가 쉰 상태가 되도록 잠깐이라도
일념으로 '좌선'하는 시간을 가져야 한다.
– 10월호 지환 스님(조계종 기본선원장)

관세음보살님께서 다시 주신 생명

포교사가 된 지 1년이 되어가지만
아직 제대로 되지 않은 공부에 사람들
앞에서 포교사라고 말하기가 부끄럽기
그지없다. 끝이 없기만 한 부처님
공부, 하지만 운명적인 이 길이기에
나는 기꺼이 이 일을 천직으로 알고
공부하고 싶다. 관세음보살님께서
다시 주신 나머지 인생은 회향하는
의미로 한 알의 의미 있는 씨앗의
역할을 하고 싶다.
- 11월호 별책부록「불광」창간 30주년 기념
신행수기 최우수상 신화규 씨 신행수기 中

창간30주년 기념호 2004년 11월호

창간 30주년 기념 별책부록

있는 그대로 알아차림

지(地), 수(水), 화(火), 풍(風) 속에서 지(地)의
느낌이 강하면 '지'의 느낌의 변화를 관찰해본다.
연이어 일어나는 딱딱함, 부드러움, 미세함
등도 관찰한다. 이끄는 느낌, 다리의 들어 올림,
목탁을 치려 할 때는 목탁을 치려고 손을 들어
올림, 다리를 내려놓음, 다리를 내려놓으려고
함, 목탁을 치려고 손이 이끌리는 느낌, 발바닥의
땅에 닿음, 딱딱한 느낌과 목탁을 탁 치는 느낌을
알아차린다. 이렇게 알아차림을 계속하면
행동하기 이전이 더욱 세세하게 알아차려지면서
행동, 말, 생각하기 이전의 의도를 알아차리고
몸과 마음의 인과를 알게 된다. 마음이 순간순간
변화하면서 지나가고 있고, 모든 것은 변화하여
가고 있음이 인지된다.
- 9월호 이애형(동국대 불교대학원)

정토회 빈그릇 운동

서울역 광장 신청사 앞에서 열린
'빈그릇 운동-음식 남기지 않기 10만인
서약 캠페인'의 서울지역 선포식은
그야말로 아름다운 수행의 현장이었다.
곽결호 환경부 장관과 소설가 김홍신
씨, 방송인 전원주 씨, 배종옥 씨,
김미숙 씨, 아름다운 재단 상임이사
박원순 씨 등도 직접 서약에 동참하여
'빈그릇 운동' 홍보에 적극 앞장설 것을
약속했다. 정토회에서 시작한 빈그릇
운동이 불자들만의 수행이 아닌, 이
시대를 살아가는 모든 이들이 함께하는
수행으로서 시민운동의 새로운
대안으로 떠오르고 있다.
- 10월호 수행의 현장 中

이시우 박사

사람도 별이다

"불교의 세계관, 곧 우주관은 '이것이 있으면(없으면) 곧 저것이
있고(없고), 이것이 생기면(멸하면) 곧 저것이 생긴다(멸한다)'는
연기법으로 집약됩니다. 우주 법계는 그물망처럼 연결되어 서로 의존하고
있다는 것이지요. 우주도 똑같습니다. 우주에는 약 천 억 개의 은하가 반경
140억 광년의 범위 내에 분포하고 있는데, 마치 인드라망의 그물코에
달린 보석처럼 이어져 있습니다. 또한 독립적으로 존재하는 것은 하나도
없어요. 멀리 떨어져 관계가 없어 보이는 것도 시간이 지나다보면 만나서
영향을 주고받습니다. 지구도 자전, 공전뿐만 아니라 다른 별들과 함께
여러 종류의 운동을 하면서 우주 공간을 돌고 있지요."

—

불광이 만난 사람 中

이시우 한국관측천문학의 개척자. 서울대학교 천문학과와
대학원 이론물리학 석사과정 졸업, 미국 웨슬리안대학교에서
천문학 석사, 호주국립대학교에서 관측천문학 박사과정 졸업.
한국관측천문학의 역사는 곧 이시우 박사의 연구 역사와 궤를
같이한다.

호흡에 맞춰 절하는 법

합장하고 바로 선 자세에서 기마자세를 취한 후 천천히 발가락을
꺾으며 무릎을 꿇는다. 이 동작을 하는 동안 숨을 들이쉰다. 손을 바닥에
짚고 이마와 코를 바닥에 대면서 왼발을 오른발 위에 포갠다. 이러한
접족례에서 숨을 천천히 내쉬어주는데 이 날숨은 바닥에 손을 짚고 몸을
앞으로 약간 나가면서 동시에 발가락을 꺾고 합장할 때까지 쉬어주면서
일어선다. 합장하고 일어설 때 다시 기마자세를 취하게 되는데 이때 다시
숨이 저절로 들이쉬어진다.

다시 말하면 절하고 일어서면서 코로 들숨이 쉬어지고 서 있는 상태에서
무릎을 꿇으려 할 때 다시 한 번 코로 들숨이 쉬어진다. 그리고 손
짚고 머리를 바닥에 댈 때, 즉 팔꿈치가 반쯤 굽혀질 때부터 접족례
후 합장하면서 일어서려는 순간까지 입으로 날숨을 쉰다. 이렇게
숨을 들이쉬고 내쉬는 것을 '흡흡호'라고 하는데 무의식 중에 2회의
들숨과 1회의 날숨을 쉬는 것을 뜻한다. 절을 할 때뿐만 아니라 염불,
독경할 때에도 이 호흡에 맞추면 막힌 혈이 열리고 몸속의 노폐물도
다 빠져나가므로 마음도 상쾌해지고 안정감을 갖게 된다. 또한 복식
단전호흡이 저절로 이루어지면서 대뇌의 각성으로 정신이 맑아진다.

청견 스님(법왕정사 주지) 1인 1수행법 갖기 - 절 中

관세음보살 육자대명왕진언

"옴마니반메훔" 이 진언은 우리나라 불자들이 가장 많이 독송하는 천수경에도 들어있어 널리 알려진 진언이다. 특히 진각종 등 밀교 종단에서는 이 진언을 매우 중시하여, 일상생활 속에서 늘 지송하며 수행하고 있다.

이 진언은 흔히 알려진 바와 같이 업장을 소멸하고 소원을 성취할 뿐만 아니라 수행에 큰 도움을 준다. 경전에 의하면, 이 진언을 외우면 더없는 말솜씨와 청정한 지혜와 자비심을 얻게 된다. 또 나날이 육바라밀을 갖추게 되고 원만한 공덕을 얻게 된다. 모든 법문에 통달하게 되며, 어떤 질병도 목숨을 해치지 못하며, 놀라거나 두려운 생각이 나지 않으며, 모든 일이 뜻대로 잘 되며, 모든 죄업을 소멸하게 되며, 세세생생 나쁜 세계에 떨어지지 않게 된다.

이 진언을 외우는 방법은 경전에 설한 방법대로 삼밀(三密), 즉 손으로는 비로자나 부처님과 같은 금강지권인을 하고, 입으로는 이 진언을 외우며, 마음으로는 중생과 부처가 둘이 아님을 관(觀)하거나 진언을 관하는 수행을 한다. 진언을 관하는 수행이란, 숨을 들이쉬고 내쉬면서 진언을 한 자 한 자 떠올려 보고 진언을 외우는 한 생각을 돌이켜 보는 수행이다.

—

정의행(광주불교문화대학 교수) 1인 1수행법 갖기- 진언 中

영어로 배우는 불교

Q : What does it mean by the Truth of Cause and Condition?

A : It means that all phenomena are produced as the result of association between direct inner cause and indirect outer effect.

문: 인연법이 무슨 뜻입니까?

답: 모든 현상들이 직접적인 내적 원인과 간접적인 외적 조건의 화합결과로 발생된다는 뜻입니다.

Q : What is wholesome and what is unwholesome?

A : Wholesome means to benefit oneself and others. Unwholesome, on the other hand, means to harm oneself and others.

문: 무엇이 선이고 무엇이 악입니까?

답: 선은 자신과 타인에게 유익이 되는 것을 가리키고 악은 자신과 타인에게 해로운 것을 가리키는 말입니다.

—

서광 스님(보스톤 서운사 주지)

이제는 수행의 시대, 다양한 수행법을 대중화시켜야

Q. 월간불광회가 창립 30주년을 맞이하는 올해 초 스님께서 회주를 맡으시게 된 것에 대해 거는 기대가 참으로 큽니다. 누구보다 은사이신 광덕 큰스님을 오랫동안 모셔왔고, 불광사에서, 금강정사에서, 그리고 총무원의 포교부장 소임과 종회의원, 아울러 조계사 주지 소임을 두루 거치며 누구보다도 성공적으로 전법의 대열에 앞장서왔기 때문이기도 한 것 같습니다.

A. 1970년 출가하여 지금까지 한 눈 팔지 않고 포교에 전념하며 살아왔습니다. 지금까지 한결같은 생각은 '부처님 법을 어떻게 이 시대에 맞는 방법으로 잘 전할까'였습니다. 이렇게 불광회 책임을 맡았으니 무엇인가 잘 해봐야겠다는 생각에 책무에 대한 어깨가 무겁습니다.

Q. 하루가 다르게 변화하는 사회 속에서 예측할 수 없는 미래에 대해 막연한 불안감이 있는 것도 사실입니다. '과연 불교가 향후 미래사회에 무엇을 어떻게 할 수 있을까' 하는 것은 우리 불자들 모두의 화두이기도 합니다.

A. 향후 10년 이후의 한국불교를 위해 종단 차원에서 준비된 것이 없으니 안타깝습니다. 우리 불광도 대중들로부터 그 역할을 요구받고 있다는 생각이 듭니다. …(중략)…사회보장제도가 안정되면 기복적인 신앙형태의 기성 종교는 문화의 형태로 존재할 뿐 현실생활 속에서 합리적으로 수용될 수 없습니다. 향후 10년 후를 예측해볼 때 우리 불교도 지금과 같은 신행형태에서 벗어나지 못하면 마찬가지의 결과를 가져올지도 모릅니다. 사찰이 유적지화 되고 관광상품화 된다면 이와 다를 바가 없지요.

Q. 그렇다면 우리가 지금 해야 할 일은 무엇일까요?

A. 부처님은 수행을 통해 깨달음을 얻으셨습니다. 불교는 수행의
종교입니다. 불교 본래의 자기 정체성은 수행입니다. 불교가 미래를
준비해 나아가려면 불교의 전통적 수행법을 대중화해야 합니다. 그것이
우리에게 앞으로 주어진 과제라고 생각합니다. 그런 의미에서 요즘 출가와
재가수행자들 사이에 동안거·하안거의 전통이 확산되어가고 있는 것은
다행입니다. 계율, 간경, 참선, 염불, 보살행 등 전통적 수행법을 다양한
계층의 다양한 욕구에 맞게 프로그램화하고 수행지도자를 양성해야 할
것입니다. 우리는 수행 속에서 희망을 찾아야 할 것입니다.

Q. 스님께서는 향후 10년 앞을 내다보고 현재 추진 중인 일이 있으신
것으로 알고 있습니다.

A. 거듭 말씀드리지만 기복 일변도의 불교는 서서히 그 자리를 잃게
될 것입니다. 합리적이고 과학적이면서 정신적인 공황상태를 메워줄
불교수행법의 프로그램화가 필요합니다.… (중략)… 불광이 창건 당시
도심사찰의 모델이 되었듯이 이제는 산중의 사찰이 무슨 역할을 어떻게
해야 할지 새로운 모델이 될 것입니다. 불광뿐만 아니라 교단 자체가
나아가야 할 모델을 제시, 교단에도 이익이 되는 활로를 모색해가야
하리라 봅니다.

―

창간 30주년의 의미, 불광회 회주 지홍 스님께 듣는다 中

"무(無)가 예불하고, 무가 밥먹고, 무가 청소하게 하라."

번잡한 도시에서 아등바등 살아온 사람들에게 어느 섬인들 아름답지 않겠나만은, 오곡도에는 두 분의 수행자가 있어 맑은 기운을 더해준다. 어느 날 갑자기 교수직과 얽힌 인연을 끊고, 오곡도의 폐교를 수행처로 개조해 수행에 전념하고 있는 장휘옥 오곡도 명상수련원 원장, 김사업 지도법사가 그 주인공이다. 그들은 아는 것과 행하는 것이 하나가 되지 않으면 의미가 없다는 것을 절감하고, 세계 유명 수행처(일본 고오가쿠지, 미얀마 쉐우민센터, 프랑스 플럼 빌리지, 스위스 랍땐 최링 등)에서 최고 스승의 지도를 받으며 각 수행의 핵심과 수행지도법을 온 몸으로 체득해 나갔다. 이후 직접 농사를 지으며 일상생활과 하나 되는 수행을 하는 한편, 수행 체험을 회향하고자 수련회를 개최하고 있다.

– 2월호 수행의 현장 오곡도 명상수련원 동계집중수련회 中

2005 ³¹th

1974년 11월호부터 유지해오던 13×18.7cm 사이즈의 판형을 5월호를 기점으로 15×21cm 사이즈로 하여 책의 크기를 과감하게 키웠다. 판형의 크기가 커지면서 표지 디자인과 내지 디자인도 한층 더 세련돼졌다. 생활 속에서 불교 수행을 할 수 있는 방법에 대해 특집으로 다루었으며, 천성산 구간 관통 터널 문제 등의 사회적 이슈도 함께 다뤘다. 또한 「불교와 문화」와 공동주관해 '제1회 청소년을 위한 명상캠프'를 개최, 청년 불자 성장에 대해서도 관심을 가졌다.

5월호를 기점으로 판형이 커지면서 디자인이 한층 더 세련돼졌다.

꼬리치레 도룡뇽을 아십니까?

현대사회에서 개발은 피할 수 없는 선택이다. 그러나 자연환경을 보호하고 지켜내지 못하면 우리 인간도 살 수 없게 된다는 것은 누구나 잘 알고 있다. 제2, 제3의 천성산 문제가 터지지 않도록 환경에 대한 관심을 증폭시키고, 환경전문성을 키워 개발 초기부터 적극적으로 참여해 갈등을 줄이는 것이 바람직할 것이다. 많은 사찰이 자연에 신세를 지고 있는 만큼 불교계가 앞장서 반대의견을 수렴해 대안을 내놓고, 환경보호에 박차를 가해 노력을 기울일 때다.
- 3월호 천성산 이야기 中

진언

진언은 부처의 참된 경지를 나타내는 진실한 말로서, '진실하여 거짓됨이 없는 불교의 비밀스런 주문, 부처와 보살의 서원이나 그 가르침을 간직한 비밀의 어구'를 뜻한다. 진언은 말이라기보다 그 자체로서 부처님의 법이며, 이를 염송함으로써 궁극적인 깨달음에 도달할 수 있다. 그러므로 그 뜻을 번역하지 않고 범어 그대로 읽고 있는 것이다. 진언은 범어로는 만트라라고 하는데, 비교적 짧은 주를 진언, 긴 주를 다라니(陀羅尼)라고도 한다. 진언은 부처님의 가르침을 담고 있는 언어인 만큼 진언을 외우면 한량없는 지혜를 얻게 되어 빨리 성불할 수 있고, 온갖 재난을 극복하고 소원을 성취하며, 지은 죄업을 참회하여 업장을 소멸하게 된다.
- 11월호 생활 속의 불교용어

"걱정하지 마라, 걱정하지 마라. 만고광명(萬古光明)이요, 청산유수(靑山流水)니라."

11월 30일 "걱정하지 마라, 걱정하지 마라. 만고광명(萬古光明)이요, 청산유수(靑山流水)니라."라는 임종게(臨終偈)를 남기시고 서울 수유리 화계사에서 세수 77세, 법랍 57세로 입적하신 조계종 원로의원이자 화계사 조실인 숭산 스님의 영결식이 조계종 원로회의장으로 봉행됐다.
다비식 내내 '나무아미타불' 염송이 장엄하게 울려 퍼지는 가운데 숭산 스님의 법구는 푸른 솔가지로 낮게 깔아놓은 장작더미 위에 올려졌다. 거화(擧火)된 연화대는 이내 큰 불길을 내며 타들어갔으며, 불이 붙은 숭산 스님의 법구는 붉은 불꽃과 푸른 연기를 피워올렸다. 숭산, 당신이 비구계를 받았던 덕숭산의 이름에서 따온 그대로 덕숭산이 되는 순간이었다.
- 1월호 숭산 스님 다비식

생활즉수행(生活卽修行)

한국 수행불교 역사를 문화적으로 관찰해볼 때 '수행'이라고 하면
스님들이 하안거나 동안거를 통하여 선방에 앉아 매일 8시간 내지 15시간
동안 좌선하는 것으로 생각되어져 왔습니다. 그래서 재가자들도 수행을
하기 위해서는 하루 시간 중 생활과는 별도의 시간을 내어 조석으로
조금씩 좌선을 하고, 여건이 허락된다면 산사에 있는 재가자 선방에
들어가서 며칠 정도라도 좌선을 하는 것이라야 제대로의 수행인 것처럼
여겨져 왔습니다.

생활 수행이라고 하면서도 생활은 별도로 있고 참선하는 시간이나
기도하는 시간을 별도로 할애해야 생활 수행이 되는 것처럼 여겨지는
실정이었지요. 물론 그러한 정진이 수행의 하나이기는 하지만, 그것만이
제대로 된 수행이라고 여기는 신념 체계는 잘못입니다. 석가모니께서
내놓으신 수행 방법인 팔정도를 가만히 살펴보면 삶의 모든 영역이
수행임을 알 수 있습니다.
생활(삶)이란 사언행(思言行), 곧 신구의(身口意) 삼업(三業)의 과정일
뿐입니다. 그러므로 사언행의 삼업을 바로 하는 것이 일단 수행이라
여기면 적중한 생각입니다. 그 '바름'에는 바름의 기준이 있어야 할 터,
바른 가치관 곧 정견(正見)이 그것입니다. 생활이 수행이려면 순간순간
사언행의 모든 삶의 과정이 정견의 원칙에 부합될수록 좋습니다.

생활 속의 수행이란 생활을 하면서 틈틈이 수행을 한다는 뜻이 아니고
생활 그대로가 수행이게 한다는 뜻이니, '생활즉수행(生活卽修行)'이요
'수행즉생활(修行卽生活)'을 의미하는 것이지요. 아공(我空)
법공(法空)을 이야기는 하면서 주와 객에 그지없이 집착하고, 이대로
부처라 하면서 사람 대하기를 쉽게 하고, 한 생각 돌리면 될 자리에
집요하게 매달리며, 정구업진언(淨口業眞言)을 무수히 하면서 이간질이며
악구 등을 막지 못하며, 불살생을 말하되 생명에의 존중감이 허술하고,
해인삼매이니 화엄삼매를 말하면서 마음은 산란하여 천 갈래 만 갈래라면,
생활이 그대로 수행이게 하자는 것에 어긋나는 일입니다. 진정 부끄러움
없는 생활 속의 수행이 되도록 스스로의 사언행을 엄정하게 살피고
자동화되어 있는 미성숙한 신구의 삼업의 수레바퀴에 각근한 제어장치를
설치해야 합니다.

—

옹타 스님의 생활 속의 수행 이야기 中

2005년 부처님 오신 날 기념 일장 스님 그림

살며 생각하며

산사의 새벽은 새들의 인사와

산들을 수줍게 하는 안개와

수련이 피어나는 것으로 시작합니다.

언제나처럼 법당에 앉아 있어 봅니다.

사람들은 새로운 업을 짓기도 하고

지은 업을 소멸시키기도 합니다.

작은 일들 또는 어떤 일들로

다른 사람들의 마음을 아프게도 하고

기쁘게도 합니다.

모름지기 부처님을 믿는다면

마음공부를 한다면

아프게 하기보다는 기쁘게 하여야겠습니다.

나무환희불

—

범일 스님

감사하는 마음이 있어 감사합니다

출발지인 서울 잠실역에 모여든 청소년(초등 5·6학년~중학생)들의
표정은 여느 캠프와는 달리 기대와 설렘보다는 긴장감이 역력했다.
다보사·다보수련원에 모여든 50여 명의 청소년들과 10여 명의
부모님들, 멀리 강원도와 심지어 캐나다에서 온 친구도 있다. 이들은
'나는 누구인가', '춤침 명상', '감사 명상', '애니어그램', '죽음 명상'
등 프로그램이 진행되는 동안 서로에 대해 알아가면서, 금세 오랜
친구처럼 친근해졌고, 점점 내면의 자신을 탐구하는 시간이 되었다.
이번 명상캠프는 부모와 자녀가 함께할 수 있는 프로그램으로 진행되어
공통의 이야기거리가 생겼으며, 도반의 관계로까지 나아갈 수 있는 계기가
되었다.

—

부모와 함께하는 '제1회 청소년을 위한 명상캠프' 中

40년을 함께한 불심(佛心)의 향기

"수행에도 프로가 되면 신심이 약해지는 것 같아요. 입으로만 하려는 경향이 있지요. 나이도 숫자에 불과할 뿐입니다. 철딱서니 없을 때 용맹정진할 수 있듯이, 끊임없이 튀어오르는 자만심을 늘 경계하고 있습니다." -남일우

" 아침에 일어나자마자 안방에 모셔놓은 관세음보살상 앞에서 기도를 드리며 '부처님 감사합니다.' 하며 하루를 시작합니다. 지금까지 별탈없이 살아온 게 부처님의 진정한 가피가 아니겠습니까. 앞으로도 부처님의 가르침을 벗어나지 않고 현재에 충실하며 항상 감사한 마음을 갖고 살고자 합니다." -김용림

매달 「불광」을 구독하고 또한 몇몇 지인들에게까지 「불광」을 전해주는 인연으로 불자 연예인 남일우(68세)·김용림(66세) 씨 부부를 만나 진솔한 신행생활을 들어보았다. 대표적인 불자 연예인부부인 남일우·김용림 씨는 교계 포교활동에도 적극적이다. 조계종 신도증·동판 팔만대장경 홍보 포스터에 참여했으며, 생명나눔실천본부 회원으로 시신기증 서약을 했다.

—

'불자 연예인 부부 남일우, 김용림 씨' 특별초대석 中

세상에서 가장 아름다운 것

제가 하버드 대학에 있을 때 신문지상에서 인상적으로 본 글이 있습니다. 글쓴이가 "세상에서 가장 아름다운 영어 두 단어가 뭘까?" 이렇게 묻고 본인이 또 대답을 했어요. 맞춰보십시오. 예, "나눔", 크게 보면 맞추셨습니다. 영어로 'check enclosed', 그러니까 '수표가 이 편지 봉투 안에 들어 있으니 좋은 데 써 주십시오.'라는 뜻입니다. 세상에서 가장 아름다운 말, 나눔이요, 기부입니다.

– 4월호 박원순 변호사 권두강연 中

2006 ^{32th}

일상생활 속에서 불교를 통해 잘 사는 법을 찾고자 했다. 초보자를 위한 불교공부부터 바쁜 일상 속에서 어떻게 수행을 해야 할지 가행정진의 방법을 제시하기도 했고, 어떻게 몸과 마음의 건강을 관리할 수 있을지, 어떻게 죽음을 맞이해야 아름다운 회향을 할 수 있는지에 대한 방법을 소개했다.

존엄한 죽음을 위한 준비

『티베트 사자의 서』 가르침과 임사체험의 증거로 볼 때, 혼수상태에 빠질지라도 자신에게 무슨 일이 일어나는지 당사자는 온전하게 의식할 수 있다. 따라서 죽기 전에, 죽어갈 때, 그리고 몸과 의식이 최종적으로 분리될 때까지 환자를 평온한 분위기 속에 머물게 하는 것이 무엇보다도 중요하다.

– 12월호 오진탁(한림대학교 교수)

보배창고를 여는 공부

경전은 보배가 가득한 창고에 비유된다.
경전을 '경장(經藏)'이나 '법장(法藏)'이라고
부르는 것도 이 때문이다. 학술서는 어디에
어떤 창고가 있고, 그 속에는 어떤 보배가
있다는 식의 주변지식을 주로 다룬다. 따라서
교리서만 본다면 보배가 어디에 있는지는
알겠지만 보배를 직접 향유할 수는 없다.
삶을 풍요롭게 할 보배를 얻고자 한다면
직접 보배창고의 문을 열어야 한다. 경전을
읽다보면 자연히 교리에 대한 이해가 깊어지는
것은 물론이다. 뿐만 아니라 경전을 통해
이해한 교리는 감성적 언어를 통해 수용되므로
가슴을 따뜻하게 하는 힘이 있다. 경전을 통해
교리공부를 하게 되면 현학적 지식에 매몰되지
않고 법장을 여는 공부로 발전해 간다.
- 3월호 서재영(동국대 불교문화연구원 전임연구원)

수행은 최상의 건강 관리법

불교에서는 건강한 육체와 건전한 정신을
동시에 유지하는 것이 최상의 길이라고
가르치고 있다. 대부분의 사람들은 육체적
건강에는 지나칠 정도로 깊은 관심을
기울인다. 그러나 정신적 건강은 상대적으로
소홀히 하는 사람들이 많이 있다. 아무리
건강한 육체를 가지고 있다고 할지라도
정신적으로 문제가 있다면 온전한 사람이라
할 수 없다. 그리고 정신적으로 극심한
스트레스에 시달린다면 순식간에 몸은
망가지고 만다. 건강한 육체와 건전한
정신을 소유하고자 하는 사람은 먼저 계율을
지키고 수행하기를 권한다. 수행은 건강한
육체와 건전한 정신을 얻기 위한 최상의
방법이라고 알려져 있다.
- 8월호 마성 스님(팔리문헌연구소 소장)

업경대(業鏡臺)

지옥의 염리대왕이 가지고 있다는 거울로, 인간의 죄를 비추어보는
거울. 『사분율행사초자지기(四分律行事超資持記)』에는 "1년에
3회, 정월과 5월, 9월에 업경대가 남섬부주(南贍部洲)를 비추는데,
만약 선악업이 있으면 거울에 모두 나타난다."고 하였고, 또
『지장보살발심인연시왕경(地藏菩薩發心因緣十王經)』에는 "사방팔방에
업경을 달아 두어 전생에 지은 선과 복, 그리고 악과 죄업을 나타낸다. 모든
악업의 형상을 나타내는 것이 현세에서 목전에 보는 것과 같다."고 하였다.
- 5월호 생활 속의 불교 용어

365일을 열어가는 불자의 생활

불자의 제 1신조는 우리의 본성이
불성(佛性)이라는 것이다. 그리고 본성은
근원의 근원이며 모두의 모두라는 사실이다.
푸른 하늘에 태양이 찬란하듯 온 존재는
불성의 찬란이 충만할 뿐인 것이다.
그러니 불자는 모름지기 위대한 미래를
꿈꾸고 위대한 이상을 펼치고 아름다운
날개를 펴 나아가는 자라고 할 수밖에
없다. 성공을 믿고 성사를 상상하며 있는
힘을 완전가동하여 성취 정진의 365일을
열어가는 것이 불자의 생활인 것이다.

- 2006년 1월호 빛의 샘 中

정념 스님

아(我)도 버리고 법(法)도 버리라

"고정관념이 모든 시비의 뿌리입니다. 본바탕이야 허물이 붙을 게
없어요. 어떤 것도 고정적이고 절대적인 게 없다는 무유정법(無有定法)을
체득해야 자유인의 삶으로 갈 수 있는 것입니다. 결국 나도 버리고 법도
버리라는 게 부처님의 가르침입니다."

부처님께서 그토록 강조하셨던 무유정법, 부처도 죽이고 조사도
죽이는(殺佛殺祖) 조사선의 가풍은 분명 이 시대의 희망이다. 절대적인
고정관념 때문에 얼마나 많은 갈등이 벌어지고 있는가. 스님이 교계에서는
처음으로 단기출가학교를 개설한 것도 이 시대를 살아가는 이들에게
참으로 큰 선물이라는 생각이 들었다. 월정사 단기출가학교는 지원자가
너무나 많아 경쟁률도 치열하다.(50명 모집에 보통 4,5백 명이 몰린다.)
급변하는 현대사회, 부초처럼 떠도는 삶 속에서 참나를 찾고자 하는
열망이 간절해질 수밖에 없다. 이런 중생들의 고민을 직시하고 여러 가지
대안을 내놓으신 스님은 분명 이 시대가 요청하는 도인이다.

우리 스님 中

정념 스님 조계종 제4교구본사 오대산 월정사 주지. 상원사
청량선원, 중앙종회의원 등을 역임했고, 지난 2004년부터
월정사 주지 소임을 맡았다. 전통문화의 발굴·창조적
계승에 주력하면서 지역민들을 대상으로 다양한 복지, 문화,
교류사업을 펼쳤다.

통일 불사의 길 금강산 신계산 가는 길

2월 10일부터 12일까지 2박 3일 일정으로 월간 「불광」 전 직원이 육로를 통해 금강산을 들러 신계사 부처님을 참배하고 돌아왔다. 10일 정오, 고성 통일전망대 입구에 위치한 금강산콘도에 닿은 우리 일행은 방북증을 받고 북측에서 조심해야 할 간단한 주의사항을 들었다. 잠시 후 버스를 타고 남측출입국사무소에 도착해 수속을 마치고 다시 군사분계선을 통과 북측 출입국사무소에 도착, 입국(?) 수속을 마쳐야만 했다.

구룡연으로 향하는 버스에서 내려 신계사로 발걸음을 옮겼다. 단청을 입히지 않은 대웅전과 만세루 요사채가 송림을 뒤로하고 드러나 있었다. 지난 1990년 말부터 종단에서 민족화합과 통일의 염원으로 시작된 금강산 신계사 복원 불사는 2001년의 남측 조사단의 신계사지 지표조사 실시, 2002년 신계사 지표조사 보고서 발간, 2003년 신계사 남북공동발굴조사 등을 거쳐 2004년 대웅보전 낙성식을 봉행할 수 있었다. 남북교류니 민족동질성 회복이니 하는 목이 뻣뻣한 말들일랑 저만치에 두고 보더라도 남과 북의 '북남'의 기술자와 일꾼들이 함께 모여 한솥밥을 먹으며 부대끼며 이루어낸 오늘 신계사 복원의 시공간은 미리 가본 통일의 모습으로 충분하다.

—

불사의 현장 中

전무송

영화 '만다라'를 통해 달라진 삶

'만다라'를 찍으면서 자연스럽게 스님들을 만나게 되었고, 그 분들로부터 법문을 들으면서 제 생각들이 바뀌었습니다. 제가 가지고 있었던 생각들이 얼마나 편협한 것이었나를 알게 된 것이지요. 사람이 어떻게 살아가야 하는지를 생각하고 자기가 누구인가를 알아야 하며 존재의 가치를 깨달아야 한다는 것을 새롭게 알게 되었습니다. 무대에서 삶을 표현한다고 할 때 내 의식 속에서 부처님의 말씀이, 가르침이 한 번도 떠난 적이 없습니다. 무대에서 관객들을 감동시켰다면 그것이 바로 부처님의 가르침을 전하는 것이라고 생각합니다.

—

특별초대석 中

전무송 배우. 연극과 드라마, 영화 등을 통해 활발하게 활동하며 대종상 남우조연상, 영화평론가상, 대한민국 연극제 연기상, 한국 백상예술대상 연기상, 한국연극예술상 최우수연극인상 등을 수상했다. 만다라, 아제아제바라아제, 동승(이상 영화) 무인시대, 원효대사, 왕건, 국회(이상 TV) 등에 출연했다.

장사익

인연으로 만나기도 하고 흩어지기도 한다네

불교 하면 인연이라는 말이 먼저 떠오른다. 내 인생 또한 숱한 인연으로
이루어졌다. 아버지는 고향에서 유명한 장고잽이셨다. 그런 연유로
자연스레 우리 전통가락이 몸에 배게 되었다. 또한 초·중학교 시절에는
웅변을 한다고 매일 뒷산에 올라 목청을 틔우는 훈련을 하였는데,
그 모든 것이 오늘날 변치 않는 내 소리를 갖게 한 것이다. 인생길
걸어가는 길목마다 좋은 선생님, 좋은 친구들과의 만남이 가장 큰
자양분이 되었다. 공연장에서는 몇 천 명과 노래 인연을 쌓기도 한다.
적지 않은 시간과 경비를 내어 그들은 왜 내 노래를 기다리는 걸까?
아마도 슬픔을 위로 받기 위해서, 함께 기뻐해 줄 친구를 만나기 위해 줄을
서며 모이고 있는 것이리라. "인연이 화합하면 있다고 말하지만, 업의
인연으로 만나기도 하고 흩어지기도 한다네."라는 『별역 잡아함경』의
부처님 말씀처럼 지나온 길 어느 것 하나 인연의 화합, 업의 소산 아닌
것이 없는 듯하다. 소중한 그 좋은 인연들 차곡차곡 쌓아 더 늙어서까지
노래하는 행복한 미래의 내 모습을 그려 본다.

—

내 마음의 법구 中

장사익 국악인. 거침없이 내지르는 강하면서도 섬세한 호소력이 한스러운 가슴을
시원하게 씻어주는 울림이 강한 이 시대 진정한 소리꾼. 1995년 8월 '하늘로 가는
길'을 발매하며 가수로 정식 데뷔했다. 대표곡으로 '찔레꽃' 등이 있다.

꺼지지 않는 할머니들의 등불

"역사를 무시하는 사람은 역사의 희생물이 되기
쉽고, 과거를 기억하지 못하는 사람들은 그 과거를
되풀이한다."는 어느 역사가의 경고처럼 우리의 무관심은
또 다른 업을 불러온다. 일본군 위안부 문제가 본격적으로
제기되던 1990년대 초, 당시 생계조차 어려웠던
할머니들을 위해 불교계를 중심으로 1992년에 서교동에
우리나라 최초로 위안부 할머니들의 쉼터인 나눔의 집을
열었다. 그 후 한 여성 불자의 부지 기증, 송월주 스님과
종단 지원, 성금 등으로 1995년 12월에 경기도 광주군
퇴촌면 원당리 65번지로 이전했다. 현재 나눔의 집 앞에는
국내 유일의 인권테마박물관인 일본군위안부역사관이
세워져 실상을 생생하게 보여주고 있다.

– 5월호 빛을 더하는 사람들 : 나눔의 집 일본군 위안부 할머니들 中

2007 33th

33주년 연속기획특집으로
마음공부에 대해 다뤘다. 욕심, 화,
집착, 게으름을 다스리는 방법이나
잘난 척 하는 마음 내려놓기, 애욕
다스리기, 분별심 내려놓기, 외로움
바라보기 등 한 인간이 가지게
되는 부정적인 마음들을 내려놓고
자비심을 일깨우고, 비운만큼
행복이 커지는 것임을 특집에서
이야기했다.

여여(如如)

"바람이 부는 날엔 바람으로, 비 오면 비에 젖어
사는 거지. 그런 거지."
'타타타'라는 노래가사 중 일부이다.
'타타타(tathata)'는 산스크리트어로서 의역하면
'여여(如如)'라는 뜻이다. '여(如)'는 불교에서
여실(如實), 여상(如常)의 의미로서 변하지 않는
진리와 통한다. 여여는 우주 만물의 궁극적 본질을
뜻하며, 존재 그대로 편재해있는 진실한 모습이다.
그러므로 여여는 사물을 있는 그대로 진실하게
보는 것, 즉 아무런 의견이나 판단의 개입 없이
묵묵히 바라보는 것을 의미한다. 그 어떤 경계에도
마음이 휘둘리지 않을 때, 사념이 사라지고 번뇌로
가득했던 마음이 편안해 질 것이다.
- 2월호 생활 속의 불교용어 中

하심(下心)

잘난 척하는 마음 내려놓는 가장 좋은
방법은 하심(下心)이라고 말할 수
있습니다. 불교수행의 궁극으로 삼고 있는
무심(無心)조차도 사실 하심으로부터
시작된다고 말할 수 있겠지요. 하심이란
스스로를 낮추는 마음입니다. 마음을
낮추는 데서 참다운 공부는 시작된다고
말할 수 있습니다. 내가 '잘났다'고
생각한다면 누가 감히 나를 가르칠 수
있을까요? 아테네의 철학자 소크라테스는
항상 사람들에게 '너 자신을 알라'고 외치고
다녔습니다. 자신을 모른다는 것을 안다는
것, 그것이야말로 진정한 앎의 시작입니다.
- 6월호 월호 스님(쌍계사 승가대학 교수)

외로움의 연금술, 마음챙김

최근 미국 UCLA의 한 연구팀은 외로움이 면역체계와 감임 유전자에 영향을 주이 병에
걸릴 확률을 높여준다는 연구결과를 발표했다. 외로움은 야누스처럼 두 개의 얼굴을
가지고 있는 것으로 보인다. 하나는 '쓸쓸함'이라는 병리적 측면이고, 다른 한 쪽은 '홀로
있음'이라는 건강한 측면이다. 전자는 세상과의 관계에서 고립, 소외, 단절의 가능성을
암시하고, 후자는 전체와 연결된 내적인 충만함을 상징한다. 인간이 성장하기 위해서는
외로움의 이 두 가지 측면을 잘 이해하고, 공허한 쓸쓸함을 충만한 홀로 있음으로 승화할
필요가 있다. 쓸쓸함과 관련된 대표적 부정정서인 우울증도 마음챙김이라는 연금술을
통해 건강한 생명력으로 정제될 수 있다.
- 10월호 안희영(서울불교대학원대학교 교수)

혜자 스님

베풀면서 수행하라

"108산사순례법회 기도회는 부처님과 은사이신 청담 스님이 주신 것이고, 우리 농촌 살리기는 동참 불자님들의 아이디어입니다. 11월 29일 송광사에 갈 때엔 농산물 직거래 장터를 열었는데, 큰 호응을 받았습니다. 요즘은 미리 그 지역 특산물이 무엇인지 홍보해주고 있습니다. 경기, 충청 지역 등 가까운 사찰에 갈 때는 군부대에 들러서 군포교에도 일조할 것입니다. 또 108산사 환경지킴이를 발족해서 사찰 주변 환경을 청정하게 하고 올 생각입니다."

도선사에서는 2005년 12월에 한국 사찰로서는 최초로 세계 유네스코 9대 불가사의의 하나인 불지사리를 모셔다 4박 5일간 친견법회를 가졌었다. 2006년에는 108인의 순례단이 불지사리가 모셔진 중국 서안 법문사에 가서 자매결연을 맺고 왔다. 돌아오는 도중 108산사를 찾아가보자는 생각을 하게 되었으니, 부처님께서 주신 아이디어라고 한다.

—

우리 스님 中

혜자 스님 마음으로 찾아가는 108산사순례기도회 회주. 대한불교조계종 총무원 문화부장, 혜명복지원 이사장, 경제정의실천불교시민연합 공동대표, 불교환경연대회의 공동대표, 삼각산 도선사 주지를 맡고 있다.

진오 스님

현장에서 뛰어라

"불교계가 타 종교에 비해 복지사업에 뛰어든 것이 다소 늦었지만 우리 불교계가 잘할 수 있는 것이 분명 있습니다. 여기에서 이렇게 일하다보면 만나는 사람마다 스님들이 현장에 함께 있어주길 간절히 바라고 있습니다. 현장에 있어야 사람들이 무엇을 필요로 하고, 무엇을 해야 하는지를 볼 수 있어요. 불교계에도 복지기관이 많이 늘어나고 있는데 현장에 계신 스님이 거의 없어요. 스님들에게도 2년 정도는 현장교육 의무기간을 두었으면 합니다. 마라톤도 뛰어본 사람이 훨씬 대회를 더 잘 기획하고 운영합니다. 복지도 마찬가지이지요."

—

우리 스님 中

진오 스님 구미 대둔사 주지. 구미 금오종합사회복지관 부관장, 구미 외국인 근로자 상담지원센터장을 맡고 있다. 이주노동자들을 돕기 위해 철인3종 경기, 마라톤 대회에 참가하는 등의 활동을 하며 달리기하는 스님으로 알려졌고, '철인 스님'이라는 별명을 얻었다. 불교계 최초로 이주민 복지사업을 전개하여 깨달음의 사회화, 불교의 사회적 기여에 앞장서고 있다.

건강을 불러내는 법

혹 어떤 사람은 건강해지기 위해
'건강해야지. 건강하다고 생각해야지.'
할지 모른다. 그러나 본래 병들 수 없는
것이 우리 생명이다. 말을 하고 생각을
하고 믿고 행동할 때 건강은 나타난다.
누가 "그 사이 건강하세요?" 할 때
"네! 감사합니다. 건강합니다." 하고
명쾌하게 대답하자. 그럴 때 생명은
조절되고 활기는 넘쳐나고 충실한
건강이 전면에 나타난다. 말이 건강을
불러내는 길잡이가 되는 것이다.
- 2007년 7월호 빛의 샘

사진_ 관조 스님

자연과 하늘이 빚어놓은 걸작, 금강산 묘길상

몇 개의 돌계단을 오르자 나뭇잎 사이로 밝은 기운이 느껴진다. 돌계단을 좀 더 밟고 올라서자 평지 위에 거대한 바위에 새겨진 마애불상이 보인다. 40미터의 거대한 암벽에 감실을 파고 그 안에 조각된 불상의 크기는 무려 15미터나 되는 고려시대 마애불이다. 북한 당국의 국보급 문화재 46호로 지정되어 있다.

표훈사의 옛 흔적

바람결에 풀이 누웠다.
그 사이로 표훈사의 옛 흔적으로
보이는 주춧돌 하나가 보인다.
길게 자란 풀 사이에 주춧돌은
예전에 어떤 건물을 받치던
머릿돌로 사용되었을 것이다.
나름대로 사연을 가진 주춧돌이
왠지 마음을 끌어당긴다.
- 2007년 9월호 금강산의 4계 여름 中

세상에서 가장 고운 단풍길을 걷는다

강산을 이루는 일만이천 산봉우리들은
저마다 개성 있는 모습으로 하늘 아래 뾰족이
솟아올라와 있다. 천선대에서 바라본 수많은
봉우리는 말을 타고 달리는 병사들의 당당한
진군처럼 눈앞에서 펼쳐지고 붉게 물든 단풍은
풍악산 이름값을 한다. 가슴속 깊은 곳에서
밀려오는 감탄사가 입 밖으로 절로 터진다.
– 2007년 12월호 금강산의 4계 가을 풍악산 中

사진_ 하지권

종교의 생명은 대사회적 기능에 달려있다

붓다는 '전도선언(傳道宣言)'에서 '많은 사람들의
이익과 행복을 위해' 길을 떠나라고 했다. 이 전도선언
속에 불교가 이 땅에 존재하는 이유를 밝히고 있다.
불교도들은 지금보다는 더욱 더 적극적으로 사회문제에
관심을 가져야 할 것이다. 그리고 그러한 사회문제를
불교적 관점에서 어떻게 해결할 것인가에 대해
진지하게 고민해야 할 것이다.
– 8월호 마성 스님(팔리문헌연구소 소장)

2008 34th

2008년 1월호부터 또 한 번의 파격적인
변화가 있었다. 표지가 바깥쪽 접지를 응용한
형태로 제작됐다. 접지가 접힌 상태에서는
전면 사진이지만 접지를 펴면 목차가 드러나는
식이다. 구성과 디자인 면에서 주목할 만한
아이디어였다. 또한 2008년 2월 발행 400호를
맞이해 각계각층에서 많은 축하 문구와
작품을 받아 실었다. 불광의 관점이 독자
개인을 성장시키는 불교에서 점차 사회참여의
목소리를 내는, 사회참여로 나아가는 불교로
시야를 넓히고 있음을 알 수 있다.

월간 「불광」 400호

불교의 바람직한 위상 정립

불교계가 사회적 위상을 제고하기 위해서는 어떻게 하여야 할까? 사회 내지 세계의 종교적 수요와 기대에 부응하고 제 역할을 하며 그들에게 실질적 도움을 주고 희망이 되어야 한다. 그래야 존중되고 지지와 성원을 받을 수 있으며 귀의처가 될 수 있겠기 때문이다. 국내에서는 불교인 대중 각자가 자기분야에서 사회적 저력을 키우는 것이 전제되어야겠지만, 국가 사회의 역량 활용을 향도하는 정책 결정과 여론형성을 주도할 지도층 인사로서의 지위와 업무 확보가 필요하다. 불교계가 지난 세월 시의적절한 사회적 감각과 관심이 없어 필요한 인재양성과 포교에 소홀하여 다른 종교계가 세력을 확장하도록 방치한 결과 그전에 가졌던 위상을 저버렸음을 반성해야 한다.

– 10월호 진월 스님(동국대 경주캠퍼스 주임교수)

월간 「불광」, 미국도 가고 상도 받고

월간 「불광」이 지난 3월부터 미주 지역 보급을 시작했습니다. 이에 따라 미주 지역의 불자들도 서점에서 직접 「불광」을 만날 수 있게 되었습니다. 「불광」의 현지 보급은 달마붐미디어가 대행하며, 가격은 6달러 50센트로 책정되었습니다. 뉴욕불교사원연합회장 원영 스님은 "뉴욕에서도 「불광」을 정기구독하는 사람들을 만날 때면 진정으로 불광(佛光)이 널리 비추고 있음을 느낄 것"이라며 「불광」의 미주 진출을 반겼습니다. 또한 「불광」은 지난 4월 7일, 한국잡지협회가 선정하는 '2008 우수전문잡지'에 뽑히기도 했습니다. '우수전문잡지'는 문화관광부 장관이 우수잡지로 선정한 잡지들 가운데서 다시 엄격한 심사를 거쳐 뽑고 있습니다.

– 5월호 알토란 소식

웰다잉에 대한 종교적 고찰

진정한 웰다잉이란 다시 태어나지 않는 것이다. 웰다잉을 위해서는 금생에 공부를 해 마쳐야 한다. 인생은 체험학습의 장이다. 우리가 세상에 나온 것은 못 다한 숙제, 마음공부를 하기 위해서이다. 그러므로 공을 체험할 때까지는 계속해서 몸을 바꾸어가며 태어나게 된다. 삶과 죽음의 큰 문제를 풀기 위해서는 직접 삶과 죽음에 맞닥뜨려야 한다. 그런 의미에서 몸뚱이는 귀중한 체험학습의 교재라고 말할 수 있다. 숙제를 마칠 때까지 소중하게 다루어야 한다. 공부가 끝나는 것은 마음이 공해지는 때이다. 그런데 이러한 경지에 이르기도 전에 체험학습의 교재를 함부로 없애버린다면, 위기를 기회로 전환하지 못하고 다음 생으로 숙제만 더욱 늘려가는 결과를 초래하는 것이다.

– 11월호 월호 스님(쌍계사 승가대학 교수)

마음거울 닦기

해인사 백련암 3박 4일 아비라 기도
"옴 아비라 훔 캄 스바하, 옴 아비라 훔 캄
스바하, 옴 아비라 훔 캄 스바하 …"
가야산 해인사 백련암. 관음전, 적광전,
정념당, 성철 큰스님 좌상이 모셔진 고심원
아래 장경각, 장궤합장 한 보살님들과
거사님들이 힘차게 염송하는 법신진언은
소리 없는 소리가 되어 쿵쿵 쾅쾅 심금을
울리고 다시 우주법계를 진동시킨다.
– 2008년 1월호 수행의 현장 中

사진_하지권

김홍신

운문(雲門) 선사의 "날마다 좋은 날(日日是好日)"

1천여 년 전에 운문종을 개창한 대종장 운문 선사께서 가장 사람답게
살고 가장 법에 가까이 이르는 묘법을 갈파했으니, 곧 "날마다 좋은
날(日日是好日)"이라는 법구다. 나는 강연을 시작하면서, "지금 당장 이
자리에 천사가 내려와 극락이나 천당에 데려다 준다면 따라가겠느냐"고
묻는다. 모두 고개를 흔든다. 왜 그 좋은 곳을, 가고 싶은 곳을 따라가지
않느냐고 물으면 대개가 하고 싶은 게 있기 때문이라고 한다. 사람마다
하고 싶은 일이 다르지만 대체로 오늘보다 내일이 나을 거라는 가능성을
믿기 때문에 현세를 붙잡고 있는 것이다. 그런데 이 생이 정말 행복할까?
어제보다 오늘이 정말 기쁠까? 행복은 크고 멀리 있으며 아름답고
화사할까? 그래서 나는 곧 코를 쥐어보라고 한다. 입을 벌리지 말고
그대로 있으라면 모두 웃는다. 지금 숨 쉬고 있는 게 곧 행복임을 아는
사람만이 날마다 좋은날을 만드는 것이다.

―

내 마음의 법구 中

김홍신 1976년 「현대문학」으로 등단, 1981년 대한민국 최초의 밀리언셀러
장편소설 『인간시장』을 펴냈다. 제15, 16대 국회의원으로 8년 연속 '의정활동
1위 의원'에 올랐다. 한국소설문학상, 소설문학작품상, 자랑스러운한국인대상을
수상했다. 2007년 8년 여에 걸쳐 심혈을 기울인 대하소설 『김홍신의 대발해』(전
10권)를 출간했다.

원철 스님

스스로의 빛으로 촛불을 삼을지니

1980년대 황지우 시인은 사람들이 꽃으로 빛나는 세상을 이룬다는 '화엄(華嚴, 꽃으로 장엄된)광주'를 노래했다. 2008년도에는 수십만 개의 촛불을 밝힌 광화문에서 숭례문으로 이어지는 거리는 '화엄(火嚴, 촛불로 장엄된) 서울'이라고 어떤 언론에서 이름 붙였다. 현대의 촛불은 종교적 신앙의미를 넘어서서 자기의사를 표시하는 또 다른 수단으로 승화되었다. 불가(佛家)에서 촛불은 무명(無明)의 어둠을 몰아내고 세속의 번뇌와 때를 태워버리는 상징물이었다. 마음의 탐욕을 제거하여 어두운 사바세계를 밝혀 중생을 제도하기 위한 광명이기도 했다. 부처님께서는 우리에게 좀 더 의미 있는 등불이 되라고 이런 유훈을 남기셨다. "스스로를 등불 삼고 진리를 등불 삼으라(自燈明 法燈明)." 그렇다면 선종의 촛불은 어떠해야 하는가? 그 촛불은 깨침의 촛불이어야 했다.

선어유희(禪語遊戲) 中

원철 스님 「해인」 편집장을 맡으면서 「불교신문」 등의 칼럼을 통해 '글 잘 쓰는 이'로 통한다. 시원시원한 글과 해박한 경전지식으로 인해 빼놓지 않고 읽어볼 만한 칼럼으로 손꼽힌다. 현재 조계사에 머물고 있는 스님은 산과 도시가 둘이 아니라고 믿고, 도시에 살아도 산에서 머물던 마음을 늘 잃지 않으려고 애쓰고 있다. 그리고 가끔 마음의 고향이며, 젊은 학인시절을 보낸 해인사로 가서 산승의 향기와 색깔을 듬뿍 묻혀 도심으로 되돌아오는 일을 반복하고 있다.

전법원력이 문자반야로 빛나니

「불광」 400호에 부쳐

우금(于今) 34년 전 11월 동안거 초입에
눈빛 형형하셨던 광덕 대종사의 원력이 문자반야로 빛나더니
창조적인 생활인을 위한 불교교양잡지 「불광」이 탄생하였도다.

면면히 이어진 40여 성상(星霜)의 지령 400호에 이르도록
참진리의 빛을 우리의 역사와 생활 속에 드러내고자 하니
불법(佛法)을 통하여 참 생명인 불성을 모두가 자각토록 하셨구나.

부처님의 위광(威光)을 전달하려는 순수불교의 전법의지는
매달 한 권 한 권마다 면면(面面)마다 정성으로 응축되니
시방의 사부대중에게 경책죽비 되어 안일한 마음을 일깨워주는구나.

신심 가득한 환희로움으로 가득한 찬란한 이 아침에
불교의 생활화 현대화 대중화라는 번당(幡幢)을 다시 내걸며
이후 50년 100년 일천호 이천호를 향해 달음질칠진저.

—

도림 법전 스님(대한불교 조계종 종정)

안도현 시인

갈라지면서 도끼날을 향기롭게 하는 전단향나무처럼

"갈라지면서 / 도끼날을 향기롭게 하는 / 전단향나무처럼."

고대 인도의 잠언시 '수바시따'에 들어 있는 구절이다. 전단향나무가
갈라지면서 도끼날을 향기롭게 한다는 말은 얼마나 향기로운가!
이분법적으로 본다면 도끼는 가해자고, 향나무는 피해자다. 향나무의
입장에서 도끼는 원수일 뿐이다. 그 둘 사이에는 용서와 화해가 이루어질
수가 없다. 그럼에도 향나무는 몸이 두 쪽으로 갈라지면서 원수의 몸에
자신의 향을 묻힌다. 그때부터 피아의 구별은 사라진다. 원망도 사라진다.
나를 가장 아프게 한 사람에게 나의 향기를 전해줄 수 있다면 그게 결국은
부처님의 품에 드는 일일 것이다.

내 마음의 법구 中

불가원이원 (不可怨以怨) _ 원망으로써 원망을 갚으면
종이득휴식 (終以得休息) _ 끝내 원망은 없어지지 않는다.
행인득식원 (行忍得息怨) _ 오직 참음으로써만 원망은 사라지나니
차명여래법 (此名如來法) _ 이 진리는 영원히 변치 않으리.

- 『법구경』중

안도현 시인. 우석대 문예창작과 교수. 시집 『서울로 가는 전봉준』『모닥불』
『그대에게 가고 싶다』『외롭고 높고 쓸쓸한』『그리운 여우』『바닷가 우체국』 등이
있으며, 어른을 위한 동화로 『연어』『관계』『나비』 등이 있다. 소월시문학상,
노작문학상, 이수문학상 등을 수상했다.

초록의 생명을 위하여

돌계단마다
종소리 스미고

초록 생명들
서서히 웃음 꽃 터뜨리는 시간

바다 속 수심 천 리에도
향기로운 피가 도는 날

세상 모든 구김살
세상 모든 설움과 어두움들
부처님의 가피로 말갛게 씻어내려고
조용히 두손 모아 피어난 '불광'

숲속을 퍼져가는
푸른 메아리 되어
어느덧 눈부신 400개의 연등이 되어
사람 마음 갈피마다 걸려있네

꿈결처럼 백상을 타고 오신
햇살 같은 부처님의 진리를
땅 위의 생명들에게
솔향내로 퍼뜨리고

돌계단마다 스미는
종소리 속에
눈부신 400개의 '불광'으로 빛나네

—

불광 400호 축시
문정희(시인, 동국대 석좌교수, 고려대 문창과 교수)

佛是法住法位世間相常住
光門前寂光土春來草自青

戊子春 善住山房 石鼎野老 焚香

佛是法住法位世間相常住
부처여 모든 이치가 제자리를 지킴으로써
세상이 그대로 행복하고
光門前寂光土春來草自青
빛이여 여러분의 집 앞이 바로 부처의 땅이라
봄이 오면 풀이 절로 푸르도다

여러분의 개성이 곧 부처니,
개성을 잘 가꾸어 발전시켜 나와 남을 함께 이롭게 하는 것이 빛이다.
- 2008년 2월호 석정 스님(무형문화재 제118호 불화장) 불광사백회성만

마음으로 오르는 청봉(靑峰)의 절, 설악산 봉정암

뇌사리탑에 올라 주변 산세를 훑어보니 처처가 다 부처님의 형상을 빼닮은 바위들이다. 그 가운데서도 적멸보궁 뒤편에 우람하게 솟아있는 봉바위(일명 천진석가여래상 또는 천진불이라고 부르기도 함)는 큰바위 얼굴에 오똑한 콧날이며 둥글고 도톰한 입술과 넓은 이마와 백호와 육계까지 부처님의 형상을 너무도 쏙 빼닮았다. 자연이 저절로 내려준 이 수희(隨喜)의 불상 앞에서 무명의 어둔 마음이 어찌 등불을 얻지 않고, 탐진치(貪瞋癡)의 끓는 마음이 어찌 텅 빈 충만의 마음으로 낙희낙희(樂喜樂喜)하지 않을 수 있으랴.
- 2008년 9월호 마음으로 떠나는 산사여행 中

사진. 하진권

문태준 시인

한 생각 청정한 마음이 곧 도량이다

보조 스님이 세속나이로 33세 때 팔공산 거조사에서 썼다는 결사문에 이런 구절이 있다. "한 생각 청정한 마음이 곧 도량이다."

바깥에서 찾지 말고 신속히 내 마음에게로 돌아갈 일이다. 깨끗하게 비질된 도량 마당에 가을의 소슬한 바람이 불어오는 것을 상상해보라. 도량 가득 만월(滿月)의 빛이 내리는 모습을 상상해보라. 그곳에 홀로 서 있는 자신을 상상해보라. 우리의 마음을 그곳에 살게끔 하면 어떨까.

내 마음의 법구 中

문태준 시인·불교방송(BBS) 프로듀서. 시집으로 『수런거리는 뒤란』, 『맨발』, 『가재미』, 『그늘의 발달』 등이 있다. 미당문학상, 소월시문학상, 노작문학상, 유심작품상, 동서문학상 등을 수상했다.

혜담 스님

비를 보는 것조차 경계했던 참수행자, 광덕 스님

"광덕 스님을 생각하면, 풍경을 즐긴다는 것도 부끄러운 일입니다. 언젠가 스님이 이런 말씀을 하셨어요. '내가 비를 참 좋아하는데, 평생 비가 오는 것을 마음껏 본 적이 단 한 번도 없네. 비구가 그럴 시간이 어디 있겠는가.' 실제로 스님은 이렇게 차상을 차려놓고 차를 마신 적도 없으셨습니다. 계절을 감상하고, 차담을 나눌 1분 1초의 여유까지도 온전히 삶 전체를 수행과 포교에 헌신하셨던 어른이 광덕 큰스님이셨습니다." 어둡고 칙칙했던 불교, 선사들의 전유물처럼 높고 아득하기만 했던 불교를 쉽고 희망차고 신명나는 불교로 스님은 만들어갔다. 광덕 스님을 통해 전해진 불교는 대긍정의 불교였고, 희망과 환희에 찬 노래였던 것이다. 또한 70년대 총무원 총무부장으로 재임하면서 광덕 스님은 종단체제를 정비했고 종헌종법의 기틀을 마련했다. 스님은 탁월한 행정가였고 포교승이었으며 그 어느 쪽에도 치우침 없는 수행자였다.

———

흠모(欽慕) 中

혜담 스님 부산 범어사에서 광덕 스님을 은사로 출가했다. 신우도량 공동대표, 조계종 총무원 호법부장, 불교신문 논설위원을 지냈으며, 현재 경기도 검단산 각화사 주지, 조계종 재심호계위원 소임을 맡고 있다. 역저서에 『방거사 어록 강설』, 『한강의 물을 한 입에 다 마셔라』, 『대품 마하반야바라밀경 상·하』, 『반야불교신행론』 등이 있다.

"생명보다 소중한 가치는 없습니다."

지난 2월 5일 밤 서울 종로 거리에 '나무아미타불'
염불이 울려 퍼졌다. 이날 저녁 6시 30분
조계사에서 시국법회추진위원회(공동추진위원장
수경 스님 외) 주최로 시국법회를 봉행하며,
고인이 된 6명의 용산참사 희생자들을
추모하고 천도하며 극락왕생을 기원했다. 수경
스님(불교환경연대 상임대표)의 집전으로
천도의식이 봉행됐고, 500여 명의 사부대중은
죽비 소리에 맞춰 108배를 하며 공업중생으로서
시대의 아픔을 참회했다.

– 3월호 용산참사 희생자를 위한 시국법회 中

2009 ^{35th}

변화의 키워드로 본 우리 불교문화에 대해
연중특별대담을 꾸려 여섯 가지 키워드로
여섯 번 대담을 나눴다. 또한, 적극적으로 사회
이슈를 다뤘다. 용산 참사, 노무현 전 대통령
서거, 사람·생명·평화를 위한 시국법회 등을
취재하며 안타까운 부분은 드러내고 지적했다.
불교계에 대한 부분도 마찬가지로 지적했다.
어려운 사회변화 속에서 불교가 힘이 될 수 있는
방향을 찾고자 노력했다.

가장 낮은 자세로 찾아가는 사람·생명·평화의 길

가장 낮은 자세로 사람·생명·평화의 길을 찾아가는
오체투지순례단이 지난 6월 6일 임진각 망배단에서 2차 순례를
회향했다. 이로써 지난 해 9월 4일 지리산 하악단에서 출발하여
계룡산 중악단까지 53일간 진행된 1차 순례에 이어, 지난 3월
28일 재개해온 총 124일간 400km의 대장정이 마무리되었다.
수경 스님(화계사 주지)과 문규현 신부(전주 평화동성당),
전종훈 신부(천주교 정의구현사제단 대표) 세 성직자는 뜨겁게
달구어진 아스팔트 위에 마지막 한 배의 오체투지를 하고 나서
눈물을 흘리며 서로를 부둥켜안았다. 대립과 갈등의 한반도에
생명과 평화의 기운이 가득차길 기원하며 하루 약 4㎞씩 이마를
땅에 대고 낮은 자세로 기어온 길이었다.

– 7월호 사람·생명·평화를 위한 시국법회 및 2차 오체투지 순례 회향 中

닫혀 있어 더 아름다운
문경 희양산 봉암사

큰 상징은 작은 상징을 낳고,
작은 상징은 큰 상징을 낳는다.
문경 희양산 봉암사는 그렇게
상징이 상징을 낳는 절집이다.
그리하여 그 상징들이 염주
알처럼 꿰어져 한국불교라는 또
하나의 큰 상징을 낳고 있다.
그러므로 봉암사에 가는 것은 잘
늙은 절집 하나를 더 둘러보기
위해 가는 시간 여행이 아니라
상징 속의 상징을 읽으러가는
상징 여행이다.

– 6월호 마음으로 떠나는 산사여행 中

갈 길 먼 자유민주주의

정치란 사회적 자원의 분배를 위한 통합의 기술이다. 따라서 정치의
잘잘못에 따라 국민의 행복도는 크게 달라질 수밖에 없다. 성장 추구의
리더십 못지않게 고통 분담의 리더십도 보여주는, 그래서 경쟁에서
탈락하는 사회적 약자들에게 손을 내밀어주는 따뜻한 대통령을 국민은
원한다. '다른 것'을 '옳지 않은 것'과 구분함으로써 이견을 가진 이들을
배척의 대상이 아니라 오히려 획일적이고 경직된 사회로부터 벗어날
다양성과 건강성을 보여주는 징표로 받아들이는 대통령이 필요하다.
그래서 집토끼와 산토끼를 가르는 분열의 정치가 아니라 모든 국민을
끌어안는 넓은 정치를 하는 통합의 대통령이 필요하다.

– 8월호 박광서(서강대 물리학과 교수)

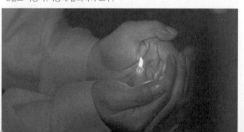

작아서 아름다운 문수산 축서사

축서사의 봄이 아직도 침묵하고 있는 것은 네 탓이 아니라 내 탓이었다.
나와 내 주변을 서로 사랑하고 살지 못한 내 사랑의 결핍 탓이었다.
그것을 알아차린 것일까. 나의 숨길이 배꼽 밑에서 코끝까지 오르락내리락
하는 동안 내 마음의 겉볼안이 세상과의 화해를 시작했다. 아니 문수산
독수리의 지혜가 마음의 겉볼안에 깃들기 시작했다. 독수리 축(鷲), 깃들
서(棲), 축서사의 독수리가 '독수리의 큰 지혜(문수보살)'로 봄이 와도
해빙되지 않은 나의 중생심을 따뜻이 녹여주었다.
- 2009년 4월호 마음으로 떠나는 산사여행 中

사진_ 하지권

법륜 스님

주어진 조건을 유리하게 받아들여라

어느 바닷물을 가져와도 그 맛은 짭니다. 그와 마찬가지로 개인의 어느 문제를 가져와도, 불법(佛法)의 이치를 깨닫게 되면 해결되지 않는 것이 없습니다. 반야심경의 핵심 가르침인 '색즉시공 공즉시색'만 제대로 알아도 괴로움에서 벗어날 수 있습니다. 우리가 괴로운 것은 상(相)에 집착해 온갖 분별심을 내기 때문입니다. 본질을 꿰뚫어보면 상은 마음이 만든 하나의 환영(幻影)일 뿐입니다. 만물 그 자체는 옳고 그른 것도 아니며 좋고 나쁜 것도 아닌 그냥 하나의 존재입니다. 그러한 존재의 공성(空性)을 보게 되면, 괴로움이 일어날 당체(當體)가 없는 것입니다.

—

만남 인터뷰 中

법륜 스님 정토회 지도법사, 평화재단 이사장. 20·30대의 젊은 시절 민주화운동과 불교개혁운동에 열정을 쏟았고, 1988년 정토회를 설립했다. 이후 JTS, 좋은벗들, 에코붓다, 평화재단 등을 설립하여 환경운동, 제3세계 구호활동, 한반도 평화운동 등을 활발하게 펼치고 있다.

김혜옥

모든 것은 변한다

제행무상(諸行無常)이라는 말을 깨닫게 된 것은 긴 역경의 시간을
통해서였습니다. 갑작스런 가족의 죽음은 큰 고통이었습니다. 3년
넘게 아무 것도 할 수 없었습니다. 그때의 유일한 낙은 불교방송을
듣는 것이었습니다. 스님들의 법문과 부처님의 가르침을 들으면서
서서히 행복과 웃음을 되찾았습니다. 부처님의 말씀은 삶을 지탱해주는
버팀목이자 지침이 되었습니다. 3년을 앓고 나서 여의도로 향하는데
불교방송 빌딩이 눈에 들어왔습니다. 그 순간 다짐했습니다. 그동안
불교방송의 도움을 많이 받았는데 언젠가 그 빚을 갚아야겠다고….
신기하게도 얼마 안 되어 불교방송에서 연락이 왔습니다. '아름다운
초대'의 진행을 맡아 달라는 것이었습니다. 방송진행을 통해 오랜 도반과
같은 수많은 청취자들을 만날 수 있었습니다. 부처님의 가르침을 삶의
기준으로 삼고 있으니 후회나 걱정이 없어서 행복합니다.

—

내 마음의 법구 中

김혜옥 1980년 MBC 특채 탤런트로 데뷔했다. 드라마를 통해 활발한 연기활동
중이며, 현재 불교방송에서 '아름다운 초대'를 진행하고 있다. 2006년 MBC
연기대상 중견배우상 부문 특별상과 2007년 KBS 연기대상 여자조연상을
수상했으며, 방송연예활동을 통해 대중문화포교에 이바지한 공로를 인정받아
제17회 행원문화상을 수상하기도 했다.

불자들의 뇌가 더 행복하다

장현갑 : 20세기 후반까지만 해도 뇌의 가소성(뇌의 변화 가능성)은 받아들여지지 않는 가설이었어요. 하지만 달라이 라마는 거꾸로 '마음이 뇌의 변화를 일으킬 수도 있지 않는가?'라는 의문을 품게 됩니다. 마음을 수련하면 뇌에 영향을 미쳐 변화를 일으키지 않겠느냐는 것이죠. 이러한 의문이 21세기 들어 과학자들의 연구를 통해 사실로 증명되고 있습니다.

미산 스님 : 삼성서울병원의 나덕렬 교수가 쓴 『앞쪽형 인간』이라는 책을 보니까, 앞쪽형 인간이 되어야 치매가 걸릴 확률이 낮아지고 설사 치매가 걸리더라도 예쁜 치매가 걸린다고 합니다. 전두엽 쪽은 이성적·논리적 사고를 하기 때문에, 불교에서 하는 명상 방법들이 전두엽을 발달시키는 매우 중요한 역할을 한답니다.

장현갑 : 치매 발생의 중요 요인의 하나가 스트레스입니다. 노인이 되면 소외가 오고 외로워지면서 기억을 관장하는 해마의 치상핵이 손상을 당해요. 인도의 명상가이면서 의사인 칼샤(미국치매예방재단 총재)는 명상을 하면 스트레스를 잊기 때문에, 반드시 명상을 해야 한다고 강조합니다.

미산 스님 인도와 영국, 미국에서 공부하고 돌아온 불교계의 대표적 학승(學僧). 백양사에서 수계한 이래 전통 교학과 수행에 전념해왔다. 동서양을 넘나들며 쌓은 체계적인 지식으로 한국불교의 세계화를 이끌며 현재 상도선원 선원장으로 현대인의 삶 속에 학문과 수행이 결합된 생활불교, 실천불교를 뿌리내리는 일에 정진하고 있다.

미산 스님 : 불교적 관점에서 일체유심조라고 쉽게 이야기하는데, 구체적으로 이야기할 필요가 있을 것 같습니다. 모든 게 마음에 의해서 형성된다는 측면보다 더 합리적으로 받아들일 수 있는 것은 마음과 물질의 관계성 속에서 이루어지는 것입니다. 마음을 둘러싼 심리적 요소들이 물질세계와 어떻게 관계성을 맺고 있는가가 중요한 요소입니다. 뇌와 마음의 문제도 서로 연관 관계 속에서 쌍방으로 봐야 합니다.

장현갑 : 뇌든 마음이든 각각 균형이 잡혀 있어야 서로 건강한 작용을 할 수 있습니다. 뇌의 편도체에서 감정을 조절해주듯, 불교 수행도 자기 조절의 역할을 합니다. 알아차림으로 마음을 조절하는 것입니다.

미산 스님 : 초기불교뿐 아니라 대승불교도 관조의 힘을 키우는 것이 수행의 핵심이죠. 현상을 대상화해서 바라보며 늘 마음을 안으로 돌이켜 의식하는 자아가 깨어 있는 상태로 있어야 합니다. 어느 것에 집착하는 순간 고통 속에 빠지고, 어떤 것도 영원불멸하는 실체가 없다는 것을 알아야 합니다.

—

특별대담- 변화의 키워드로 본 우리 불교 中

장현갑 서울대학교 심리학과 졸업 후 동대학원에서 심리학 박사학위를 취득하였다. 서울대학교 심리학과 교수, 영남대학교 명예교수, 가톨릭대 의과대학 외래 교수 등으로 재직, 한국 명상치유학회 명예회장, 한국통합의학회 고문 등을 역임했다. 명상과 의학의 접목을 시도한 '통합의학'의 연구와 보급에 앞장서고 있다.

부디 편히 가시어 극락왕생 하소서

대한민국 16대 대통령 노무현은
'우공이산(愚公移山)'의 외로운 길을
걸어갔다. 그의 죽음 앞에서, 반칙과
특권이 없는 사회를 향한 '바보 노무현'의
우직한 신념과 가치가 새롭게 되살아나고
있다. 국민들은 장례 과정에서 너무나
인간적이었던 그의 진정성을 기억하며,
안타까운 마음을 500만 명 이상의 추모
열기로 표출해냈다. 이러한 분위기가
슬픔과 상실감을 딛고 사회 발전을 위한
새로운 희망의 바람을 일으킬 수 있는
긍정적인 에너지로 작용되기를 바란다.
- 2009년 7월호 노무현 전 대통령 서거와
   불교계 추모 열기 中

사진_ 하지권

무비 스님, 향봉 스님, 혜국 스님, 도법 스님

드러내 햇볕을 쏘이고 바람이 드나들게 해야 곰팡이가 없어진다

정법불교를 모색하기 위해 8월 14일부터 18일까지 4박 5일 동안 지리산
실상사 작은학교에 200여명의 사부대중이 모였다. 소의경전인 금강경의
눈으로 한국불교의 문제, 수행 문제의 실상을 진단하고 대안을 모색했다.
교육원장을 역임한 무비 스님, 선원수좌를 대표해서 혜국 스님 그리고
치열하게 정진하고 있는 향봉 스님과 도법 스님이 법주(法主)로 나섰다.
무비 스님은 표준금강경을 교재 삼아, 금강경 정신으로 한국 불교의
문제를 짚었다. 향봉 스님은 치열한 수행을 통해 얻은 안목으로 경전과
어록의 정신에 입각해 한국불교의 현실을 적나라하게 드러냈다. 혜국
스님은 선원에서 수행한 경험을 바탕으로 한국불교 수행의 긍정적 측면과
한계를 진솔하게 제시했다. 도법 스님은 초기불교와 대승불교가
서로 분리 대립하는 현실을 지양하고 하나의 불교로 회통해야 할 것을
설파했다. 법주스님들은 더도 말고, 덜도 말고, 우리의 모습을 있는 그대로
드러내자고 했다. 드러내 햇볕을 쏘이고 바람이 드나들게 해야 곰팡이는
없어진다고 강한 어조로 외쳤다.

특집 정법불교를 모색하는 지리산 야단법석 中

무비 스님 통도사·범어사 강주, 조계종 승가대학원장, 조계종 교육원장을 역임하였다. 전국 각지의 법회와 인터넷 카페 염화실 운영을 통해 불자들의 마음의 문을 열어주고 있다. 역저서로 『금강경오가해』, 『금강경 강의』, 『법화경 강의』, 『사람이 부처님이다』 등 다수가 있다.

향봉 스님 불교신문사 편집국장·부사장, 조계종 총무원 포교부장·총무부장, 중앙종회 사무처장, 승려시인회장, 선문학(禪文學) 회장 등을 역임하였다. 현재 익산 사자암 주지로 있다. 『사랑하며 용서하며』, 『사람의 길』, 『움직이는 것은 아름답다』 등 20여 권의 저서를 펴냈다.

혜국 스님 봉암사, 칠불사 등 제방선원에서 수행 정진했다. 제주도에 남국선원을 개원하고 무문관 수행을 실시하며 간화선 수행기풍 확립에 힘썼다. 전 조계종 전국선원수좌회 대표, 현재는 석종사 금봉선원장이다. 저서로는 『천수경 전수신앙』, 『인연법과 마음공부』 등이 있다.

도법 스님 대한불교조계종 '자성과 쇄신 결사 추진본부' 화쟁위원회 위원장. 한국 불교 개혁과 생명평화 운동의 상징적 인물이다. 1990년 개혁 승가 결사체 선우도량을 만들어 청정불교 운동을 이끌었으며, 1995년 지리산 실상사 주지로 부임해 인드라망 생명공동체 운동을 시작했다.

2010~2014　더 큰 빛으로

2010년을 넘어서면서부터 「불광」은 안팎으로 큰 변화를 맞는다. 내적인 변화는 불교문화와 시대의 트렌드를 불교적 관점에서 깊이 있게 들여다 볼 수 있는 콘텐츠들이 강화되었다는 것이고, 외적인 변화는 판형이 커지면서 전면 컬러가 도입되었다는 점이다. 읽는 잡지에서 보는 잡지로 전환되면서 사진이 차지하는 비중이 커졌고, 그에 따라 디자인도 세련되게 변화했다. 빛으로 시작된 「불광」의 움직임이 성장과 변화를 거듭해 나가며 이제 세상을 향해 더 큰 빛을 밝히려 한다.

2010 한국불교를 돌아보다,
불교계 10대 뉴스

– 12월호 특집 Rewind 2010 中

2010 ^{36th}

2010년 불교계에는 한국 불교의 큰
별이 지는 법정 스님 열반을 비롯해
봉은사 직영사찰을 둘러 싼 문제와
문화재 반환운동 등을 이슈로
다루면서 간화선 국제학술대회와
외국인 불교학자들의 선원 탐방기사
등을 보도했다. 불교계에 불고 있는
뇌 과학 열풍과 심리학과 불교의
관계를 살펴보는 특별대담을
개최하기도 했다.

그대 거기서 무얼 하고 있는가.
아무 것도 하지 않습니다.
그렇다면 한가로이 앉아있는 것이로구나.
한가로이 앉아 있다면 하는 일이 있는 겁니다.

『선문염송(禪門拈頌)』

선은 체험이다
안성 활인선원 4박 5일 단기출가 삼매체험참선

활인선원에서 수행하는 묵언수행은 지금까지 밖으로만 향하던 모든 것들을 블랙홀처럼 갑자기 안으로 끌어당긴다. 행동, 몸짓, 눈빛이나 말로 분출되던 모든 것들이 이제 묵언의 철벽에 튕겨져 안으로 되돌아오기 시작한다. 느긋한 자세로 표현의 욕구를 거두어 내면의 중심을 확장시키는 행자도 있고 생소한 경험에 어쩔 줄 몰라 하며 짜증스러워하는 행자도 있다. 체험 마지막날 중도탈락자 한 명을 제외하고 모두 참선과 단식을 통해 이곳에 왔을 때 가졌던 문제들을 해결했거나 해결할 수 있는 단초들을 얻은 것처럼 보였다. 묵언해제가 선언되자 행자들은 일제히 박수를 치며 환호했다. 그러나 묵언이 해제되었음에도 의외로 그들은 말수가 적다. 묵언수행을 통해 그동안 살아오며 입 밖으로 내뱉었던 많은 말들이 대부분 쓸데없는 소리였음을 인식했기 때문일 것이다.

- 9월호 수행과 만나다 中

담배를 정말 끊고 싶어요

중독 대상을 끊으려는 생각에 너무 집착하지 말고, 또 그렇다고 중독이 되도록 내버려 두지도 마십시오. 중독적인 대상과 싸워 이기는 방법으로 접근해서는 안 됩니다. 중독된 대상과 나는 결코 둘이 아니에요. 둘로 나누고, 그것은 나쁜 것이라고 생각하기 때문에 그것과 싸워 이기려는 생각이 개입되는 것입니다. 중독적인 것을 하고 싶은 바로 그 순간에 있는 그대로 알아차리고 살펴보십시오. 이것이야말로 중독적인 것에서 놓여나는 가장 지혜로운 방법입니다.

- 6월호 법상 스님께 묻습니다 中

자현 스님

진리의 시대, 선각자들이 몰려오다

종교를 이야기하면서 가장 어려운 부분이 바로 사실과 상징, 즉 역사적
사실과 종교적 사실을 어떻게 처리하느냐이다. 이 문제는 자칫 '사실에
대한 오도'와 '종교에 대한 모독'이라는 양날의 검으로 다가오기 때문이다.
그러나 종교는 역사적 사실에 기초하는 것이 아니라 인간의 '행복'에
기초한다. 즉, 종교는 '행복론'인 것이다. 그러므로 설령 역사적인 사실과
다르다고 할지라도 그것을 믿음으로 인해서 행복할 수 있다면, 또 다른
의미적 사실(종교적 사실)로써 충분한 존재 의의를 확보할 수가 있는
것이다. 불교는 이 세계에 존재하는 종교 중 가장 합리적이다. 그렇기
때문에 철학의 영역에서도 다루어질 수 있다. 그러나 불교에도 필연적으로
역사적 사실과 종교적 사실의 문제가 충돌하는 부분이 존재할 수밖에
없다. 이 문제와 관련해서 우리는 보다 더 열린 귀를 가질 필요가 있다.

—

우리가 반드시 알아야 할 부처님의 참모습 中

자현 스님 월정사성보박물관 학예실장. 동양학의 체계적인 이해를 위하여
동국대에서 철학과 불교학을 전공한 후, 동국대 대학원 불교학과와 성균관대
대학원 동양철학과에서 석사 학위를 받았다. 그리고 박사과정에서는 고려대
철학과와 성균관대 동양철학과(율장), 고려대 철학과에서 보다 심도 있는 학문적
모색을 시도하고 있다.

전현수

불교와 심리학의 만남

『맛지마니까야』「두려움과 공포의 경」을 보면, 바라문이 "숲 속에 있으면 굉장한 두려움이 일어나고, 삼매를 얻지 않으면 숲이 수행하는 사람을 확 삼킬 것 같다."고 두려움을 호소합니다. 이에 부처님께서, "내가 처음에 숲 속에 들어갔을 때 굉장한 두려움과 공포가 일어났다. 그것은 내 속에 있는 청정하지 못한 것 16가지 때문이었다."고 말합니다. 예를 들면, 청정하지 못한 몸, 마음, 언어 행위, 탐욕과 감각적 욕망, 자기를 칭찬하고 남을 멸시하는 것 등 16가지를 말합니다. 자기분석을 하신 거죠. 그것을 싹 없애고 다시 숲 속에 들어가니 편안하더라고 이야기합니다. 저는 그것을 프로이드의 불안에 대한 이론과 비교해봤습니다. 프로이드는 정상적인 불안과 노이로제적인 불안을 얘기하는데, 이해하기가 쉽지 않습니다. 이해가 쉽지 않은 만큼 실천하기도 쉽지 않지요. 부처님이 방법이 훨씬 실천하기 좋고 또 우리한테 크게 이득이 된다고 생각합니다.

특별대담 불교와 심리학의 만남 中

전현수 전현수신경정신과의원 원장. 2003년에 한 달간 미얀마에서 위빠사나 수행을 했으며, 지난해 3월부터 1년간 병원 문을 닫고 수행과 여행 그리고 글쓰기로 시간을 보냈다. 올해 3월부터 다시 병원 문을 열고 환자를 치료하고 있다. 저서로 『정신과 의사가 붓다에게 배운 마음치료 이야기』, 『울고 싶을 때 울어라』, 『노동의 가치, 불교에 묻는다』(공저) 등이 있다.

空山無人

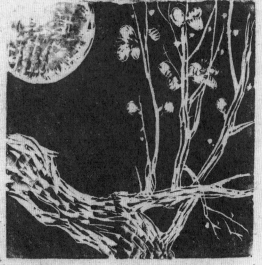

水流花開

수류화개(水流花開) 32X26cm 돌에 새긴 후 염색한지에 쓰고 그림_ 이호신

꽃은 피고 물은 흐르네

年年歲歲花相似 연년세세화상사
해마다 피는 꽃은 서로 같거니와
歲歲年年人不同 세세년년인불동
해마다 이를 보는 사람은 같지 않도다

空山無人공산무인 水流花開수류화개
빈산에 사람 없어도 물은 흐르고 꽃은 피네
- 2010년 3월호 이호신 시절인연 中

물은 흐르고 꽃은 피네

빈산에 사람 없어도

庚寅立春 文石

법정 스님,
불꽃 속에서 연꽃으로 피소서

이른 아침 조문객을 맞이하는 길상사는 스님의
뜻처럼 간결하고 소박했다. 한평생 무소유의 삶을
몸소 실천해 오신 법정 스님이 3월 11일 법랍 55세,
세수 78세로 입적하셨다. "번거롭고 부질없으며
많은 사람들에게 수고만 끼치는 일체의 장례절차는
의식을 하지 말며 관과 수의도 따로 마련하지 말라.
이웃에게 방해되지 않는 곳에서 평소 승복 그대로
입은 상태에서 다비해주고 사리도 찾지 말고 탑도
세우지 말라."고 상좌들에게 당부했다. 스님의 법구는
길상사를 떠나 송광사로 모셔졌다. 조계산 중턱
다비장. "화중생연(火中生蓮, 불꽃 속에서 연꽃으로
피소서)!" 길상사 주지 덕현 스님의 외침과 함께 불이
붙었고 타오르는 장작은 불기둥이 되어 피어올랐다.
– 2010년 4월호 카메라에 담아온 풍경 中

사진_ 하지권

어느 봄날, 부처님의 하루

어느덧 성큼 초여름의 문턱이다.
아련한 그리움처럼 밀려왔던
짧은 봄을 벌써 배웅해야 하나보다.
법당 앞에 핀 불두화(佛頭花)도 가는 봄이
못내 아쉬운지 고개를 살짝 숙이고 있다.
반쯤 열린 법당 문 사이로
부처님의 모습이 눈에 들어온다.
그동안 부처님에 대한 나의 그리움은
늘 사적인 고백에 지나지 않았다.
그러나 오늘은 내가 한번 부처님의 마음이 되어
요량껏 그분의 하루를 꾸려볼까 한다.

– 2010년 5월호 원영 스님(조계종 교육원 불학연구소 연구위원)
  부처님의 일상 中

아침인사로 몸을 굽히는 산책

복덕과 지혜를 기르는 공양청

모두를 감싸는 자비의 마음으로

그림. 우혜종

감로수 같은 법문

늘 깨어 있는 수행

깨달음의 두레박

부처님은 생사의 어둠 깊은
황야에 횃불로 오셨다.
고난과 죽음의 어둠을 몰아내고
기쁨과 성취와 죽음이 없는
감로를 가지고 이 땅에 오신 것이다.
이 가르침을 만나는 사람,
죽음의 어둠이 무너지고
고난의 장벽이 무너진다.
온 중생이 선 자리에서 성불한다.

– 2010년 5월호 배종훈 카툰 부처님 오신 날

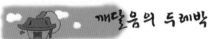

깨달음의 두레박

배종훈(bjh4372@hanmail.net)

부처님 마음으로 세상이 가득 채워지길...

봉축 불기 2554년 부처님 오신날

종진 스님

행복은 어디에서 오는가

행복은 누군가 가져다주는 것이 아니다. 행복을 가지고 있는 사람이 따로 있다는 게 아니라는 말이다. 가장 따뜻한 마음은 부처님 마음, 보살 마음이다. 이를 불심이라고 하는데 부처님께서는 우리 모두가 마음을 가지고 있다고 말씀하셨다. 그런데 우리는 한눈을 팔고 있다. 나보다 잘 생긴 사람이 있으면 그 사람이 왜 잘생긴 것인지는 생각하지 않고 우선 입부터 삐죽거린다. 시기와 질투의 마음 때문이다. 그렇게 되면 그 사람의 좋은 점보다 안 좋은 점이 먼저 보인다. 이것은 대자대비한 부처님 마음이라고 할 수 없다. 행복은 손에 잡히지도 않고 눈에 보이지도 않는다. 하지만 현실에서 행복한 사람과 그 반대의 사람을 볼 수는 있다. 행복하게 살고 싶은가? 불행하고 살고 싶은가? 행복하기 위해서는 스스로의 삶을 가꾸어 나가야 한다.

—

살아있는 명법문 中

종진 스님 해인사 강원 강주를 지냈으며, 해인총림 율원장, 파계사 영산율원 율주, 조계종 재심호계위원 등을 역임했다. 해인총림 율주로 지내며 조계종 계단위원, 법계위원 등으로 활동했다.

안상수

한글에 대한 운명적 자각

한글은 알면 알수록 굉장한 매력이 있었다. 한글은 당돌한 아름다움을 지녔다. 기하학적인 단순명료함, 과학적인 내적 질서, 우주의 이치가 담긴 선명한 글꼴 구조는 간명하며 체계적이었다. 어디에 내놓아도 꿀릴 게 없었다. 그러한 한글에 현대적인 생명력을 주입시키기 위해 안달이 나기 시작했다. 1985년 그래픽 디자인 회사인 '안그라픽스'를 설립하여 '안상수체'를 완성했다. 안그라픽스는 새로운 그래픽 디자인의 실험과 '생각하는 디자이너' 양성에 초점을 맞추고 스스로 한국 에디토리얼(편집) 디자인과 타이포그래피의 역사를 만들어갔다.

—

만남 인터뷰 中

안상수 안상수체 개발에 이어 이상체, 미르체, 마노체를 디자인했다. 세계그래픽디자인단체협의회 부회장 역임. 1991년부터 홍익대학교 시각디자인과 교수로 재직하고 있으며 2007년 독일 라이프치히시가 수여하는 '구텐베르크상'을 수상했다.

고산 스님

행복한 삶을 살기 위한 실천법

불교를 믿고 잘 실천하기 위한 방법은 자신만의 원력을 세우는 것이다. 극락세계를 건설한 아미타불은 48대원을 세웠고, 문수보살과 보현보살, 관세음보살과 지장보살도 저마다 열 가지씩의 대원을 세우고 중생을 제도했다. 나 역시 수좌 시절 걸망을 걸치고 다니면서 여러가지 원을 세운바 있다. 첫째, 탐진치 삼독을 속히 끊기를 원합니다. 둘째, 몸이 항상 건강하기를 원합니다. 셋째, 지혜가 뚜렷이 밝기를 원합니다. 넷째, 속히 모든 법을 알기를 원합니다. 다섯째, 모든 일이 뜻대로 이루어지길 원합니다. 여섯째, 삿된 도를 멀리 여의기를 원합니다. 일곱째, 중생이든 미물 곤충이든 다 같은 몸을 나눠서 제도하기를 원합니다. 여덟째, 불법을 널리 퍼트리기를 원합니다. 아홉째, 정각을 원만히 이루기를 원합니다. 열째, 중생을 모두 제도하기를 원합니다. 열 가지 원을 세우고 실천해 나가니 안 되는 일이 없었다.

―

살아있는 명법문 中

고산 스님 조계사, 은해사, 쌍계사 주지를 거쳐 1999년 쌍계사 조실로 추대되었다. 제29대 조계종 총무원장, 초대 호계원장, 중앙승가대학교 이사장 등을 역임했다.

혜문 스님

환지본처(還至本處)를 구현하는 문화재 제자리찾기

처음 문화재반환운동을 시작했을 때 주변에서는 '계란으로 바위 치기'라며
조소에 가까운 반응을 보였다. 그러나 포기하지 않았다. 그 신념의
바탕에는 2004년 일본 쿄토의 고서점에서 우연히 집어든 한 권의 책
'청구사초' 때문이다. 이 책은 조선왕조실록 오대산 사고본이 도쿄대에
있다는 구절이 나오는데 그때 어떤 종교적 계시를 받게 되었다. 이후
1년 반 동안 조선왕조실록 오대산 사고본 반환 운동을 해오다 2005년
'친일파 재산환수법'이 통과되면서 본격적으로 추진되었다. 문화재
제자리찾기 운동은 그 문화재가 제대로 가치를 발휘할 수 있는 역사적,
예술적인 의미가 분명히 부여될 수 있는 곳에 놓여야 한다는 것이다. 그
끝에는 힘 있는 자가 남의 것을 빼앗았으면 빼앗긴 자에게 다시 돌려주는
양심회복운동이 자리하고 있다. 불교적 표현으로 환지본처(還至本處)라고
할 수 있는데 정토, 불성, 진리 등 불교적 가치가 모두 녹아 있다.

만남 인터뷰 中

혜문 스님 2005년 삼성 리움박물관을 상대로 현등사 사리구를 반환받았으며,
친일파 재산환수법이 국회에서 통과되는 데 주도적인 역할을 했다. 이후
조선왕조실록 환수위원회 간사, 조선왕실의궤 환수위원회 사무처장, 문화재제자리
찾기 사무총장을 맡아오고 있다.

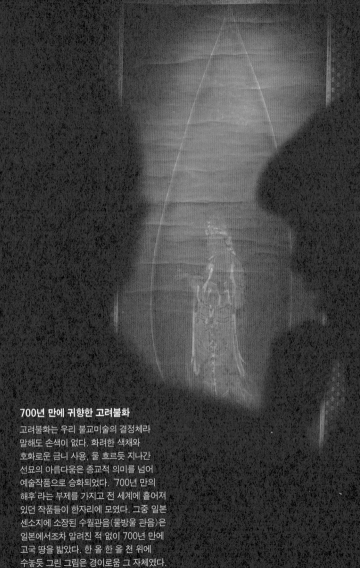

700년 만에 귀향한 고려불화

고려불화는 우리 불교미술의 결정체라
말해도 손색이 없다. 화려한 색채와
호화로운 금니 사용, 물 흐르듯 지나간
선묘의 아름다움은 종교적 의미를 넘어
예술작품으로 승화되었다. '700년 만의
해후'라는 부제를 가지고 전 세계에 흩어져
있던 작품들이 한자리에 모였다. 그중 일본
센소지에 소장된 수월관음(물방울 관음)은
일본에서조차 알려진 적 없이 700년 만에
고국 땅을 밟았다. 한 올 한 올 천 위에
수놓듯 그린 그림은 경이로움 그 자체였다.
- 2010년 12월호 카메라에 담아온 풍경 中

수월관음도, 고려 후기, 일본 단잔진자.

염불(念佛)

염불, 그것은 참으로 불가사의한 신앙의 위력을 지니고 있다. 악몽에 시달리는 사람이 꿈속에서 염불을 하면 악몽이 없어진다고 한다. 간절한 비원을 담고 부처님 나라에 가기를 원하며 마음 속의 자기 부처를 찾는 것이 염불문의 수행이다. 나무아미타불! 이 말은 "죽어 없어질 덧 없는 삶을 사는 이 중생이 영원한 생명이신 부처님을 의지하나이다."라는 뜻이다.

– 7월호 지안 스님 알쏭달쏭 불교생활탐구 中

2011 37th

남북갈등 문제와 사회 양극화문제 등 우리 시대 평화를 위한 방법은 무엇인지 또한 변화와 쇄신이 필요한 한국불교의 당면과제에 대한 묵직한 주제로 특집을 이끌어 가기도 하고 새로운 트렌드로 떠오른 명상이나, 참회, 수행 현장 즐기기, 간화선과 위빠사나의 만남을 특집으로 구성해 수행의 방법론을 제시하기도 했다.

조성택
열정은 실수를 두려워하지 않는다

불교의 세계관은 우리가 사는 세계를 포괄적으로 가장 잘 설명하고 있습니다. 불교학을 연구하며 큰 자부심을 갖고 있지만, 동시에 불교 사상을 충분히 전달하지 못하고 있어 많이 부끄럽습니다. 지금 불교는 세계적으로 새로운 르네상스를 맞고 있는 반면, 한국불교는 위기에 놓여 있어요. 지식인은 물론 일반대중의 불교에 대한 관심이 높아가지만, 불교계에서 그 수요를 감당하지 못하고 있는 거죠. 현재 그들과 소통할 수 있는 코드가 없기 때문입니다.

– 8월호 만남 인터뷰 中

달라이 라마
보리심은 모든 악업을 극복하는 명약

『입보리행론』은 보리심을 발하는 이를 위한 안내서로서 출리심과
계율 그리고 삼귀의를 기본 골자로 합니다. 보살이 어떻게 수행을
하며 어떻게 성불하는가를 다룹니다. 허공의 자성에는 구름이
없듯이 우리가 지닌 일체 마음의 번뇌는 손님과 같습니다.
보리심은 모든 악업을 극복하는 명약입니다. 죽음에 도달하는 그
순간까지 『입보리행론』을 통해 보리심에 익숙해지십시오. 우리
인간의 몸은 여인숙이요 생각은 나그네입니다. 몸과 생각 모두 내
것이 아닙니다. 우리가 기쁨이라고 생각하는 몸과 생각의 쾌락은
절대적인 행복을 가져올 수 없습니다. 아무리 친한 사람이라
하더라도 그들 스스로 언젠가는 사라지게 되고, 남는 것은 덧없는
허망뿐입니다. 집착에 의해 착각과 망상을 일으키고 그러한
무명의 업력으로 지은 죄업이 실로 헤아릴 수 없을 만큼 많기에
우리는 참회를 해야 하는 것입니다. 『입보리행론』에서는 정념과
정지로써 항상 자신을 살피라는 말로 계율을 대신합니다. 항상
근신하여 대승의 보살행을 하십시오.

– 3월호 특별기획 달라이 라마 신년법회 中

질투 난다

질투는 내 근원의 외로움 그리고 공포와 맞부딪치게
한다. 누군가를 내 마음대로 조정해서 나만을 바라보게
하는 해바라기와 같은 부인이나 남편, 애인이나 가족,
친구로 만들고 싶어 한다. 지금 나에게 보이는 관심을
다른 사람에게 빼앗길까봐 겁이 나서, 혹은 혼자될까봐
두려워서 드는 느낌이다. 우리가 진정으로 홀로됨을
느껴보기 전에는 그 근본적인 질투의 마음이 해결되지
않는다. 둘이 있어도 좋고 혼자 있어도 괜찮은 상태가
되지 않는 한, 대상을 옮겨가면서 우리 중생은 끊임없이
질투심을 일으키게 되는 것이다. 질투 나는가? 그렇다면
질투의 감정에 빠져 나를 잃어버리지 말고, 왜 그런
감정이 일어나는지 자세히 관찰해 보라.

– 9월호 혜민 스님 인연 따라 마음 따라 中

명상의 현장에서 명상을 말하다

마가 스님 : 명상은 대학병원 등에서 이미 치료요법으로 사용하고 있습니다. 아마도 스트레스성 질환을 많이 앓고 있는 현대인들에게 명상이 가져다주는 치료효과가 탁월하기 때문일 겁니다. 스트레스로 인한 병은 그저 마음에서 오는 병이라 별다른 치료제가 없습니다. 그런데 명상을 통해 이런 질환들이 치유되는 경우가 늘어나자 의학적으로 명상요법을 많이 활용하게 되었고, 일반인들도 점차 명상에 관심을 가지게 된 것이 아닌가 합니다.

현종 스님 : 명상이 주목받게 된 근본적인 원인은 인류의 발달 과정에서 찾아볼 수 있다고 생각합니다. 삶이 윤택해지고 인지가 발달하면서 보다 인간다운 삶이 무엇인가에 대해 사람들이 고민하기 시작한 것이죠. '어떻게 사는 것이 잘 사는 것인가'라는 물음에 대한 해답을 갈구하다보니 내면을 깊이 관찰할 수 있는 명상법이 자연스레 하나의 화두로 등장하게 되었다고 봅니다. 생활이 윤택해지고 삶의 질을 향상시키고자 하는 욕구가 늘어날수록 명상은 더욱 활성화되리라 봅니다.

마가 스님 : 중생의 염원을 듣고 성취하게끔 도와주는 것이 스님의 역할이라 생각합니다. 앞으로 스님들이 신도들을 위해 무엇을 해줄 수 있을지 고민하고 바람직한 명상법을 보급하는 데 더 많은 노력을 기울여야 한다고 생각합니다.

현종 스님 : 명상에 주목하게 된 건 간화선 보급을 고민하면서부터입니다.
어떻게 하면 사람들에게 간화선을 알릴 수 있을까 고민하다가
명상수행에서 답을 얻게 되었습니다. 누구나 쉽게 수행하고 일상에서
실천할 수 있는 다양한 명상법을 개발해 간화선과 접점을 찾아야겠다고
판단한 겁니다.

지운 스님 : 자비선사에서는 크게 자비수관, 자비다선(차명상),
자비경선(거울명상)을 실시하고 있습니다. 통칭해서 자비선이라고 하죠.
자비수관은 말 그대로 손의 이미지를 활용한 수행법입니다. 마음속으로
손의 이미지를 형상화하고 그 손으로 내면을 쓰다듬어 가면서 자비심을
발현하도록 하는 수행법이죠.

—
특집 명상이란 무엇인가 中

마가 스님   현종 스님   지운 스님

고우 스님

불이(不二)와 자비희사(慈悲喜捨)의 정신

우리는 본래 다 완성된 존재요, 부처다. 그런데 왜 부처역할을 못하느냐?
'나다', '너다'라는 착각에 빠져 있기 때문이다. 착각을 깨면 본래대로
돌아간다. 이것이 대승불교의 특징이다. '본래 부처'를 전제로 하고 우리는
수행한다. 수행은 착각을 깨는 것이다. 인간은 본래 부처임에도 중생으로
생각한다. 이것은 착각이다. 위빠사나는 '미혹'한 것을 닦는 것이어서
점진적 수행이 된다. 그러나 간화선은 착각을 단박에 깨는 것이기 때문에
돈오돈수(頓悟頓修)다. 착각을 깨는 과정이 힘든 사람도 있고 쉽게 하는
사람도 있다. 큰 산을 오르는데 초기불교가 서쪽에서 오른다면
대승불교는 동쪽에서 오르는 것이다. 서쪽은 평탄하면서 길이 좀 길다.
동쪽은 길은 짧은데 굉장한 경사지다. 화두는 바로 들어갈 수 있지만
경사가 심해 오르는 데 힘이 드는 수행법이다. 그 대신 빠르게 짧은 길을
투과할 수 있다.

특집 간화선과 위빠사나의 역사적인 만남, 그리고 소통 中

고우 스님 1968년 문경 봉암사에 들어가 선원을 재건하여 오늘날 조계종
종립특별선원의 기틀을 다졌고, 전국선원수좌회 공동대표와 봉화 각화사 태백선원
선원장을 역임하였다. 2005년 「조계종 수행의 길-간화선」 간행을 주도하였고,
지금은 봉화 문수산 금봉암에 주석하면서 간화선의 대중화에 앞장서고 있다.
2007년 조계종 원로의원으로 추대되었고, 대종사(大宗師) 품계를 받았다.

선재 스님

꿀벌이 꽃에서 꿀을 따올 때처럼

일반적으로 우리는 인간이 동물을 지배하고, 동물은 식물을 지배하는 생명관을 가지고 있어요. 그러나 불교는 '모든 중생은 나와 하나'라는 불이(不二)의 연기론적 생명사상으로 출발합니다. 깨끗한 물을 마시면 건강하고 오염된 물을 마시면 병이 나듯, 땅이 맑아야 식물도 나도 건강해지는 것이죠. 수행을 하려면 건강한 몸과 맑은 영혼이 필요해요. 그 토대는 음식이 만들어줍니다. 그러므로 수행을 완성하고 지혜를 갖추기 위해선 자연계에 피해를 주지 않고 살아야 합니다. 꿀벌이 꽃에서 꿀을 따올 때 꽃을 해치지 않고 따오듯이, 자연과 더불어 조화롭게 살아야 하는 것이지요.

—

만남 인터뷰 中

선재 스님 불교TV에서 '선재 스님의 푸른 맛 푸른 요리'를 진행했으며, 선재사찰음식문화연구원 원장으로 사찰음식 개발과 아울러 사찰음식을 지도하고 있다. 저서로는 『선재 스님의 이야기로 버무린 사찰음식』과 『선재 스님의 사찰음식』이 있다.

이해인 수녀

날마다 새롭게 피어나십시오

수행이란 안으로는 가난을 배우고 / 밖으로는 모든 사람을 공경하는 것이다
어려움 가운데 가장 어려운 것은 / 알고도 모른 척 하는 것이다
용맹 가운데 가장 큰 용맹은 / 옳고도 지는 것이다
공부 가운데 가장 큰 공부는 / 남의 허물을 뒤집어쓰는 것이다
– 성철 스님의 '공부노트'에서

나는 이 글을 많은 사람들, 특히 수도자들에게 적어 주었는데 다들
기뻐하며 좋다고 하였다. 나의 글방과 침방에도 누가 붓글씨로 적어준 이
글을 걸어두고 오며 가며 기도처럼 읽어본다. '어떻게 이 말씀대로 살 수
있을까' 막막해지다가도 자꾸만 되풀이해 묵상하다 보면 '나도 노력하면
이렇게 살 수 있을 거야' 하는 생각으로 새 힘과 용기가 솟는다.

—
내 마음의 법구 中

이해인 종파를 초월해 사랑받는 그의 시는 초·중·고 교과서에도 여러 편
수록되어 있다. 저서로 『민들레의 영토』, 『희망은 깨어있네』 등 다수의 시집과
『두레박』, 『꽃이 지고나면 잎이 보이듯이』 등의 산문집이 있다.

설정 스님

"정성을 다해서 살아야 합니다"

원효 스님이 말씀하셨듯이, '일체무애인 일도출생사(一切無碍人
一道出生死, 모든 것에 걸림이 없는 사람은 단번에 생사의 번뇌에서
벗어난다)'입니다. 불교가 추구하는 궁극적인 목적은 안심입명(安心立命,
삶과 죽음을 초월함으로써 마음의 편안함을 얻는 것)의 자리에 가는
것입니다. 그 불교의 본질적인 삶을 생각하는 사람은 어떤 삶을 살아야
할까요. 오욕에 집착하지 않는 사람이야말로 일체의 자유로운 사람이에요.
바로 사무량심(四無量心)인 자비희사(慈悲喜捨)를 실천하는 것입니다.
자애로운 마음으로 남과 더불어 기뻐하고 슬퍼하며 희생 봉사하는
삶이에요. 매우 간단하지만 세계 종교로서 지녀야 할 위대한 사상이
함축되어 있는 것입니다. 나를 믿으면 구원해주고 안 믿으면 지옥에
보내는 그런 차원이 아닙니다.

—

만남 인터뷰 中

설정 스님 경허·만공·벽초·원담 스님으로 이어진 수덕사의 선맥(禪脈)을 잇고
있는 스님은 수덕사 주지, 조계종 개혁회의 법제위원장, 조계종 중앙종회 의장,
서울 화계사 회주 등을 역임했으며, 2009년 덕숭총림 수덕사의 4대 방장으로
추대됐다.

등으로 보는 서울 옛이야기

'등으로 보는 서울 옛이야기'라는
주제로 서울시의 상징 해치상이 손을
흔들며 관람객을 맞이한다.
무학 대사를 선두로 태조 이성계가
군사를 이끌고 서울로 늘어오는 모습이
이어진다. 뒤에는 궁중의 악사들이
연주하는 종묘제례악이 청계천변에
은은히 울려퍼진다. 뒤를 이어
숭례문과 다양한 옛 향수를 느낄 수
있는 농악, 전통결혼식 등을 형상화한
전통등이 뒤를 이었다.
– 2011년 12월호 카메라에 담아 온 풍경 中

사진_ 하지권

훨씬 커진 판형으로 대대적인 리뉴얼이 진행되었던
2012년 1월호 표지

산과 함께 꾸는 나의 꿈

산에 오를 때 제게 가장 절실히 필요했던 것은
평상심이었습니다. 혹한과 눈보라를 뚫고
산에 오르다 보면 다양한 상황을 마주하게
됩니다. 비교적 쉽게 오를 수 있는 지점이
나오는가 하면 거대한 크레바스(crevasse,
빙하가 갈라져서 생긴 좁고 깊은 틈)를 만나
고전하기도 합니다. 이런 때 필요한 것이
바로 상황을 정확히 보는 눈입니다. 자연은
그 어떤 헛된 생각도 용납하지 않았고 저 역시
수십 년간 산을 오르내리며 이것을 뼈저리게
느꼈습니다. 평상심을 가지고 매순간을
주인으로 산다면 그 어떤 고통도 어렵지 않게
물리칠 수 있을 것입니다.

— 8월호 엄홍길(등반가) 내가 만난 불교 中

그림. 구지회

2012 38th

2012년은 책의 모양새와 내용까지
대대적인 리뉴얼이 시작된 해였다.
기존 판형보다 훨씬 커진 판형에
맞게 사진이 시원하게 배치되었고,
불교문화에 포커스를 맞춘 콘텐츠들
역시 다채롭게 구성됐다. 사찰, 대장경,
불교용품에 관한 리뉴얼 이야기를 담은
1월 특집을 시작으로 사찰음식, 사찰
축제, 순례, 음악, 미술까지 불교문화를
집중적으로 소개했다.

바람 찬 날에 핀 꽃, 봉암사

"생사(生死)문제를 해결할 수 있는
방법이 '선'에 있습니다. 진정한
대자유를 누릴 수 있어요. 그런데
이것은 머리로 생각하고 이해한다고
할 수 있는 것이 아닙니다. 직접
체험을 하면 확신이 듭니다. 이를
위해 반드시 부처님 가르침과 선에
대한 확고한 믿음(大信心)이 있어야
해요. 이렇게 살면 가슴에 '수좌'라는
도장을 찍을 수 있을 것입니다."

— 3월호 적명 스님 인터뷰 中

'천상의 소리'를 뿜어내는 우리 시대의 명창

"어려운 일에 봉착하거나 긴장되는 순간에는 나도 모르게 불교에 의지하게 됩니다. 무대에 오르기 전 초조한 순간에는 늘 눈을 감고 관세음보살 염불을 하며 마음을 가라앉혔고, 차로 이동할 때는 스님 법문 테이프를 들으며 불교 공부를 하고 있어요. 제가 잘은 모르지만 불교의 진리는 나를 한없이 낮추고 남을 배려하는 자비심이 아닐까 생각해봅니다."
– 7월호 안숙선 명창의 고집불통(佛通) 中

보살로 살아가면서 실천하는 여섯 가지 덕목

보시, 지계, 인욕, 정진, 선정, 반야. 불교도라면 누구나 준수하고 추구해야 할 여섯 가지 덕목이다. 보시는 남에게 베푸는 것, 지계는 윤리·도덕을 지키면서 살아가는 것, 인욕은 참는 것, 정진은 부지런히 힘쓰는 것, 선정은 고요히 앉아 마음을 모으는 것, 반야는 무상(無常)과 무아(無我) 등을 통찰하는 지혜다. 그런데 이런 덕목들에 '공성의 조망'과 '자비의 감성'이 함께 하면 '보시바라밀, 지계바라밀... 반야바라밀'의 육바라밀로 승화한다. 대승 보살의 실천덕목들이다.
– 9월호 김성철 불교 정확하고 명쾌하고 자유롭게 中

미얀마 마하시 선원의 탁발

미얀마 마하시 선원의 탁발 순례길이었다. 마하시 선원의 탁발은 이미 종교와 삶의 경계가 없어진 '생활 그 자체'였다. 거리에 미리 나와 탁발하는 스님들의 발우에 공양을 올리는 사람들의 모습은 세상 그 무엇보다 순수했고 진지했다.
– 5월호 세상에서 가장 아름다운 순례 中

내 마음의 정체를 알면 차의 마음이 보인다

차가 지닌 고유한 특성과 차가 지닌 마음이 다도이다. 나 자신의 특성을 알아야 차의 특성을 알 수 있고 내 마음의 정체를 알아야 참된 다도를 깨우칠 수 있다.
– 12월호 지허 스님 한국인의 차 中

진리의 원천, 정보의 바다로 뛰어들다

고려대장경은 천년 전인 1011년에 처음 만들어졌다. 지난 천년 동안
부처님의 가르침을 전하는 데 필요한 목판과 원전(原典)으로서의
역할을 다하였다면, 앞으로의 천년은 정보전달 매체의 기능을 넘어
진리의 원천으로서 대장경이 담고 있는 정보를 나누는 것이 필요할
것이다. 대장경의 리뉴얼은 크게 보면 목판과 인경본(인쇄본)으로 된
고려대장경이 디지털로 전산화된 것이라 할 수 있다. 초조대장경의
전산화는 1232년 몽고의 침략으로 소실되어 사라진 것으로 알고 있던
초조대장경의 복원으로 이어지고 있다. 또한 대장경의 모든 계보(系譜)를
확인할 수 있는 체계도 만들었다.

—

종림 스님(고려대장경연구소 이사장) 특집 대장경의 리뉴얼 中

현응 스님

평화와 행복의 디딤돌, 대승(大乘) 정신

평화와 행복을 누릴 수 있다는 부처님의 가르침은 2,600년 역사를 가진 것입니다. 부처님의 가르침은 여러 지역에서 오랜 시간을 거치면서 많은 변화를 일으켰습니다. 저는 이러한 변화, 발전을 진화(進化)라는 현대적 용어로 말할 수 있다고 봅니다. 2,600년간 진화해온 불교를 크게 두 가지 형태로 구분합니다. 기본불교와 대승불교가 바로 그것입니다. 기본불교는 불교의 가장 핵심적인 기본 DNA로서 무상, 무아, 공, 반야(般若)의 가르침입니다. 이것이야말로 부처님의 핵심적인 가르침입니다. 이러한 가르침을 강조하는 불교는 부처님 입멸 직후의 초기불교와 이후 제자들에 의해 전개된 아비달마 등에서 펼쳐졌습니다. 기본불교의 가르침은 우리에게 어떤 공덕과 효과, 이익이 있을까요? 그것은 우리들에게 해탈과 자유로운 마음의 상태를 갖게 해줍니다. 자유로운 마음의 상태, 해탈의 상태는 무상이고 무아이고 공인 것입니다. 기본적인 것만 체득하면 자유와 해탈의 상태에 이르게 되고 마음의 평화를 얻게 됩니다. 이것이 불교의 기본 가르침이며 지금까지 이어진다고 보면 될 것입니다.

—

살아있는 명법문 中

현응 스님 해인사 승가대학을 졸업하고 민족문화추진위원회의 국역연수원에서 수학하다 봉암사, 해인사 등 제방선원에서 정진하기도 했다. 해인사 승가대학에서 강의를 하였으며, 대승불교승가회, 선우도량 등 불교단체를 결성하여 활동했다. 이후 실상사 화엄학림 교수, 조계종 총무원 기획실장, 중앙종회의원, 불교신문사장, 해인사 주지 등을 역임했고 현재 조계종 교육원장으로 후학들을 제접하고 있다. 저서로는 『깨달음과 역사』 등이 있다.

생명의 속삭임 사찰음식

이 음식이 어디에서 왔는가
내 덕행으로는 받기 부끄럽네.
마음의 온갖 욕심 버리고
몸을 지탱하는 약으로 삼아
도업을 이루고자 이 공양을 받습니다.
– 오관게

– 2012년 2월호 특집 사찰음식 中

사진_ 하지권

무문관(無門關)

잠겨버린 문. 세상과 소통할 수
있는 유일한 통로는 숟가락 하나
꽂혀 있는 공양구(供養口)뿐이다.
몸에 착 달라붙어 있던 신발까지
벗어 던지고 수좌는 문 없는
문으로 들어간다. 90일 동안
처절하게 자신과 싸워야 하는
무문관(無門關)은 그래서 지옥이
되기도 하고 극락이 되기도 한다.
- 2012년 3월호 특집 선불교 100년
  침묵의 천둥소리 中

이철수

마음을 움직이는 웅숭깊은 시선들

이철수의 작품은 선(禪)적이라는 평가를 많이 받는다. 불교적 소재를
작품으로 형상화하기 때문이기도 하거니와 그 안에 담긴 내용들이 마치
불가의 선문답처럼 대중들의 마음에 깊은 울림을 전해주는 까닭이다.
특히 그림과 함께 새겨지는 짤막한 문장들은 인생의 시시비비를 모두
꿰뚫은 어느 도인의 말씀처럼 보는 이들로 하여금 자신의 모습을
되돌아보게 하는 힘이 있다. 그래서 그의 작품은 한 번 보면 재밌고,
두 번 보면 어렵고, 세 번 보면 부끄러워진다.

——

Art & Heart 中

이철수 목판화가. 1980년대 판화에 저항의 언어들을 담아 현실 변혁 운동에
앞장섰으며, 이후 자기 성찰과 생명의 본질에 관한 물음으로 주제를 확장시켰다.
바르고 건강한 삶을 향한 의지가 묻어나는 그의 작품들은 세상에 던지는 화두와
같다. 『밥 한 그릇의 행복, 물 한그릇의 기쁨』, 『가만가만 사랑해야지, 이 작은
것들』, 『이철수의 웃는 마음』 등 다수의 책을 펴냈다.

지홍 스님

숫자에 집착하는 삶

"소유적 삶이란 숫자, 그러니까 양적으로 많이 소유함으로써 만족감을 느끼는 것입니다. 이런 삶은 만족과 편안함을 위해 끊임없이 무언가를 소유해야만 합니다. 소유의 과정에서는 상대가 누구든 용서가 없습니다. 형제끼리 대립해야 하고, 싸워야 하고, 빼앗아야 하는 것입니다. 부모와도 마찬가지입니다. 이런 삶에는 반드시 약육강식의 법칙이 중심에 자리 잡고 있습니다. 이런 삶의 결과는 우리 모두가 함께 사는 것이 아니라 모두가 불행해지는 결과를 초래하게 됩니다. 소유적 삶이 만연한 소유적 사회는 계속해서 불평등으로 치닫게 될 수밖에 없습니다."

살아있는 명법문 中

지홍 스님 월간 「불광」 발행인 및 불광사 회주. 민족공동체추진본부 본부장, 지구촌공생회 이사, 인드라망생명공동체 공동대표로서 부처님의 가르침을 바탕으로 한 아름다운 사회 만들기에 앞장서고 있다.

사진_ 하지권

도심을 벗어나 도심을 바라보다

서울이 한 눈에 내려다보이는 금선사는 서울 정도(定都) 600년과 그 역사를 같이 한다. 금선사에서 템플스테이가 시작된 건 지난 2008년. 주로 서울·경기 지역의 20~30대 여성들이 많이 참가한다. '외국인을 위한 템플스테이 상시 운영 사찰'에 선정되면서 매주 10명 안팎의 외국인이 참가하고 있다. 특히 외국인들은 불교문화 체험을 좋아하는데, 명상이나 참선에 대한 관심이 아주 높다. "마음 보는 수행법이 바로 명상입니다. 마음의 속성은 한 곳에 머물지 않고 움직이는데, 우리의 마음은 주로 생각에 가 있어요. 이미 지나간 일 또는 다가올 일들에 생각이 가 있으니, 늘 후회와 걱정의 감정에 휩싸여 있는 거예요. 마음이 지금 이 순간 여기에 있으면, 후회할 일도 걱정할 일도 없습니다. 마음을 잘 관찰하고 알게 되면, 다른 사람 마음도 잘 알게 됩니다. 그러면 마음의 크기가 넓어져요. 이해하고 받아들이기가 쉬워져 인간관계의 갈등을 피해갈 수 있어요." 사찰을 둘러보며 불교문화재와 전각을 설명하는 사찰안내를 시작으로 첫날은 타종체험, 저녁예불, 명상, 108배가 진행되고 둘째 날은 주지 법안 스님과의 즉문즉설이 펼쳐진다. 스님은 즉문즉설을 통해 참가자들의 고민을 듣고 문제의 원인부터 해결 방법까지 명쾌하게 풀어준다.

—

우리절에 안기다 금선사 템플스테이 中

소금보다 황금보다 소중한 '바로 지금'

"있는 사람 소홀히 대하지 말고, 없는 사람 그리워하지 말라.",
"지금 할 수 있는 일 소홀히 하지 말고, 지금 할 수 없는 일에
매달리지 말라." 바로 지금 내 주위에 있는 사람에게 충실히
대하지 않고, 지금 내 주변에 없는 사람을 막연히 기다리거나
그리워하며 사는 것은 어리석은 일이다. 지금 소홀히 대한 내
주변의 사람이, 언젠가는 다시 내 주변에 없는 사람이 될 것이다.
그럼 다시 또 후회하거나 그리워해야 하는 것이 아닐까? '바로
지금'이야말로 소금보다 황금보다 더욱 소중한 최상의 '금'이라고
한다. '지금'을 사는 것이야말로 완전 연소의 비결이다.
– 1월호 월호 스님의 힐링 선(禪) 中 –

그림. 이은영

2013 39th

리뉴얼이 이루어지고 난 후
2013년에는 불교적 시야를 좀 더
확대시켜 나갔다. 소셜문화, 운동,
귀농귀촌, 단식, 평생교육, 협동조합
등 이 시대의 트렌드를 깊이 있게
들여다보고 불교적인 관점에서
어떻게 받아들이고 수용할 것인지를
담아냈다.

하나의 법을 보는 두 가지 시선

남방불교의 법맥을 이어 서양에 초기불교
수행법을 전한 세계적인 명상 대가 아잔
브람 스님이 한국불교의 성지 중 하나인
문경 봉암사를 방문했다. 이 자리에서 아잔
브람 스님은 봉암사 수좌 적명 스님과 함께
남방불교와 대승불교의 수행관에 대한
질의응답 형식의 대담을 가졌다. 이 대담은
명상수행 중심의 남방불교와 간화선 중심의
한국불교를 대표할 수 있는 두 대가가 자리를
함께 했다는 점에서 많은 주목을 받았다.
– 2월호 아잔 브람 스님 봉암사 방문 대담 中

내 지갑 속 만 원으로 독도지키기

크라우드 펀딩(crowd funding)은 소셜 미디어나 인터넷 등의 매체를
활용해 자금을 모으는 투자방식이다. 주로 자신의 작품을 선보일
기회조차 갖지 못하는 예술가나 특정한 프로젝트를 진행하고자 하는
사회활동가들이 많이 찾는다. 크라우드 펀딩을 활용하는 대표적인
인물이 한국홍보전문가 서경덕 성신여대 교수다. 그는 한국을 제대로
알리기 위한 여러 가지 프로젝트를 진행하는 데 있어 크라우드 펀딩을
적극 활용한다. 대표적인 예가 MBC '무한도전'과 함께 진행한 '비빔밥'
광고 프로젝트를 비롯해 중국의 아리랑 무형문화유산 등재를 막기 위해
진행한 '아리랑 프로젝트', 독도를 제대로 알리기 위한 '독도 지키기'
등이다. 내 돈 만 원이 독도를 지킬 수 있다는 사실을 잊지 말자.

- 3월호 특집 세상을 바꾸는 소셜문화 서경덕 교수 인터뷰 中

진실과 사실의 틈새에서 깨어있기

무저님 말씀을 요약한다면 '생명존중과
비폭력, 그리고 수행의 삶'이라고
생각합니다. 그것은 결국 관계에 대한
철저한 재인식입니다. 부처님은 내가 보고
듣고 느낀 세계는 허상이거나 감각기관에서
만들어진 것뿐이니 나의 원래 모습을 보라고
하셨습니다. 부처님이 강조하신 수행 또한,
무명으로 인해 단절되고 왜곡된 나의 원래
모습을 되찾으라는 것입니다. 따라서 나의
본래면목을 되찾는 것이 수행이자 동시에
비폭력의 실천입니다.

- 7월호 우희종 만남 인터뷰 中

산청 대원사 사찰음식

사찰음식의 특징은 무엇일까요. 대원사가 자랑하는
음식은 무엇입니까. 음식을 맛있게 먹으려면
어떻게 먹어야 합니까…. 밥을 먹으며 스님께
이것저것 많이 여쭈었다. 스님은 어떤 물음에는
고들빼기무침을 입 속에 넣어주셨고 어떤 물음에는
도토리묵을 한 접시 덜어주셨다. 어떤 물음에는
송이간장을 살짝 찍어 밥숟가락 위에 올려주시기도
했다. 그렇게 절집 부엌에서 두세 시간 있었다.
밥을 먹었고 나물을 먹었고 무침을 먹었다. 먹으며
연잎에 토닥이는 빗소리를 들었고, 먹으며 '밥 먹고
놀아' 하는 30년 전의 목소리를 희미하게 들었다.

- 11월호 최갑수 소박한 밥상 사찰음식 中

비로자나부처님과 주변의 무수한 화신불, 〈비로자나삼천불도〉 작품 중심 부분.

법계에 충만한 무량한 화신불의 표현, 〈비로자나삼천불도〉 작품 하단 부분.

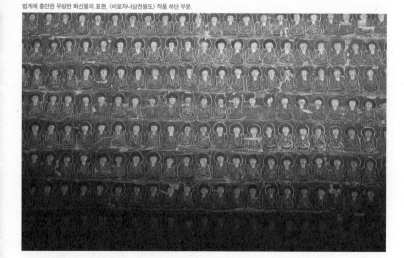

〈비로자나삼천불도〉

삼천대천세계에 가득한 부처님

고려불화〈비로자나삼천불도(毘盧遮那三千佛圖)〉이다. 화면 가득히
손톱만한 크기의 작디작은 부처님들이 하나의 장엄한 군집을 이루었다.
깨알 같은 부처님의 수는 약 1만 3천 구를 넘었으리라 추정되는데
물론 이는 무량한 부처님을 상징한다. 삼천대천세계(三千大天世界)에
가득한 부처님을 통칭하여 '삼천불(三千佛)'이라 한다. 작품 한
가운데에는 비로자나부처님이 지권인(智拳印)의 수인(手印)을 하고,
'세상에 일어나는 모든 것의 인연과 화합은 한 가지 바탕에서 나왔다.'는
사실을 말하고 있다. 왼손 검지를 '하나'를 뜻하는 모양으로 곧추세우고
이를 오른손바닥으로 감싸쥐는 지권인 손 모양은, '삼라만상이 모두
하나다.'라는 '일즉다 다즉일(一卽多 多卽一)'의 진리를 말하고 있다.

—

강소연(홍익대 겸임교수 불교미술사학자) 사찰불화기행 中

〈비로자나삼천불도〉작품 전체 비단에 채색,
196.0cm×133.5cm, 고려 후기, 일본 고베시립박물관 소장.

새로운 도약의 가능성을 보여준 도전

역대 최대 규모로 막을 내린 '2013 불교박람회'는
불교관련 업체와 사회적 기업, 종단 산하기관 등
170여 업체가 참가해 200개의 부스를 마련하고
각자 준비한 모든 역량을 선보였다.
붓다 아트페어, 우리스님展, 힐링 스테이지 등
단순한 업체 부스의 나열이 아닌 신선한 시도로
새로운 도약의 가능성을 엿볼 수 있는 기회였다.
– 2013년 4월호 특별기획 불교박람회 中

사진_ 최배문

사진_ 하지권

삶과 종교가 하나로 돌고 도는 곳, 동티베트 야칭불학원

멀리서 보이는 언덕 위 거대한 불상은 한낮의 태양 아래 반짝인다.

단조로운 모양의 일주문을 지나 마을 안으로 들어오니 티베트의 자주빛깔 승복을 입은 승려와 검은 옷의 장족(티베트인)들의 모습이 보인다.

3일간의 여정 끝에 도착한 이곳은 야칭불학원이다. 해발 3,900m 땅 위 대법당에서 울려오는 경전 읽는 소리와 손에 쥔 마니차의 쉼 없는 회전은 종교와 삶이 하나임을 말해준다. 마니차를 한 바퀴 돌리면 경전을 한 번 읽는 것과 똑같다고 해서 이곳 사람들은 마니차를 손에서 거의 떼지 않는다.

사진으로 보았던 야칭불학원의 전경이 바로 눈앞에 펼쳐졌다. 이 사진 한 장 때문에 이곳을 찾는 사람들이 있다고 들었다. 나도 마찬가지다.

아! 연봉우리처럼 생긴 거대한 지형이 눈에 들어온다. 마치 하회마을처럼 강이 마을을 굽이돌며 감싸고 있다. 그곳엔 빈틈없이 지어진 작은 집들이 있고, 7,000여 명의 비구니스님과 가족들이 모여 산다. 그 주위로는 3,000여 명의 비구스님이 살고 있다. 법당은 양끝으로 모습을 드러낸다. 삶은 종교를 향해 굽이치고, 종교는 삶 속에 빈틈없이 들어차 있다.

—

지구촌 불교성지 中

새벽, 2008년, 아크릴화, 72.7x60.6cm

사유하는 인간은 시(詩)다

박항률 작가는 인간의 사유하는 모습과 그
의미를 다루기 위해 노력해 왔다. 그래서
움직임이 많거나 동적이지 않다. 시적이고
정적이다. 인간은 사유한다. 사유하기 때문에
인간일 수 있다. 사유하는 모습은 어쩌면 가장
인간적인 모습일지도 모른다.
– 2013년 3월호 박항률(서양화가) Art & Heart 中

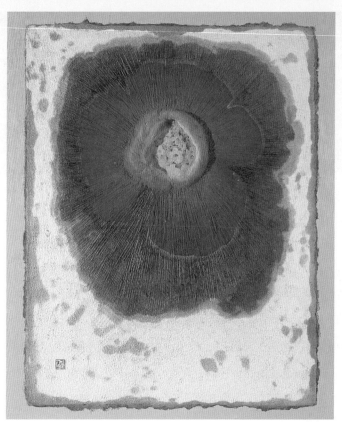

깊은 지혜

만 가지 꽃으로 피어난 인연

임효 작가의 작품에는 꽃이 자주 등장한다.
탐스러운 붉은 꽃이다. 그러나 심장 같기도 하고,
태양 같기도 하다. 그림을 들여다보고 있노라면
그 깊은 심연에 빨려 들어갈 것 같은 느낌이 든다.
작품들은 모두 '하늘', '진리의 힘', '지혜의 빛',
'깊은 지혜', '영감', '인연'과 같은, 작가가 탐구하고
있는 주제를 하나씩 표현하고 있다.
- 2013년 7월호 임효(동양화가) Art & Heart 中

틱낫한 스님 방한 대중 강연, 멈춤 그리고 자유

부처님의 가르침이 지금 현재 한국이 남북으로 갈린 상황에서 큰 도움을
줄 수 있다고 생각합니다. 우리는 사실 남북문제의 쟁점이 핵무기가
아니라 우리 안에 있는 두려움, 화, 의심 때문이라는 것을 알고 있습니다.
우리는 아주 불교적인 방법으로 이 문제를 해결할 수 있습니다. 한국은
부처님의 가르침을 따르는 나라였습니다. 그래서 우리 내면의 두려움, 화,
의심을 가라앉히고 변화시킬 수 있습니다. 고통을 자애롭게 듣는 수행을
하다보면 북한이 가진 고통 또한 들을 수 있을 것입니다.

———

특별기획 틱낫한 스님 방한 대중 강연 中

틱낫한 스님 베트남 전쟁 때는 반전·평화 운동을 벌였고, 참여불교와
초교파주의를 주창했다. 1973년 정치적 탄압을 피해 프랑스로 망명. 이후 남부
보르도 지방에 명상수련센터 '플럼 빌리지(Plum village)'를 세우고 전 세계의
수행자들과 함께 '걷기명상'을 하며 100여 권의 책을 펴냈다.

명법 스님

당신의 자아는 특별한 것이 아니다

일반적으로 '자아'는 무언가 거창하고 형이상학적인 것이라고 생각한다.
그러나 실제로 '자아'는 다른 사람이나 사물과 관계 맺는 방식이나 습관에
지나지 않는다. 그래서 작은 습관을 지적해도 자기를 부정했다고 느끼게
된다. 그런데 이 습관이라는 녀석은 내 것이지만 내 마음대로 쉽게
고쳐지지 않는다. 알아차림 명상을 하면 무의식으로 가라앉은 습관적인
패턴을 확인할 수 있다. 내가 좋아하거나 싫어하는 것일 뿐인데, 우리는
그 싫고 좋음을 우리 자신이라고 여긴다. 내가 매달려 있는 생각과 행동,
관계의 패턴을 알아차림으로써 그것들이 나의 것이 아님을 깨닫게 된다.
그렇게 되면 누군가가 나의 습관을 지적하더라도 나를 부정했다고
생각하지 않기 때문에 고통을 받지 않는다. 우리가 특별하다고 믿고 있는
자아는 사실 습관과 관계의 패턴에 지나지 않는다. 그 패턴을 이해하고
바꿈으로써 나를 바꿀 수 있다. 은유는 무의식적 차원에서 그 패턴을
변화시켜 실제 행동에서의 변화를 유도한다.

은유와 마음 스토리텔링 中

명법 스님 조계종 교수아사리, 동국대 불교대학원 명상상담학과 겸임교수로
활동하고 있다. 서울대와 홍익대에서 학생들에게 미학을 가르치기도 하며,
최근에는 불교영어도서관에서 '은유와 마음' 템플스쿨을 진행 중이다. 저서로
『미국 부처님은 몇 살입니까?』, 『미학의 역사(공저)』, 『세계불교사(공저)』 등이
있고 그 외 다수의 논문을 썼다.

'꿈의 불사'를 통해 도약의 나래를 펼치다

'도심포교 1번지' 불광사. 1974년 순수불교를
제창하며 불광회를 창립하고 월간 「불광」을
창간한 광덕 스님께서, 1982년 허허벌판이던
잠실벌에 도심포교의 원력으로 창건한
전법도량이다. 도심포교의 선두에서 불교의
현대화 · 대중화 · 생활화 · 사회화를 이끌던
불광사가 제2의 도약을 꿈꾸며 심혈을 기울여
시공해온 신축법당이 드디어 준공을 앞두고
있다. 불광사가 가는 길은 그 자체로 도심포교의
역사라고 할 수 있다. 이제 불광사가 아무도
가보지 않은 미지의 길을 향해 그 첫걸음을
내딛으려 한다. 그 한 걸음 한 걸음마다
한국불교의 희망이 새겨지길 기원해본다.
- 2013년 10월호 불광사 중창불사 준공 中

예전 불광사 건립 당시의 상량식(1981년)과 봉불식(1982년) 현장

무비 스님

말릴 수 없는 두 가지 욕심

화엄경에 '심불급중생(心佛及衆生) 시삼무차별(是三無差別)'이라
하였습니다. 즉 마음과 부처님과 중생이라는 것이 궁극적으로 차별이 없고
동등하다는 뜻입니다. 나무로 만든 책상과 의자, 기둥이 외형적으로는
다른 모습을 갖고 있지만, 그 본질은 모두 똑같은 나무입니다.
이와 마찬가지로 사람에게도 승속, 남녀, 노소, 인종 등 현상적인
차별은 무수하지만, 그 내면에는 동일한 차원의 본성이 있습니다.
바로 그 점에 눈을 뜨자고 하는 것이 인불사상입니다. 한마디로 '사람이
부처님이다.'라는 말입니다. 바로 지금 여기에 있는 내가 바로 부처님이며
당신 또한 부처님이라는 사실입니다. 모든 이들을 부처님으로 섬기고 받들
때, 섬기는 사람도 섬김을 당하는 사람도 행복해지는 것입니다.

—

만남 인터뷰 中

무비 스님 탄허 스님의 법맥을 이은 대강백으로 통도사·범어사 강주, 조계종
승가대학원장, 조계종 교육원장, 동국역경원장 등을 역임하였다. 현재 범어사
화엄전에 주석하면서 전국 각지의 법회와 문수경전연구회, 인터넷 카페
염화실에서 불자들의 마음 문을 열어주고 있다.

마가 스님

알고 보면 우리 모두 괜찮은 사람

"달라이 라마에게서 '용서', 틱낫한 스님에게서 '지금 이 순간 깨어있음'을
배우며 깊은 감명을 받았습니다. 두 분이 저의 멘토시죠. 달라이 라마께서
말씀하신 '용서는 자기가 자기에게 주는 최고의 선물', 틱낫한 스님의
슬로건 '마음에는 평화, 얼굴에는 미소'를 늘 가슴에 품고 삽니다.
두 분 가르침의 영향으로 자비명상이 탄생된 거죠. 자비명상은 내 안에
들어있는 무자비함에서 벗어나 자비로운 마음으로 채워가는 작업입니다.
그러기 위해선 지금 이 순간 나의 행동, 말, 생각을 깨어있음으로
바라볼 줄 알아야 합니다. 내 안의 자비와 무자비를 알아차림 속에서
바라보고, 자비의 마음을 선택하고 극대화시켜 내 삶을 밝고 긍정적으로
변화시켜가는 것이죠."

만남 인터뷰 中

마가 스님 사단법인 자비명상 대표, 한국마음치유협회 회장, 동국대학교 정각원
교법사를 맡고 있으며, 저서로는 『알고 보면 괜찮은』을 비롯해 『고마워요
자비명상』, 『내 안에서 찾는 붓다』 등이 있다.

창간40주년 기념호 2014년 11월호

편안함을 나누고 누릴 수 있는 곳 그곳이 절이다

사찰은 편안한 곳이어야 한다. 불보살님이 계시기에 편안해야 하고, 수행과 기도에 매진하는 사람들이 사는 곳이어서 편안해야 한다. 멀리서 바라보아도 편안하고 가까이 다가온 사람도 편안해야 한다. 절은 불보살님과 부처님의 가르침 그리고 스님들이 머무는 곳으로 불(佛)·법(法)·승(僧) 삼보(三寶)가 두루 갖추어진 성스러운 곳이다. 이런 사찰이기에 편안한 곳이어야 하는 것이다. 사찰과 사찰에 깃들어 사는 사람들은 불자들과 방문객들의 의지처이자 휴식처가 되어주어야 한다.

－ 1월호 주경 스님 특집 현대사회에서 사찰의 존재 의미 中

2014 40th

2014년은 특집 부분에 있어 상반기와 하반기가 명확하게 구분된다. 상반기에는 '절에 가는 날'을 주제로 법회, 불교문화, 회향 등 사찰의 기능과 역할을 다시 생각해 보는 계기와 함께 샌드 애니메이션이나 마임 같은 과감한 화보를 선보이기도 했다. 하반기에 접어들면서부터는 부처님의 생애를 그린 '팔상도'를 모티브로 부처님의 발자취를 따라 탄생, 출가, 깨달음, 전법과 포교, 열반 등을 주제로 한 '인물열展' 시리즈를 통해 불교계 다양한 인물들을 소개했다.

사람은 섬과 같다

"천상천하 유아독존이 무엇이오? 그것은 신을 거부한 인간의 오만 아니오?" 스님은 빙긋 웃으면서 말했다. "오만이 아니고, 절대고독입니다. 어느 누구의 힘도 빌리지 않고 오직 혼자만의 힘으로 깨달음의 길을 간다는 것입니다." 그는 대단한 학승인 듯싶었다. 친구가 물었다. "그렇다면 석가모니는 바위덩이를 산꼭대기로 밀고 올라가는 형벌을 받은 시지포스하고 같은 사람 아니오?" 그가 말했다. "사람은 섬과 같다. 스스로 등불을 켜고 길을 밝히며 나아가야 한다." 나는 석가모니를 '인간의 문제를 인간 스스로의 힘으로 헤쳐 나가라고 말한 혁명적인 선지자'로 이해할 수 있었다.

－ 4월호 한승원 내가 만난 불교 中

청년, 암자에서 삶에 밑줄 긋다

법인 스님은 말했었다. "출가수행자가 산사를 떠나 도심에서 살아가는
일은, 새가 숲을 떠나 낯선 세상에서 날갯짓하는 것과 같다."라고.
스님은 이른바 '수도승(首都僧)'의 삶을 훌훌 털어버리고 산승(山僧)의
본분으로 돌아간 암자에서 도시의 청년들에게 초대장을 띄웠다. "문득
한 생각이 들었습니다. 이 좋은 암자를 나 혼자 누리기에는 너무 염치가
없다는 생각, 세상 사람들과 나누면 더없이 좋겠다는 생각 말입니다."
밥 해 먹고 때때로 나무 하고 아침저녁으로 모여 앉아 책을 읽는 것이
일과의 전부인, 이름하야 '청년출가, 암자 수행 30일' 이야기.
— 2월호 해남 대흥사 일지암 '청년출가, 암자 수행 30일' 中

삶은 누구에게나 상처투성이다

삶은 누구에게나 상처투성이다. 내가
상처를 입기도 하고, 방향을 틀어 내가
상처를 주는 주체가 되기도 한다.
하지만 중요한 것은 상처 자체가
아니다. 내가 받은 상처를 어떻게
극복하느냐, 이것이 훨씬 더 중요하다.
부처님 말씀처럼 '고(苦)' 아닌 것
없는 세상에서 자신의 고통만 크게
부각시켜서 볼 일이 아니다. 그러니 더
이상 비참해지지 마라. 지난 상처에
너무 목매지 말고 스스로를 구해내야
내 앞에 새로운 인생이 열릴 것이다.
— 8월호 원영 스님 밤하늘을 나는 낮새 中

크게 자르면 크게 열린다

오곡도에 돌아와 사무치게 참구하고
그러기를 몇 해째, 광활한 우주 공간에서
'무(無)'와 하나가 되는 체험이 왔어요.
내 몸은 사라지고 없는데 과거, 현재, 미래가
한 순간에 공존하더라고요. 화석이 된 패총의
조개껍데기들은 내 몸의 세포 같고 그것이 온
우주로 무한히 이어져 있는, 형용하기 힘든
경이로움이었습니다. 며칠을 살 떨리는 감동
속에 살았죠. 내 전공이 화엄인데 부처님의
깨달음 경지를 설한 것이 화엄입니다.
— 9월호 특집 통영 오곡도명상수련원 장휘옥 인터뷰 中

동치미와 톳 무침, 매생이국에 양하 장아찌로 차린 소박한 저녁 공양이다.
동치미에는 붉은 갓을 써서 색깔이 곱기도 곱거니와 매콤한 맛을 준다.
미역은 초파일 전에 필요한 만큼 튀겨서 부각을 하고, 가루도 내어 귀한 음식의 재료로 쓴다.

정관 스님

수행자의 공양간에는 레시피가 없다

제철이란 말은 요리사에겐 자신감의 다른 표현이다. 제철에는 모든 재료가 절정의 맛을 품고 있기 때문이다. 샘미역과 곰피, 꼬시래기와 톳에 매생이도 있다. 용처를 여쭈니 마치 요리책을 읽는 듯이 요리법이 경처럼 흘러나온다. 경지란 이런 상태를 말하는 것일까. 스님은 스스로 "나는 레시피가 없소."라고 말한다.

스님의 사찰음식론은 독특한 데가 있다. 건강음식이라고 포장도 하지 말라고 당부한다. 공양이란 수행의 에너지일 뿐, 다른 의미망을 엮지 말라는 말씀으로 들린다. "348개 율 중에 식율이 제일 셉니다. 왜 그런가. 음식 재료가 다 생명이고 불성인데 그걸 죽여서 산 데 먹이니 그렇습니다. 그러니 율이 세야지요. 죽여서 살리니 엄중한 것입니다." 식재의 불성이 소멸되고 그것이 다시 불성을 얻는 순환. 이 오묘한 우주 진리의 순간에 개입하는 것이 요리이니 엄중하지 않을 수 없다는 것이다. "간화선이지요. 죽은 것을 살려라." 죽이고 다시 살리지 못하는 세상에 대한 경구다. 스님은 이것이 공양의 핵심이라고 말한다. 사찰음식이 갈 길이라는 것이다.

—

소박한 밥상, 사찰음식 中

정관 스님 사찰음식 전문가로 조계종 문화사업단 향적세계에서 전통사찰음식 강의를 하고 있다. 대구 홍련암 '산사 음식관' 관장을 역임했으며 각종 방송사 및 음식 전문 채널에서 활발히 활동하며 전통사찰음식을 널리 알리고 있다. 현재 백양사 천진암 주지 소임을 맡고 있다.

2,600년간 뭇 중생들을 일깨워 주던 이야기들.
그대 이미 부처인데 무엇을 찾고 있나?
부처가 부처로 사는 법을 배우시게.
-
말은 감로수가 되어 마음에 들러붙은
더께들을 씻어낸다.
-
돌아보니 수많은 부처들이 이 자리에
모여 앉았구나.
그 모습을 보았으니 법회는 깨우침의 자리다.
-
법문이 끝난다. 청천벽력 같은 소리와 함께
번뇌도 사라졌다.
할!

그대 마음 쉬어지고 밝아지리

행복을 위한 열쇠는 내 마음 속에 있다는
그 말이 내 가슴을 뒤흔들었어요.
세상을 바라보는 눈이 바뀌면서
내 인생이 변하기 시작했지요.
내가 즐거운 마음으로
순간순간에 최선을 다하면서 살다보니
우리 가족들도 행복으로 보답합니다.

- 2014년 3월호 특집 윤혜진 샌드 애니메이션 中

폐허 속에 피어난 서글픈 아름다움

태국의 수도 방콕에서 76km 북쪽에 위치한 아유타야. 1767년 버마(현 미얀마)의 침략으로 멸망기까지 400여 년간 찬란한 불교문화를 꽃피웠던 아유타야 왕조의 수도였다. 부서지고 잘려지고 태워져버린 전쟁의 상흔 속에 속절없는 세월의 흐름이 더해져 옛 영광을 뒤로 하고 폐허의 유적으로 남았다. 현재 아유타야에는 번영했던 역사를 방증하듯 천여 곳의 사원이 산재해 있고, 1991년 유네스코 세계문화유산으로 지정되었다. 발길 닿는 곳마다 처참하게 파괴된 사원과 불상은 번성했던 왕조의 흥망성쇠와 전쟁의 참혹함을 여과 없이 보여준다. 그래도 옛 불교문화의 흔적은 서글픈 아름다움을 선사한다.

– 2014년 3월호 지구촌 불교성지 中

사진_ 하지권

Tibet Himalaya

순수를 그리다

임영선 작가가 앞으로 바라는 것은 두 가지다. 하나는
어머니의 건강, 그리고 또 다른 하나는 제3세계 아이들에게
꿈을 심어주는 것이다. 그리고 그는 말한다. 장담할 수는
없지만 내가 그린 아이들이 언젠가 자신의 유년기를 담은
내 그림을 마주칠 수도 있지 않겠느냐고. 그래, 순수했던
시절을 마주했을 때 전해지는 감동은 어쩌면 그 사람의
인생을 바꿀지도 모른다. 그 순간은 본래 부처였던 내가
부처의 모습으로 돌아가는 깨달음의 순간이 되리라.
– 2014년 1월호 임영선(화가) Art & Heart 中

영원한것은
아무것도없다
또든것은
끊임없이
움직이고
변한다
저하늘의
구름과
바람이내게
일러준다
비로소
몸과마음이
자유롭네

봄날
도연 題

무(無)

진정한 하심과 무아를 배웠습니다

은해사 기기암 인각 큰스님께… 기기암에 주석하시면서 휴암 스님과 선원을 만들고 수좌스님들이
온전히 참선정진에 전념하여 많은 선지식을 나오길 서원하셨지요. 저는 큰스님의 그 모습에서
진정한 하심(下心)과 무아(無我)를 배웠습니다. 언제나 정갈한 도량. 공양간의 맑고 정성스런 음식.
텃밭의 싱상한 채소들. 큰스님의 그 부지런한 손길과 발길, 마음길은 어쩡쩡한 제 자신을 참회하고
다시 추스르게 했습니다.

– 2014년 4월호 도연 안길상(캘리그래피스트) 묵향속의 선지식 中

지안 스님

부처님은 인간성이 가장 성숙된 사람

"예로부터 불행한 일을 겪으면 '마음 잘 먹어라'고 말합니다. 이것이 바로
만고의 명언입니다. 마음 잘 먹으면 죽을 듯 괴롭던 문제도 아무렇지 않게
풀려갑니다. 마음 잘 먹으면 가난해도, 애인 없어도 괜찮습니다. 가난하면
작은 데 만족하는 행복을 알게 되고, 사람은 혼자 있을 때 가장 자유롭고
편안합니다. 마음 잘 먹는다는 것은 현재 눈앞에 닥친 상황에 항상
지혜롭게 대처하면서, 그 상황을 호전되는 방향으로 이끌어가는 것입니다.
물에 빠진 김에 수영을 하거나 조개를 주울 수도 있는 것이죠.『금강경』과
『화엄경』에 나오는 항복기심(降伏其心)과 선용기심(善用基心)의 의미를
잘 새겨야 해요. 어느 환경에 처해 있더라도 중생의 허망된 망심을
극복하고 항복받아, 그 마음을 잘 쓰고 살아야 합니다."

—

만남 인터뷰 中

지안 스님 통도사 반야암 회주. 조계종 고시위원장이자 반야불교문화연구원
원장으로 있다. 저서로『산사는 깊다』,『경전으로 시작하는 불교』,『대승기신론
강해』,『마음의 정원을 거닐다』등이 있다.

월주 스님

깨달음은 이웃의 신음과 탄식 속에 있다

나만이 옳고 다른 사람은 틀린 것이 아니라 내가 옳으면 다른 사람도 옳고, 다른 사람이 틀리면 나도 틀렸다는 성찰이 화쟁의 바른 의미입니다. 대승불교에서는 수행의 이상으로 자타불이(自他不二)와 자리이타(自利利他)를 내세우고 있습니다. 나와 남이 다르지 않으므로 남을 이롭게 하면 곧 내가 이로워진다는 것입니다. 상대방을 존중하고 배려할 때 스스로 높아지고 귀해지는 것이 불교의 이치임을 명심해야 할 것입니다. 깨달음은 경전 속 글귀만이 아니라 고통받고 설움받는 이웃의 신음과 탄식 속에 있습니다. 자비는 타인에게 즐거움을 준다는 자(慈)와 타인의 고통을 없애주는 비(悲)가 합쳐진 것이지요. 타인의 고통을 없애고 즐거움을 더해주는 자비 실천이야말로 부처님의 깨달음을 얻을 수 있는 좋은 방편입니다.

—

살아있는 명법문 中

월주 스님 금산사, 영화사 회주·조실. 사회복지법인 나눔의 집 이사장, (사)함께 일하는 재단 이사장, (사)지구촌공생회 이사장, 국민원로회의 위원(대통령 자문) 등 활발한 사회활동도 겸임하며 자비 나눔에 앞장서고 있다.

불교, 세상에서 나누며 노닐다

세월호 참사가 한 달 이상 이어지며
무엇보다 '위로'와 '치유'가 필요했다.
누군가는 이 사건의 여파를 두고
'국민우울증'이라고 불렀다.
그 우울함을 달래줄 누군가의 손이
필요했다. 불교계에서 세월호
피해자들을 위한 추모재를 준비한 것은
그런 이유에서였다. 조계사 둘레로
사람들의 마음이 노란 물결처럼 모였다.
그들은 아프고 쓰린 마음을 서로 보듬고
쓰다듬어주며 눈물 흘렸다.
- 2014년 6월호 특집 화보 세월호 추모재 中

금강 스님

한국사회의 총체적인 모순을 슬퍼하라

2014년 대한민국의 봄은 온통 슬픔으로 물들었다. 모두가 아팠다. 아프고 아프고 또 아팠다. 그래도 누군가는 망연자실한 희생자 가족의 곁을 지키고 위로가 돼주어야 했다. 불교계도 간절한 마음을 담아 사고 현장으로 달려갔다. "아침 7시부터 저녁 8시까지 목탁소리가 끊이질 않고 있습니다. 시신이 하나둘 수습되면서 신원확인소에 스님들이 부모들과 함께 들어가 위로하며 슬픔을 함께하고 있습니다. 지난 부처님 오신 날에는 하얀 풍등 500개를 준비해 희생자의 이름과 사연을 적어서 팽목항 하늘에 띄웠어요. 풍등이 하늘을 날자 처음엔 영원히 떠나보내는 것 같아 마음이 굉장히 아팠겠지요. 그런데 풍등이 멀어지면서 혼자가 아닌, 밝은 불빛이 모여서 다함께 가는 모습을 보며 그래도 조금은 위안을 얻으셨다고 합니다."

—

만남 인터뷰 中

금강 스님 땅끝마을 해남 미황사 주지 및 조계종 교수아사리. 2000년부터 미황사 주지 소임을 맡아 한문학당, 템플스테이, 참사람의 향기, 괘불재 등 다양한 수행과 교육 문화 프로그램을 진행하면서 '세상과 호흡하는 산중사찰의 전형'을 만들어왔다.

수불 스님

거침없이 살아 온 수행자의 삶

나는 불자로서 불자답게 살고 있는지를 봐야 합니다. 무엇보다도
수행자들이 수행자답게 살아야지요. 출가나 재가나 공히 한 방향으로
가는 것 아니겠습니까? 부처님 법대로 사는 것이 우리가 가야할 길입니다.
불교의 올바른 가치관에 눈 뜰 수 있도록 부처님이 말씀하신 깊은 핵심과
그 의의를 잘 봐야 할 것입니다. 앞서 가는 사람들이 그 가르침을 잘
펼쳐주고 뒤에 오는 사람들이 잘 따라가는 그런 세상이 돼야 한다고
봅니다.

—

만남 인터뷰 中

수불 스님 1989년 부산에 안국선원을 개원한 것을 시작으로 서울에도 안국선원을
만들어 간화선 대중화를 위해 노력해왔다. 현재 조계종 제14교구본사 범어사
주지이며 안국선원 이사장, 부산불교연합회 회장, 동국대 국제선센터 센터장이다.

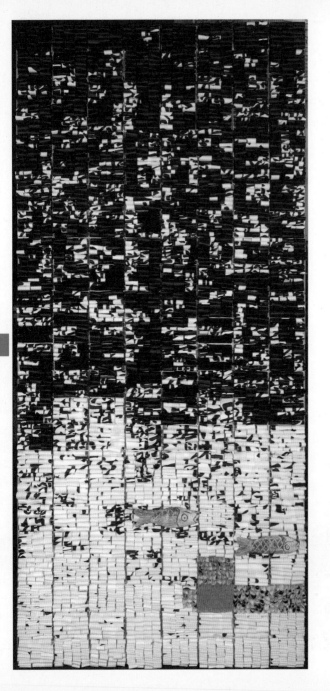

文에 갇혀 있던 佛敎의 새로운 탄생

불교의 사상을 이야기할 때 핵심처럼 다루어지는 것이 '공(空)'사상이다.
언뜻 이해가 갈 법도 하지만, 쉽사리 이해되지 않는다. '색즉시공
공즉시색'이라지만 그 말의 본의미가 무엇인지 명확히 이해하고
있는 사람도 많지 않다. 선(禪)의 세계로 들어오면 불교의
핵심개념들은 더 어려워진다. 아예 "문자로는 설명할 길이 없다"는
'불립문자(不立文字)'라는 단어마저 등장한다. 불교를 알고 싶지만 쉽사리
다가오지 못하는 사람들이 많은 이유다. 그러나 여기 불교의 사상이
미술작품으로 다시 태어나 세계의 주목을 받고 있다. 글자에 갇혀 있던
불교의 새로운 탄생이다.

—

특집 정산 스님 불립문자 시리즈 中

정산 스님 재즈 피아니스트, 예술가이자 사찰음식 연구가이다.
1961년 출가 후 사찰음식 연구에 몰두해 동산불교대학
사찰음식문화학과 학과장을 맡고 있으며 2007년 매니큐어로
그린 작품을 발표, 미술작가로도 활발하게 활동하고 있다.

우중 산책

경주 황남동 고분 뒤로 해오름이 시작된다.
조금 전까지 내리던 장맛비가 멈추자
그 사이로 더없이 아름다운 아침노을이 그려졌다.
하늘에 그려진 아침노을은 연꽃을 안고 같이 올랐다.
"아! …" 하는 탄성이 절로 나왔다.
그러나 자연이 선사한 감동의 선물은 오래가지 않았다.
다시 몰려온 비구름이 연잎에 톡톡 소리를 내며 빗방울을 튕긴다.
- 2014년 8월호 사진감성 中

사진_하지권

사진_ 최배문

문 없는 방에서 마음의 문을 찾다

금강 스님의 7박 8일 무문관은 재가자를 위해 고안된 최초의 단기
무문관이다. 외부와 단절된 1.5평 독방은 생명활동을 위한 최소공간이자,
화두 참구의 절대공간이었다. 다소 좁은 듯했던 공간은 시간이 지날수록
알맞은 옷을 입은 듯 편안했다.

"일상의 모든 활동은 밖으로 향해 있어요. 밖을 사물들을 바라보고
소리와 냄새, 촉감을 감지합니다. 또한 바깥을 향해 남과 비교하며 나를
알아달라는 몸짓을 보내지요. 폐관한다는 것은 모든 에너지를 안으로
향하게 합니다. 수행하면 할수록 에너지가 상승되지요. 이 시대의 진짜
수행은 세상에 나와서 살고 있는 사람들에게 더 필요합니다. 삶에 지쳐
수행의 욕구가 커져 있기 때문에 짧은 기간이지만 전환도 훨씬 빨라요."
지난해 미황사 '참사람의 향기'에 참가했다가 삶의 변화와 행복을 경험한
윤근자 씨는 스스로를 초심자와 구참자의 중간쯤으로 봤다.

"참선 수행을 한 뒤로 관계에 집착하던 것이 차츰 떨어져 나갔어요.
좀 더 강하게 밀어 부쳐보려고 무문관에 들어왔지요. 처음 며칠은 혼자
보내는 시간이 버거웠지만 이틀을 지내고 난 뒤에는 정진이 안착되고
있어요. 혼자 있지만 여럿이 같이 하는 느낌을 받기 때문에 혼자 하는
수행과 함께 하는 수행의 장점을 둘 다 누려요."

―

금강 스님의 7박 8일 무문관 수행 中

박원순 서울시장

불교문화는 우리 민족의 보물입니다

불교문화유산은 종교를 떠나서 우리 민족의 문화유산입니다. 한국사회에
닥친 위기와 도전과제들이 사실 불교로 풀 수 있는 게 많다고 생각해요.
불교계가 우리 사회에서 조금 더 역할을 키워주시면 좋을 것 같습니다.
보이지 않는 곳에서 많은 분들께서 그 역할을 하고 계신 것으로
짐작하지만, 그것이 보다 조직적이고 지속가능한 형태로 드러났으면
좋겠어요. 사회적 기업이 한 예가 될 수 있을 겁니다. 사실상 불교에는
사회적 기업으로 만들 수 있는 재료가 무척 많습니다. '소셜 디자이너'의
시선으로 봤을 때, 사찰음식부터 시작해서 불교의 모든 것이 그렇다고
봐도 좋을 정도예요. '상구보리 하화중생'이라는 말씀처럼, 앞으로 세상
속으로 더욱 다가오는 불교의 모습을 기대합니다.

———
만남 인터뷰 中

박원순 '참여연대'를 만들어 권력에 대한 감시기능을 수행했고, '아름다운재단',
'아름다운가게' 그리고 '희망제작소'에 이르기까지 획기적인 시민단체들을 만들어
한국시민운동의 새 지평을 열었다. 2011년 '시민이 시장입니다'라는 정신으로
서울시장에 당선되었고 지난 6월에 재선, 현재 서울시민의 삶을 바꾸는 첫 번째
시장이 되기 위해 늘 시민을 향해 걷고자 한다.

적명 스님

고요하게 스며든 바른 가르침, 살아있는 죽비소리를 듣다

"깨달음을 얻기 위한 방법으로는 여러 가지 방법이 있지만 간화선만한
수행법이 없습니다. 화두가 들리는 것, 의심이 일어나는 과정은 우선
친숙해져야 합니다. 화두를 들기까지가 어려운 과정이긴 하지만 화두가
들리기만 하면 그 다음부터는 문제가 없어요."

화두를 처음 들 때는 그저 모르는 군중 속을 걷는 것과 같아서
지나쳐버리기 일쑤지만 계속해서 화두를 들다보면 익숙해지고, 친숙해져
마음이 가는 순간 강력한 의심이 들게 된다는 것이다. 의심하는 마음이
일어나게 되면 그때부터는 마음이 저절로 가게 된다.

"둔공(鈍功)이라고 했습니다. 화두가 계속 들리든 안 들리든 바닷물을
바가지로 퍼 올리는 사람처럼 우직하게 하길 바랍니다."

—

특별 인터뷰 中

적명 스님 문경 희양산 봉암사의 수좌 적명 스님. 선문(禪門)의 수좌들 사이에서도
'수좌 중의 수좌'라 칭송되는 이 시대의 대표적 선지식이다. 일생을 참선납자로
살며 단 한 번도 주지 등의 직함을 달지 않고 수행정진 해왔으며 세간에는 좀처럼
얼굴을 드러내지 않기로도 유명하다.

그때 그 시절 큰스님들이 그랬던 것처럼

성철 스님의 상좌 원택 스님과 광덕 스님의 상좌 지홍 스님이 만나던 날

광덕 스님과 성철 스님, 두 인물은 한국불교의 현대사를 이끈 시대의 등불
같은 존재였다. 동산 스님의 제자라는 공통점도 있다. 하지만 두 스님의
길은 달랐다. 성철 스님은 한국불교에 면면히 흐르는 선맥을 후대에
잇고, 그 불길이 거세게 타오르도록 만든 인물이었다. 반면 광덕 스님은
대한불교조계종의 기틀을 잡고 도심포교의 갈 길을 열어주면서 불교의
생활화, 대중화, 현대화에 큰 역할을 했다. 이제는 두 스님들의 뒤를 잇고
있는 상좌들이 월간 「불광」 창간 40주년을 맞아 자리를 함께했다.
광덕 스님의 상좌 지홍 스님, 성철 스님의 상좌 원택 스님이다.
지홍 스님은 원택 스님의 추진력이 부럽다고 했고, 원택 스님은 지홍
스님이 만들어가고 있는 불광의 미래가 부럽다고 했다. 하지만 「불광」의
미래에 대해서는 두 스님 모두 "한국불교의 미래를 위해 「불광」이 더욱
성장해야만 한다."고 강조했다.

———

창간 40주년 특집 대담 中

1986년 백련암에서 성철 스님과 광덕 스님

2014년 불광사에서 원택 스님과 지홍 스님

더 큰 빛의 세계

우리가 이 일생에 해야 할 일은 빛의 총량을 늘리는 일입니다

새의 노래가 샛별처럼 높게 반짝이는 것은 빛을 늘리는 일입니다

강과 바다가 맑게 흐르는 것은 빛을 늘리는 일입니다

아이의 가슴에 싹이 새로이 돋아나는 것은 빛을 늘리는 일입니다

앓는 사람을 곁에서 돌보는 것은 빛을 늘리는 일입니다

가난한 이의 식탁에 기쁨의 그릇을 놓는 것은 빛을 늘리는 일입니다

죄가 사라지고 감옥이 함께 사라지는 것은 빛을 늘리는 일입니다

깨끗하고 공손한 말을 주고받는 것은 빛을 늘리는 일입니다

한 구절의 지혜를 이웃에게 전하는 것은 빛을 늘리는 일입니다

여름 산처럼 둘레가 커지는 것은 빛을 늘리는 일입니다

가을의 과일과 곡식처럼 잘 여무는 것은 빛을 늘리는 일입니다

조용한 때에 마음의 거울을 닦는 것은 빛을 늘리는 일입니다

빛을 늘리는 일은 더 많은 부처님을 모시는 일입니다

—

문태준(시인) 창간 40주년 축시

불광청풍(佛光淸風) 한강명월(明月)

본사(本寺) 주지 임명장 팽개치고

입은 옷 한 벌로

남해 보리암 용맹정진 기도는

피를 빨고 뼈를 깎는 일념이셨다

법당 뒤 의상대

장맛비 억수같이 내릴 때

척추까지 아려드는 육신의 고통

엉금엉금 기어서

부처님 관음님께 百八拜 기도는

육신의 아픔은

오직 정진 또 정진

큰스님 광덕 큰스님

佛光 四十年 축제에

詩 한 수로 敬禮드립니다

화엄경 行願品 번역

성철 스님께 서문 부탁

불원천리 해인사로 오고 가셨네

佛光 四十年 그 빛

法友들 마음 눈 밝아라

부모님 왕생극락 정진기도 회향 때

오대산 월정사 희찬 스님

메밀묵 공양은

일타 도견 운문 진상

행원 홍법 정영 석정

보성 덕률 큰스님네

한자리 모여앉아

佛光의 터 고르실제

크신 뜻 하나일세

佛光 맑고 밝아라
뚜렷한 一圓相

衆生이 부처임을
소상히 일러주신
佛光의 淸風이요
한강의 明月이라

—
수안 스님 창간 40주년 축시

마흔 살이 되기까지
찬란한 등불로 타오른

40년 「불광」의 시간

매월 「불광」지를 발간하여
회원에게 배부하고
정기법회를 개최하여
신앙생활을 지도한다.

월간 「불광」을 창간한 광덕 스님이 1974년 당시 사용하던 입회안내문에
적어놓은 문구다. 「불광」은 그렇게 탄생했다. 반야의 지혜로 세상을
밝게 비추기 위해 창간된 포교지. 분명한 목적이 있었고, 목적을
이루기 위한 강한 원력이 있었다. 그 원력을 바탕으로 불교계에서
40년이라는 전무후무한 역사를 만들어 냈다. 몇 차례에 걸친 판형과
표지의 변화, 불교를 가장 잘 표현할 수 있는 사진과 디자인 등의
자기혁신도 멈추지 않았다. 하지만, 무엇보다 중요했던 것은 불교를
담아낸 콘텐츠다. 불교란 무엇인가, 이 시대의 사람들에게 불교는 어떤
길을 보여줄 것인가. 이런 「불광」의 끊임없는 고민에 수많은 석학들이
머리를 맞대어 주었고, 당대의 명사들이 함께해 주었다. 근·현대
한국 불교사를 대표하는 고승들이 보내준 애정 어린 손길은 「불광」이
성장하는 데 더없이 큰 힘이었다. 이제 「불광」은 지난 40년의 영광을
딛고 새로운 미래를 만들어 갈 것이다. 부처님의 빛이 등불이 되고
횃불이 되어 더 큰 빛을 비출 수 있도록 새로운 전법의 역사를 만들기
위한 「불광」의 도전은 앞으로도 멈추지 않을 것이다.

또 하나의 빛,
불광출판사

1979년에 설립된 불광출판사는,
부처님의 빛을 누리에 전한다는 서원을 가슴에 새기고
지난 35년 동안 발걸음을 멈추지 않았다.
그리하여 2014년 현재 한국 불교계를 대표하는 출판사로 우뚝 설 수 있었다.
불광출판사는 이에 멈추지 않고, 인문서와 교양서까지
출판 영역을 확대해 새로운 도전을 시작했다.
시대를 함께 살아가는 사람들의 마음이 밝아지는 데
디딤돌이 될 수 있도록 불광출판사 식구들은 노력을 계속할 것이다.

출간년도	도서명	저자 · 역자
1975	육조단경	혜능 ｜ 광덕
1978	지장경	광덕
	부모은중경·관음경	광덕
1980	반야심경 강의	광덕
	금강반야바라밀경	광덕
	천수관음경	광덕
1981	선관책진	운서 주굉 ｜ 광덕
	생의 의문에서 그 해결까지	광덕
1982	나무석가모니불	반영규
1983	법회요전	광덕
1984	불교우화 백유경	동봉
1985	365일 부처님과 함께	김재영
1986	연화의식문	광덕
1987	교양불교	우정상
	빛의 목소리	광덕
	삶의 빛을 찾아	광덕
	로버트에도 불성이	모시 마사히로 ｜ 이해영
1988	산이 다하고 물이 다한 곳에	박태하 외
	지송금강경	광덕
1989	보현행원품 강의	광덕
	반야경의 신앙	혜담
	현대인의 정신건강	이동식
1990	부처님이 좋아요	이정문
	민족정토론	김재영
	부처님의 생애	박경훈
	행복의 법칙	광덕
	메아리 없는 골짜기	광덕
	삼국시대 불교신앙 연구	김영태
	경전의 세계	불광교학부
	마하뜨마 간디 철학 연구	김선근
	베단따 철학	김선근
	불교철학의 한국적 전개	서경수

法 要 集

붓다에게도 트라우마가 있었다!

정신과 의사가 붓다에게 배운

트라우마
사용설명서

과거로 돌아가 다시 시작할 수 없는 우리에게
지금 시작하여 새로운 엔딩을 맞이하는 길을 안내하는 책

"정신분석 시각에서 쓴 대담한 붓다 평전이다. 저자는 붓다의 일대기에서 생애 초기의 감정적 상처를 꿰뚫어
보고 인간 정신을 위한 묘약을 찾아냈다. 숨이 멎을 정도로 날카로운 정신치료 기법을 선보이는 저자는, 무엇이
붓다를 고통스럽게 했으며, 또 붓다의 처방전이 얼마나 효과적이었는지에 대해서 자기만의 독창적인 방식으로
추적해나간다. 인간 정신의 역동을 파헤치는 이 책은 미스터리 소설처럼 독자를 쏙 빨아들여, 독자로 하여금 자
신의 정신을 따뜻하지만 분명하게 분석할 수 있도록 이끈다. 저자는 강조한다. 붓다도 그러했다면 우리도 할 수
있다고." - 대니얼 골먼 (『EQ 감성지능』, 『SQ 사회지능』 저자)

태어난 지 7일 만에 엄마를 잃은
아기 붓다의 가슴에 새겨진 트라우마
붓다의 구도 여정은 트라우마를 넘어
정신의 완성을 이뤄낸 과정이었다

마크 엡스타인 지음
이성동 옮김
344쪽 | 18,000원

불광출판사 Tel. (02)420-3200 Fax. (02)420-3400 www.bulkwang.co.kr

환영과 풍문으로만 떠돌던
전설 속의 달마는 잊어라!

지금 여기,
달마의 독한 위로가 시작된다!

끝까지
가 본 사람,
달마의 인생 공략집

불행하라 오로지 달마처럼

옹연 지음
216쪽
15,000원

불광출판사 Tel. (02)420-3200 Fax. (02)420-3400 www.bulkwang.co.kr

"휘어지는 대나무가 꼿꼿한 참나무보다 강하다"라는 일본 속담이 있다. 참나무는 태풍에 부러지지만 대나무는 휘어졌다가 곧바로 일어서기 때문이다. 린다 그레이엄은 현대 심리학과 불교의 지혜, 신경생물학에서 얻은 혜안을 통합해서 명료하고 쉬운 말로 우리에게 대나무를 닮는 법을 알려준다.
– 로널드 D. 시겔(하버드 의과대학 임상심리학 교수, 『마음챙김 처방전』 저자)

우리는 각자의 인생에 놓인 가장 힘겨운 문제에 맞설 수 있는 눈부신 지성과 용기, 열린 마음을 갖고 있다. 하지만 회복탄력성이 손상되면 우리는 괴로움에 갇힌다. 저자는 이 책에서 회복탄력성의 심리적, 대인 관계적, 신경생물학적 역학을 깊이 탐구하고, 일상의 스트레스 요인에서 심각한 트라우마에 이르는 모든 역경을 헤쳐 나가게 도와줄 다양한 기법을 제공한다.
– 타라 브랙(『받아들임』, 『삶에서 깨어나기』 저자)

"나는 폭풍우가 두렵지 않다.
내 배를 조종하는 법을 배우는 중이니까."

웬만한 시련쯤은 툭툭 털고 일어서는 강한 정신력의 비밀은 무엇일까?
자가치유력의 핵심, 회복탄력성을 내 것으로 만드는 비결을 알아본다

강한 멘탈 만들기
Bouncing Back

내가 나를 어떻게 도울 수 있을까

휘어지되 꺾이지 않는 내 안의 힘,
회복탄력성의 모든 것

린다 그레이엄 지음 | 윤서인 옮김 | 552쪽 | 23,000원

불광출판사 Tel. (02)420-3200   Fax. (02)420-3400   www.bulkwang.co.kr

중국 명나라의고승 운서주굉이 나이 팔순에
"죽창竹窓 아래서 때때로 느끼고 본 것을붓 가는 대로 적은"
진솔하고 담백한 인생의 지혜 426편

10년 만에 '화중연화火中蓮花'로 우리 곁에 돌아온 고전

연관 스님이 오랜 시간 공을 들여 현대인의 이해를 돕기 위해 문장을 세심하게 다듬고
주석을 대폭 보강한 원고를 USB 메모리에 담아 출판사를 찾아온 2014년 8월 18일 오후,
전화기를 타고 청천벽력 같은 소식이 전해졌다. 스님이 주석하는 실상사 수월암에 낙뢰가
떨어져 아무것도 남기지 않은 채 깡그리 전소되었던 것이다. 『죽창수필』 개정판은 이렇게
태어난 화중연화! 벼락 같은 가르침을 담고 다시 우리 곁에 돌아왔다.

요즈음, 당신의 마음뜨락은 어떠한가?

주창수필

운서주굉 지음 | 연관 옮김
656쪽 | 30,000원

불광출판사 Tel. (02)420-3200 Fax. (02)420-3400 www.bulkwang.co.kr

40th Anniversary
Monthly Magazine Bulwang

여러분이 빛내주신
「불광」 40년,
초발심의 열정으로 만들겠습니다!

쌀 한 톨에 온 우주가 들어있다는 말이 있습니다.
작은 것 같지만 온전히 불성으로 충만하다는 뜻입니다.
「불광」 독자와 후원자 여러분도 마찬가지입니다.
40년 동안 한 분 한 분의 독자와 후원자 여러분이 세웠던
자등명 법등명의 고귀한 원력은 오늘의 「불광」을 이룩한 원동력이었습니다.

「불광」은 다시 초발심의 열정으로 잡지를 만들겠습니다.
삶의 나침반이 될 수 있는 좋은 잡지로 한 호 한 호 빚어내겠습니다.
그 잡지를 세상에 내보내기 위해서는 반드시 여러분의 도움이 필요합니다.
정기구독과 후원으로 나와 이웃을 밝히는 아름다운 손길을 보내주십시오.
「불광」의 미래, 한국 불교잡지 전법여정이 여러분의 손에 달려 있습니다.

불광 정기구독 및 후원 신청

정가 1부 6,000원 연납 1년 구독료 ~~72,000원~~ ▶ 60,000원 월납 5,000원
납부방법 월납 자동이체·연납 지로·연납 온라인 입금 중 택일

쉽고 간편한 CMS 자동이체로 후원에 참여하실 수 있습니다.

한 달에 5천원(1구좌), 1만원(2구좌), 5만원(10구좌), 10만원(20구좌) 후원!

입금계좌 농협 301-0010-7787-31(예금주 : 박상근 불광출판)
신한은행 110-232-350971(예금주 : 박상근 불광출판)

구독 문의 02-420-3200 | 010-5567-8562(문자메시지 구독 신청)
문자메시지로 구독 신청 시 이름·주소·전화번호·휴대폰번호·구독료 납부 방법을 보내주시면 됩니다.

불광출판사 서울시 종로구 우정국로 45-13, 3층 | 대표전화 02) 420-3200 | 팩시밀리 02) 420-3400 | 홈페이지 www.bulkwang.co.kr

월간 「불광」 40년
그 아름다운 기록

2014년 11월 17일 발행

엮은이 월간 「불광」 편집부
펴낸이 박상근(至弘)
주간 류지호
월간지 편집 김경미, 정하중, 하정혜, 유윤정
단행본 편집 김선경, 양동민, 이기선, 양민호
디자인 이유신, 김소현, 백지원, 김효정
사진 하지권, 최배문
제작 김명환
홍보마케팅 허성국, 김대현, 박종욱, 한동우
관리 윤애경

펴낸 곳 불광출판사 110-140 서울시 종로구 우정국로 45-13, 3층
    대표전화 02) 420-3200 편집부 02) 420-3300 팩시밀리 02) 420-3400
    출판등록 제1-183호(1979. 10. 10)

ISBN 978-89-7479-073-8 03220

이 도서의 국립중앙도서관 출판예정도서목록(CIP)은
서지정보유통지원시스템 홈페이지(http://seoji.nl.go.kr)와
국가자료공동목록시스템(http://www.nl.go.kr/kolisnet)에서 이용하실 수 있습니다.
(CIP제어번호: CIP2014032078)

현데, 오늘날 우리의 世態는 그렇지만은 않다. 원래로 이같이도 밝고 따사로운
햇빛인데, 人類의 앞길에는 참처이 不安의 구름이 가려보이는 것이다. 자원고갈,
환경파괴, 인구폭발, 異常氣象, 기아만연, 전쟁위기……. 게다가 극도로 거칠어진
無道德의 물결은 우리 주변 어느 한 구석도 안전지대로 남겨두지 않는다.
우리는 이러한 세계적 소용돌이 속에서 이제 새 역사를 이룩하기 위하여 꿋꿋하
게 일어서서 벅찬 노력을 계속하고 있다. 그 중에 우리의 주위에는 感覺과 物質을
主——유물주의의 亡靈이 폭풍처럼 우리의 視界를 흐리게 하고 知性에 혼란을 일
으키고 있는 것이다.

이것은 가치의 겁탈이며, 행복의 포기며, 人間의 自己否定과 통한다.
우리는 참으로 般若(지혜)의 눈을 크게 떠야 한다. 물질과 감각으로 착색된 迷
惑에서 벗어나 人間實相을 바로 보고 人間福地를 회복하여야 하겠다. 그리고 거기
서 넘치는 힘과 충만한 功德을 보고 무한의 지혜와 勇力을 발현하여 이땅 위에 평
화 번영의 굳건한 터전을 이룩 하여야겠다. 이것은 人間本然의 영광을 이 땅 위에
구현하는 일인 것이다.

이에 本誌「佛光」은 감히 우리의 역사와 생활속에 부처님의 威光을 전달하는 使
命을 自擔하고 나선다. 이로써 조국의 발전이 기초할 정신적 基盤과 動力을 공여
하기를 기도하며 前進하는 민족사의 方向과 底力을 부여함에 보탬이 되기를 기약
한다. 오늘을 사는 佛子로서 祖國과 형제 앞에 진실을 바치고자 함에서다.
三寶諸聖이여 證明하여지이다. 兄弟들이여 微衷을 살펴지이다.

「나무마하반야바라밀.」

(光　德)

純粹佛敎宣言

부처님이 보신 바에는 인간은 어느 누구의 被造物이거나 相關的 존재가 아닙니다. 사람의 참 모습은 절대의 自存者이며 무한자며 창조자다. 일체 신성과 존엄과 가치와 권위는 그로부터 由因한다. 그것은 인간이란, 구극의 진리인 佛性의 실현이기 때문이다.

그러므로 사람에게는 모든 德性과 능력이 본래로 구족하다. 지혜와 자비는 그의 생리며 체온이다. 희망과 환희, 자신과 성취가 그의 맥박 이전부터 함께 있다. 사람은 본래로 축복된 자며 영원의 자재인 것이다. 그러므로 참된 인간세계에는 찬란한 光明이 가득하고 청정하고 싱그러운 기운은 大地 구석구석에 물결 친다. 그러니 어디 메에 어둠이나 不安의 접약이나 좌절이 깃들 것인가! 이것은 본래의 것이다. 빼앗길 수도 없고, 迷하였다하여 變할 수도 없다. 이것이 영원히 변할 수 없는 인간의 모습이며 現實인 것이다.

한데, 오늘날 우리의 世態는 그렇지만은 않다. 원래로 이같이도 밝고 따사로운 것이다. 자원고갈, 환경파괴, 인구폭발, 異常氣象, 기아만연, 전쟁위기……. 게다가 극도로 거칠어진 無道德의 물결은 우리 주변 어느 한 구석도 안전지대로 남겨두지 않는다. 우리는 이러한 세계적 소용돌이 속에서 이제 새 역사를 이룩하기 위하여 곳곳하게 일어서서 벅찬 노력을 계속하고 있다. 그 중에 우리의 주위에는 感覺과 物質 主ー유물주의의 亡靈이 폭풍처럼 우리의 視界를 흐리게 하고 知性에 혼란을 일으키고 있는 것이다.